AF830174

Benno Grabinger

Mathematik nach Feierabend

Verblüffendes praktisch erklärt

Rheinwerk
Computing

Liebe Leserin, lieber Leser,

willkommen in diesem mathematischen Lesebuch der besonderen Art. Mit »Mathematik nach Feierabend« dürfen Sie sich auf ein buntes Sammelsurium aus Geschichten und Anekdoten aus der Welt der Mathematik freuen – und das auch und besonders dann, wenn »Mathe« in der Schule nie Ihr Lieblingsfach war.

Denn die Hoffnung unseres Autors, Benno Grabinger, ist es, Menschen dazu zu animieren, der Mathematik eine (zweite) Chance zu geben. Dazu nimmt er Sie mit durch die Welt der Zahlen, Formeln und Graphen. Als Sahnehäubchen gibt es dann auch noch einen Einstieg in die Tabellenkalkulation mit dazu – und Sie lernen, wie Sie Sachverhalte zum Beispiel in Diagrammen anschaulich darstellen oder Berechnungen fortlaufend bis ins Unendliche fortführen können.

Aber ob Sie Calc nutzen oder Excel, ob Sie mit Stift und Papier ins Rennen gehen, oder einfach neugierig sind und etwas Neues lernen wollen: Hier sind Sie richtig. Denn dieses Buch können Sie nutzen, wie Sie es möchten. Als Nachschlagewerk mit „Wie war das noch"-Faktor, als Lesebuch von vorne nach hinten oder als bunte Mischung, aus der Sie sich die schönsten Kapitel rauspicken. Diese sind nämlich unabhängig voneinander lesbar und laden zum Schmökern ein. Sie können einfach loslegen.

Zum Schluss auch noch ein Wort in eigener Sache: Wir möchten nicht nur gute Bücher machen, sondern immer bessere. Wir hoffen dazu beizutragen, dass Sie so lernen können, wie Sie es sich wünschen – effizient, mit Spaß, in einem angenehmen Tempo ... Was immer Ihnen wichtig ist. Und wer könnte besser sagen, ob uns das gelungen ist, als Sie? Deshalb freuen wir uns, wenn Sie Feedback für uns haben! Wie hat es Ihnen gefallen? Können wir noch etwas verbessern?

Überhaupt sind wir gern im Austausch: Gibt es ein Thema, zu dem Sie ein Buch am Markt vermissen? Dann melden Sie sich gern!

Und nun viel Spaß und Erfolg mit »Mathematik nach Feierabend«!

Ihre Almut Poll
Lektorat Rheinwerk Computing

almut.poll@rheinwerk-verlag.de
www.rheinwerk-verlag.de
Rheinwerk Verlag • Rheinwerkallee 4 • 53227 Bonn

Auf einen Blick

Wir hoffen, dass Sie Freude an diesem Buch haben und sich Ihre Erwartungen erfüllen. Falls Sie Anregungen, Wünsche und Kommentare haben, lassen Sie es uns wissen: **service@rheinwerk-verlag.de**.

Informationen zu unserem Verlag und Kontaktmöglichkeiten finden Sie auf unserer Verlagswebsite **www.rheinwerk-verlag.de**. Dort können Sie sich auch umfassend über unser aktuelles Programm informieren und unsere Bücher und E-Books bestellen.

Autor Benno Grabinger
Lektorat Almut Poll, Lisa Helmus
Copy-Editing Marlis Appel, Troisdorf
Typografie & Layout Vera Brauner
Satz SatzPro, Krefeld
Herstellung Stefanie Häb
Covergestaltung Mai Loan Nguyen Duy
Druck Beltz Grafische Betriebe, Bad Langensalza

FSC www.fsc.org MIX Papier | Fördert gute Waldnutzung FSC® C089473

Dieses Buch wurde auf FSC®-zertifiziertem Papier gedruckt.
Hergestellt in Deutschland.

Das vorliegende Werk ist in all seinen Teilen urheberrechtlich geschützt. Alle Rechte vorbehalten, insbesondere das Recht der Übersetzung, des Vortrags, der Reproduktion, der Vervielfältigung auf fotomechanischen oder anderen Wegen und der Speicherung in elektronischen Medien.

Ungeachtet der Sorgfalt, die auf die Erstellung von Text, Abbildungen und Programmen verwendet wurde, können weder Verlag noch Autor*innen, Herausgeber*innen oder Übersetzer*innen für mögliche Fehler und deren Folgen eine juristische Verantwortung oder irgendeine Haftung übernehmen.

Die in diesem Werk wiedergegebenen Gebrauchsnamen, Handelsnamen, Warenbezeichnungen usw. können auch ohne besondere Kennzeichnung Marken sein und als solche den gesetzlichen Bestimmungen unterliegen.

Die automatisierte Analyse des Werkes, um daraus Informationen insbesondere über Muster, Trends und Korrelationen gemäß § 44b UrhG (»Text und Data Mining«) zu gewinnen, ist untersagt.

Bibliografische Information der Deutschen Nationalbibliothek:
Die Deutsche Nationalbibliothek verzeichnet diese Publikation in der Deutschen Nationalbibliografie; detaillierte bibliografische Daten sind im Internet über *http://dnb.dnb.de* abrufbar.

ISBN 978-3-367-11029-2

1. Auflage 2025, 1., korrigierter Nachdruck 2026
© Rheinwerk Verlag, Bonn 2025

Rheinwerk Verlag GmbH • Rheinwerkallee 4 • 53227 Bonn
service@rheinwerk-verlag.de

Für Hildegard

Inhalt

Materialien zum Buch

Auf der Webseite zu diesem Buch stehen folgende Materialien für Sie zum Download bereit:

- **Vorlagen zum Mitmachen in Excel, Calc und Numbers**
- **Videos zu den Tabellenkalkulationen**

Gehen Sie auf *https://www.rheinwerk-verlag.de/6169*. Klicken Sie auf den Reiter MATERIALIEN. Sie sehen die herunterladbaren Dateien samt einer Kurzbeschreibung des Dateiinhalts. Klicken Sie auf die Schaltfläche HERUNTERLADEN, um den Download zu starten. Je nach Größe der Datei (und Ihrer Internetverbindung) kann es einige Zeit dauern, bis der Download abgeschlossen ist.

Über dieses Buch

Was Sie erwartet

Mit diesem Buch bzw. E-Book erhalten Sie eine Reihe mathematischer Probleme, die zum großen Teil dem Alltagsgeschehen entnommen sind. Gesammelt habe ich diese Beispiele in meiner langen Tätigkeit als Mathematiklehrer und als Referent zahlreicher Mathematikfortbildungen für Lehrer. Ich will Ihnen hier zunächst erklären, warum es sich um Alltagsereignisse oder auch – hauptsächlich im Rahmen der Wahrscheinlichkeitsrechnung – um Probleme handelt, deren Lösung unserem Empfinden widersprechen. Am besten beginne ich damit, dass ich Ihnen eine Begebenheit aus meinem Unterricht erzähle, die meine Einstellung zum Unterrichten beeinflusst hat.

Wie Beispiele Einstellungen verändern

Nach einigen zähen Stunden zu trigonometrischen Funktionen in einer 10. Klasse brachte ich ein Stück Fleischwurst und ein Messer in den Unterricht mit. Ich forderte einen der schlechtesten Schüler auf, der Wurst vorsichtig die Haut abzuziehen. Mein Hintergedanke war, den Schüler, der sonst nur teilnahmslos im Unterricht saß, aus seiner Lethargie zu wecken. Der Schüler pellte die Wurst und war recht erstaunt, dass sich auf einer Seite der Haut der Verlauf einer Sinusfunktion abzeichnete. Zu Beginn der nächsten Stunde kam dieser Schüler auf mich zu und zeigte mir stolz sein Mathematikheft. Darin hatte er die Wursthaut eingeklebt und noch einiges dazu geschrieben. Zwar waren jetzt ein paar Seiten durchfettet, aber der Schüler beteiligte sich, im Gegensatz zu früher, fortan am Unterricht.

Ich will nicht übertreiben und sagen, dass ich stets eine Wandlung »vom Saulus zum Paulus« erzielen konnte, aber mir war klar geworden, dass geeignete Beispiele aus dem Alltag oft eine größere Wirkung erzielen können als Aufgaben aus Lehrbüchern. Das gilt hauptsächlich für Schülerinnen und Schüler. Bei Lehrern ist es oft komplizierter. Diese haben oft jahrelang mit demselben Buch unterrichtet, kennen sogar die Lösungen von Aufgaben auswendig und wollen sich deshalb nicht auf Beispiele einlassen, bei denen sie zunächst mit den Schülerinnen und Schülern auf gleicher Stufe stehen und auch noch Gefahr laufen, eventuell aufkommende Fragen nicht beantworten zu können.

Wie das Buch aufgebaut ist

Im Laufe der Jahre haben sich bei mir eine Reihe von Alltagserscheinungen angesammelt, die sich als Ausgangspunkt für etwas Mathematik verwenden lassen. Aus dieser Sammlung habe ich Ihnen in diesem Buch eine kleine Auswahl zusammengestellt.

Dabei beginnt jedes Kapitel mit einem Alltagsproblem, manchmal auch mit einer historischen Anekdote oder einem Beispiel aus der Literatur. Danach versuche ich mit einfachen mathematischen Mitteln eine Lösung des Problems darzustellen. Vom Anspruch her sollte die Mathematik der Mittelstufe dafür reichen. Zuletzt haben Sie dann die Möglichkeit, mithilfe der Tabellenkalkulation Aspekte der zuvor behandelten Problematik selbst zu untersuchen. Sollte Ihnen das »nach Feierabend« zu anstrengend sein, können Sie auch einfach die zum Buch gehörenden Dateien laden und ausprobieren. Eine kleine Einführung in die Tabellenkalkulation finden Sie in Kapitel 27, »Grundbegriffe der Tabellenkalkulation«. Dort können Sie sich über die ersten Schritte in der Tabellenkalkulation informieren. Dazu können Sie auch kleine Filme laden, in denen die wichtigsten Schritte für den Anfang vorgeführt werden.

Meine Hoffnung

Nun bleibt mir nur noch, Ihnen viel Freude beim Lesen zu wünschen. Vielleicht überrascht es Sie dabei zu erkennen, wo überall ein Stück Mathematik verborgen ist – »Ist Gott vielleicht doch ein Mathematiker?«. Jedenfalls wäre es schön, wenn Sie die Erfahrungen aus freudlosen Mathematikstunden zur Seite legen und hier einen neuen Zugang zur faszinierenden Welt der Mathematik finden könnten.

Danksagung

Für den familiären Rückhalt während meiner Schreibphase danke ich meiner Ehefrau Hildegard, die in dieser Zeit manches ertragen musste. Bei den Mitarbeitenden des Rheinwerk Verlags, allen voran bei meinen Lektorinnen Lisa Helmus und Almut Poll, bedanke ich mich für die vielfältige und stets freundliche und kompetente Unterstützung.

Kapitel 1
Roulette und Schicksal

Über das Schicksal der Menschen bestimmten im Mittelalter Schicksalsgöttinnen wie Frau Saelde. Dazu finden sich viele Hinweise in der Literatur des Mittelalters. Die Glücksräder der Göttinnen begegnen uns heute z. B. beim Roulette wieder. Jedoch sind damit viele Irrtümer verbunden, von denen hier einige näher untersucht werden.

1.1 Frau Saeldes Rad

An der Nordseite des Münsters in Basel im Nordwesten der Schweiz befindet sich die Galluspforte, ein bedeutendes Portal aus romanischer Zeit. Ich möchte Ihre Aufmerksamkeit auf die Rosette darüber lenken.

Abbildung 1.1 Galluspforte mit Glücksrad am Münster in Basel

Die Fenster sind von einem besonderen Skulpturenwerk eingefasst: Menschliche Figuren aus Stein klammern sich an den Rand. Sie sind Teil eines Kreislaufs, »der den

Menschen wieder und wieder hebt, stürzt, trügerisch einen Augenblick in der Schwebe zu halten scheint« [MAU], wie der Kunsthistoriker Maurer-Kuhn es ausdrückt, und symbolisieren damit die Wechselhaftigkeit unseres Schicksals.

Dreht Frau Saelde, wie die Schicksalsgöttin im Mittelhochdeutschen genannt wird, an diesem Schicksalsrad, dann werden einige Menschen hinaufgehoben, andere sinken hinab.

Abbildung 1.2 Einige werden hinaufgehoben ...

Abbildung 1.3 ... andere sinken hinab.

Speichen und Naben des Rades waren ursprünglich aus Eichenholz und stammten aus der Zeit um 1200 (mittlerweile sind sie im Klingentalmuseum in Basel zu finden).

Dem Rad der Frau Saelde begegnet man auch in der höfischen Dichtung dieser Zeit. So schrieb Hartmann von Aue im Artusroman Iwein: »*Swer an rehte güete wendet sîn gemüete dem folget sælde und êre*«. – Wer auf das wirklich Gute all sein Trachten richtet, dem fallen Glück und Ehre zu.

Saelde ist damit nicht gleichbedeutend mit dem Begriff des Glücks, den wir heute haben, sondern meint auch Heil und Segen, was dem Würdigen zufällt.

Im Artusroman »Diu Crône« – *Die Krone*, ca. 1230, von Heinrich von dem Türlin – betritt der Ritter Gawein den Palast der Frau Saelde. Dort sitzt die Göttin auf einem kreisenden Rad, an dem Menschen hängen. Während sich das Rad unaufhörlich dreht, werden die Menschen auf der linken oder rechten Seite abgesetzt: Den einen fällt ein glückliches, den anderen ein unglückliches Schicksal zu [von dem Türlin].

Im Wigalois des Wirnt von Grafenberg, einem Versroman, der zwischen 1210 und 1220 entstand, findet man die folgende Beschreibung des Glücksrades:

Ûf des küniges veste	Auf der Burg des Königs
waz daz aller beste	befand sich das allerbeste
werc von rôtem golde	Kunstwerk aus rotem Golde
gegozzen, als er wolde:	nach seinem Wunsch gegossen:
ein rat, enmitten ûf den sâl;	ein Rad, mitten im Saal;
daz gienc ûf und zetal;	das drehte sich auf und ab; daran waren
dâ wâren bilde gegozzen an,	Figuren gegossen,
iegelîchz geschaffen als ein man.	jede wie ein Mensch geformt.
hie sigen diu mit dem rade nider,	Hier sanken diese mit dem Rad nieder,
so stigen d'andern ûf wider;	dort stiegen die anderen wieder hoch;
so gienc ez umbe an der stat;	so drehte es sich an dem Ort;
daz was des gelückes rat.	das war das Rad des Glücks

Hier wird in der letzten Zeile vom »gelücke«, d. h. dem Glück und nicht mehr von »saelde« gesprochen. Oft wird in diesem Zusammenhang auch das lateinische »fortuna« verwendet. Am bekanntesten dürfte das Glücksrad der Fortuna aus der Carmina Burana von Carl Orff sein. Orff verwendete die Texte der Handschrift Carmina Burana aus dem Kloster Benediktbeuern für seine Komposition. Die Liedersammlung stammt aus der Zeit um 1300. Darin heißt es:

Fortunas Rad, es dreht sich um:
Ich sinke, werde weniger,
Den anderen trägt es hinauf

Auch wenn die Steuerung von Glücksrädern heutzutage nicht Frau Saelde, sondern Computern überlassen wird, stehen Glücksräder noch hoch im Kurs. Es gibt sie in Spielcasinos, in der gleichnamigen Fernsehshow kann man zusehen, wie Quizkandidaten an einem Glücksrad drehen, oder man kann es beispielsweise in einer Spielhalle selbst tun.

Eine Internetsuche nach »Glücksrad« liefert eine riesige Anzahl an Webseiten – von der bekannten Spielshow aus den USA über Glücksräder in Spielcasinos, vom Onlinespielen auf Glücksrädern bis zu den Spielautomaten in Gaststätten oder Spielhallen, in denen sich die Glücksräder auf Walzen hinter dem Sichtfenster des Automaten drehen.

Ein besonderes Glücksrad ist das *Roulette*. Im Roman »Der Spieler« schildert Dostojewski die Atmosphäre des Spielbetriebs an einem Roulette zu dieser Zeit. Er verwendet dafür den fiktiven Ort *Roulettenburg*. Heute beanspruchen die Spielbanken sowohl in Wiesbaden als auch in Bad Homburg, jeweils der Ort zu sein, an dem die Handlung spielt.

Abbildung 1.4 Büste von Dostojewski vor der Spielbank in Wiesbaden

Da Dostojewski selbst in den Spielbanken Wiesbaden, Baden-Baden und Bad Homburg spielte, ist eine eindeutige Zuordnung zum Ort des Romangeschehens nicht möglich. Im Roman wirft er eine interessante Frage auf.

> *»Man könnte ja zum Beispiel glauben, dass nach sechzehnmal Rot nun beim siebzehnten Male sicher Schwarz kommen werde. Auf diese Farbe stürzen sich daher*

die Neulinge scharenweis, verdoppeln und verdreifachen ihre Einsätze und verlieren in schrecklicher Weise. [...] Ich machte es anders. Als ich bemerkte, dass Rot siebenmal hintereinander gekommen war, hielt ich in sonderbarem Eigensinn mich absichtlich gerade an diese Farbe. Ich bin überzeugt, dass das zunächst die Wirkung eines gewissen Ehrgeizes war; ich wollte die Zuschauer durch meine sinnlosen Wagestücke in Staunen versetzen. Dann aber (es war eine seltsame Empfindung, deren ich mich deutlich erinnere) ergriff mich auf einmal wirklich, ohne jede weitere Reizung von Seiten des Ehrgeizes, ein gewaltiger Wagemut. Vielleicht wird die Seele, die so viele Empfindungen durchmacht, von diesen nicht gesättigt, sondern nur gereizt und verlangt nach neuen, immer stärkeren und stärkeren Empfindungen bis zur vollständigen Erschöpfung. Und (ich lüge wirklich nicht) wenn es nach dem Spielreglement gestattet wäre, fünfzigtausend Gulden mit einem Male zu setzen, so hätte ich sie sicherlich gesetzt. Als die Umstehenden mich fortdauernd auf Rot setzen sahen, riefen sie, das sei sinnlos; Rot sei schon vierzehnmal gekommen!« [DOS]

Dostojewski schien zu wissen, wovon er sprach, was das Verhalten und die Gefühle am Roulettetisch angeht. Aber hat er auch recht damit, dass es töricht sei, den Einsatz zu erhöhen? Oder haben seine Mitspieler recht, wenn sie nach 16-mal Rot eine ordentliche Summe auf Schwarz setzen?

Anders gefragt: Steigt die Wahrscheinlichkeit eines *Ereignisses* wie »Rot«, wenn es in vielen aufeinanderfolgenden *Versuchen* wie dem Drehen der Scheibe nicht eintritt?

Nein – denn ein Roulettekessel hat kein Gedächtnis. Die Mechanik ist immer die gleiche.

Dennoch ist das Verhalten, das Dostojewski beschreibt, keine Fantasie. Eine vergleichbare Eskalation ist aus dem Spielcasino von Monte Carlo tatsächlich überliefert.

Millionenverluste in Monte Carlo am 18. August 1913

Die Kugel landete 26-mal hintereinander auf »Schwarz«. Dabei spielten sich bemerkenswerte Szenen ab. Nachdem etwa 15-mal »Schwarz« erschienen war, begannen die Spieler, wie wild auf »Rot« zu setzen, denn sie glaubten, dass es jetzt höchste Zeit sei, dass »Rot« kommt. Als Resultat der »Schwarz-Serie« hatten die Spieler alles Geld verspielt, als dann doch endlich »Rot« erschien.

Wie kommen solche Fehleinschätzungen zustande?

Beim Roulette ändert sich die Wahrscheinlichkeit für das Auftreten einer bestimmten Farbe von Spiel zu Spiel nicht, egal welche Farben in den Spielen zuvor aufgetreten sind. Die Natur und auch der Roulettekessel haben ja kein Gedächtnis. Das ist ganz anders als in den folgenden beiden Situationen, die aus dem Alltag bekannt sind:

In einer Serie von Schlechtwettertagen nimmt von Tag zu Tag die Wahrscheinlichkeit zu, dass das Wetter wieder besser wird. Dies folgt aus der Tatsache, dass atlantische Tiefs aufgrund physikalischer Gesetzmäßigkeiten eine typische Dauer haben.

Steht man an einer Bahnschranke und sieht die Wagen eines sehr langen Güterzuges vor sich vorbeifahren, dann nimmt von Wagen zu Wagen die Wahrscheinlichkeit zu, dass dies der letzte Wagen des Zuges ist, denn Züge können nicht beliebig lang sein.

Alltagserfahrungen wie die beiden zuletzt erwähnten machen wir ständig. Durch sie werden wir geprägt. Zufallsgeräten wie einem Roulettekessel oder einer Trommel zur Ziehung der Lottozahlen begegnen wir im Alltag nicht. Aus diesem Grund erwarten wir fälschlicherweise auch beim Roulette, dass nach einer Serie von »Rot« die Wahrscheinlichkeit zunimmt, dass im nächsten Spiel »Schwarz« kommt. Man erwartet ebenfalls, dass sich in einer längeren Serie von Spielen die Anzahlen von Rot und Schwarz ausgleichen.

Überraschung trotz besseren Wissens

Schreibt man statt R (für Rot) eine 1 und statt S (für Schwarz) eine 0, dann ist 101000110010 ein mögliches Ergebnis von 12 Roulettespielen. Was überrascht Sie mehr – dieses Ergebnis oder das Ergebnis 111111111111? Ich gehe davon aus, dass Sie die 12 Einser mehr überraschen. Bei mir ist es umgekehrt! Mich überrascht 101000110010 mehr, denn wenn man diese Zeichenkette als eine Zahl im Zweiersystem interpretiert, dann steht da mein Geburtsdatum, allerdings ohne die Jahreszahl, die ich lieber verschweige. Näheres zum Zweiersystem finden Sie in Kapitel 13, »Wie lange dauert das Glück?«. Als Mathematiker ist mir bekannt, dass es sich bei jedem der zwei Ergebnisse um eines von $2^{12} = 4096$ gleich wahrscheinlichen Ergebnissen handelt. Trotzdem bin ich natürlich überrascht, mein Geburtsdatum als Ergebnis der Ausspielung zu sehen.

Mit einem Computer ist es relativ einfach, eine Serie von Roulettespielen zu simulieren und zu beobachten, wie sich die Häufigkeiten von Rot und Schwarz verhalten. Echte Daten von Roulettespielen, die sogenannten *Permanenzen*, findet man auf den Internetseiten der Spielbanken.

Die folgende Abbildung beruht auf der Auswertung von 500 simulierten Roulettespielen. Wenn man davon ausgeht, dass sich Rot und Schwarz ausgleichen sollen, dann müsste sich die Differenz »Anzahl Rot – Anzahl Schwarz« nach einer größeren Zahl von Spielen um die Null stabilisieren. Abbildung 1.5 zeigt aber, dass die Differenz der Häufigkeiten von Rot und Schwarz keine Tendenz zu einer Stabilisierung aufweist. Aus diesem Grund macht es keinen Sinn darauf zu spekulieren, dass nach einer langen Serie von »Rot« nun endlich »Schwarz« kommen muss.

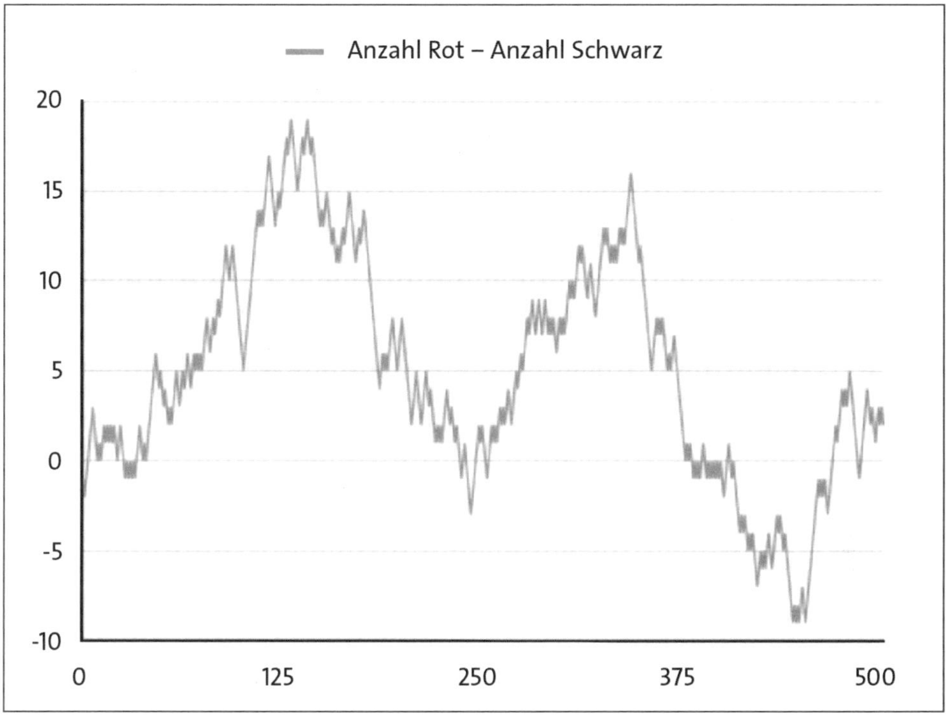

Abbildung 1.5 »Anzahl Rot – Anzahl Schwarz« stabilisiert sich nicht.

Vielleicht erinnert sich jetzt manch einer an den Mathematikunterricht, in dem das »*Empirische Gesetz der großen Zahlen*« (siehe Abschnitt 1.2) erklärt wurde. Darin war doch vom Einpendeln der Häufigkeiten auf einen festen Wert die Rede. Das ist zwar richtig, aber bei diesen Häufigkeiten handelt es sich um relative Häufigkeiten. Wenn z. B. nach 250 Spielen »Rot« 235-mal erschienen ist, dann ist die relative Häufigkeit für »Rot« gleich $\frac{235}{250}$.

Stellt man jetzt die relativen Häufigkeiten in Abhängigkeit von der Anzahl der Spiele graphisch dar, so erhält man stets eine Darstellung wie in Abbildung 1.6. Dort ist zu sehen, dass sich in einer langen Serie von Spielen die relative Häufigkeit für »Rot« bei 0,5 einpendelt. Dasselbe gilt auch für »Schwarz«, was bedeutet, dass sich die relativen Häufigkeiten ausgleichen. Das hilft aber den Spielerinnen und Spielern am Roulettetisch nicht weiter, denn diese orientieren sich ja nur an den zuletzt ausgespielten absoluten Häufigkeiten. Außerdem ist zu beachten, dass sich die relativen Häufigkeiten erst nach einer längeren Reihe von Spielen stabilisieren, also noch nicht innerhalb der etwa 30 Spiele, die an einem Abend im Spielcasino durchgeführt werden.

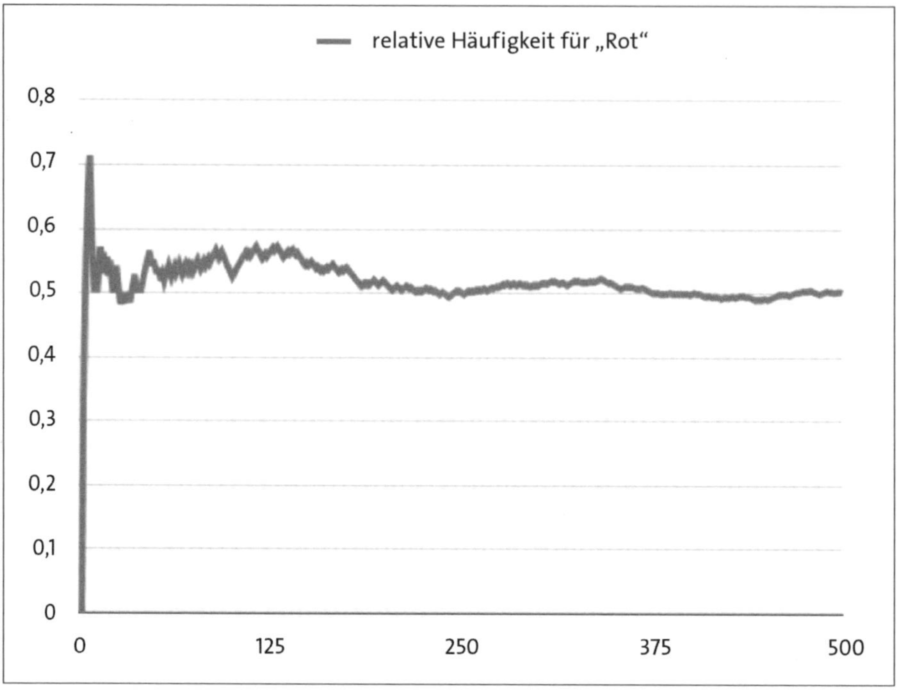

Abbildung 1.6 Stabilisierung der relativen Häufigkeiten

1.2 Das Gesetz der großen Zahlen

Das Empirische Gesetz der großen Zahlen stellt die Aussage dar, dass sich die relative Häufigkeit eines Ereignisses nach einer großen Anzahl von Versuchen stabilisiert. Dies kann man am besten selbst erleben, wenn man z. B. 500 Roulettespiele simuliert und dabei die relative Häufigkeit für »Rot« tabelliert und graphisch darstellt. Ein typischer Verlauf der relativen Häufigkeiten ist in Abbildung 1.6 festgehalten. Es zeigt sich, dass nach anfänglichen Schwankungen die relativen Häufigkeiten für »Rot« dem Wert 0,5 zustreben. Das ist aber nicht mit einem Grenzwert aus der Analysis zu vergleichen. Es gibt immer wieder Fluktuationen, wie sie bei einem klassischen Grenzwert nicht auftreten. In diesem Sinn ist das Empirische Gesetz der großen Zahlen (wie schon der Name sagt) keine Aussage der Mathematik.

Natürlich gibt es in der Mathematik eine entsprechende Aussage, die »Gesetz der großen Zahlen« heißt. Dabei handelt es sich um eine Aussage über Wahrscheinlichkeiten, die Folgendes ausdrückt: Die Wahrscheinlichkeit, dass die relativen Häufigkeiten um mehr als eine beliebig kleine Zahl von dem Wert, auf den sie zustreben, abweichen, geht gegen null, wenn nur die Zahl der Versuche beliebig groß wird. Für Kennerinnen und Kenner kommt hier auch noch die mathematische Formulierung:

Gesetz der großen Zahlen

Ist $\{X_k\}$ eine Folge von unabhängigen Zufallsvariablen, die alle dieselbe Verteilung haben, dann gilt für jedes $\varepsilon > 0 : P\left(\left|\frac{X_1+\cdots+X_n}{n} - \mu\right| > \epsilon\right) \longrightarrow 0$

Für $n \longrightarrow \infty$, wobei $\mu = E(X_k)$ der gemeinsame Erwartungswert der Zufallsvariablen ist [FEL., S. 243]. In dieser Aussage bedeutet $\frac{X_1+\cdots+X_n}{n}$

der aus den einzelnen Ergebnissen bestimmte empirische Mittelwert. Mit μ ist der theoretische Mittelwert bezeichnet. Die Wahrscheinlichkeit, dass sich beide Werte nennenswert unterscheiden, wenn viele Versuche nacheinander durchgeführt werden, geht gegen null.

1.3 Zum Mitmachen: 500-mal Roulette

An dieser Stelle finden Sie zum ersten Mal den Abschnitt »Zum Mitmachen«, der sich an alle Kapitel anschließt und Ihnen die Möglichkeit bietet, ein zuvor besprochenes Problem mithilfe einer Tabellenkalkulation noch vertiefend zu bearbeiten. Dabei erhalten Sie immer eine Hilfestellung, wie Sie vorgehen können, um ein Tabellenblatt zu dem Problem zu erstellen. In diesem Abschnitt geht es darum, wie sich absolute und relative Häufigkeiten in einer langen Kette von Zufallsexperimenten entwickeln. Dabei begegnet Ihnen die Funktion `ZUFALLSBEREICH`, über die Sie sich auch in Kapitel 27, »Grundbegriffe der Tabellenkalkulation«, informieren können.

Im Folgenden erfahren Sie also, wie sich die relativen und die absoluten Häufigkeiten entwickeln, wenn man viele Roulettespiele durchführt. Das geht nicht im Spielsaal, wo an einem Abend vielleicht 25 Spiele ausgeführt werden. Mit Ihrem Computer können Sie aber leicht 500 Roulettespiele simulieren. Dabei sollen Sie sowohl die Differenz zwischen den absoluten Häufigkeiten für »Rot« und »Schwarz« als auch die Entwicklung der relativen Häufigkeit für »Rot« graphisch darstellen. Einfach ausgedrückt: Erzeugen Sie mit der Tabellenkalkulation Abbildungen wie in Abbildung 1.5 und Abbildung 1.6 zu sehen.

Die erste Frage, die sich dabei stellt, ist: Wie kann ich ein Roulettespiel simulieren? Das kann recht leicht beantwortet werden. Die Tabellenkalkulation (zum Beispiel Excel) umfasst einen Zufallszahlengenerator, den man mit einfachen Formeln verwenden kann.

Öffnen Sie ein Tabellenblatt und schreiben Sie in eine Zelle (in der Abbildung 1.7 die Zelle B2) `=ZUFALLSBEREICH(0;1)`. Vergessen Sie das »=« nicht. Füllen Sie dann die unter dieser Zelle stehenden Zellen automatisch aus. Sie erhalten eine Folge aus Nullen und Einsen. Das liegt daran, dass die Funktion `ZUFALLSBEREICH(unten;oben)` eine ganze Zahl zwischen »unten« und »oben« (einschließlich dieser Grenzen) liefert. So kann man z. B. mit `=ZUFALLSBEREICH(1;6)` einen Würfel simulieren.

Mit `=ZUFALLSBEREICH(0;1)` erhalten Sie deshalb Nullen und Einsen mit der gleichen Wahrscheinlichkeit. Eine »Null« kann man dann als das Ergebnis »Schwarz« (S) und eine »Eins« als »Rot« (R) interpretieren. In Abbildung 1.7 wurden damit die Ergebnisse für S, S, R, S, S, S, ... dargestellt. Da man sich hier nur für die Ausgänge S und R interessiert, wird davon abgesehen, dass beim Roulette auch »Zero« ein Ergebnis sein kann.

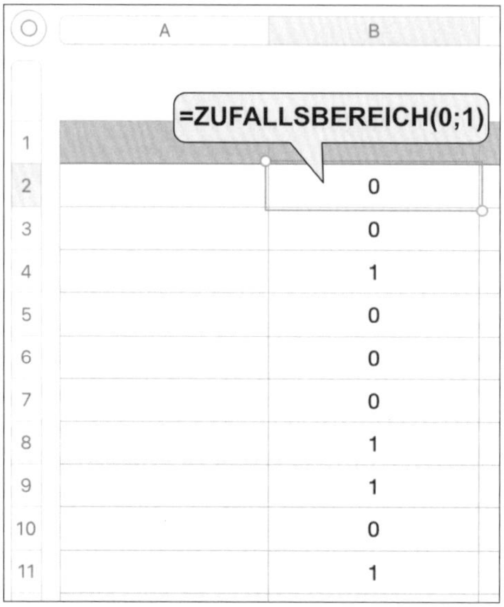

Abbildung 1.7 Zufallszahlen 0 und 1

Im nächsten Schritt soll erreicht werden, dass in jeder Zelle der Spalte C die Anzahl der bisher erschienenen R summiert wird. Dies geschieht dadurch, dass in C2 durch den Eintrag =B2 eine 0 oder eine 1 steht, je nachdem ob in B2 eine 0 oder eine 1 steht. In die Zelle C3 wird dann =C2+B3 geschrieben und nach unten ausgefüllt.

In der Spalte A sollen die Nummern der einzelnen Spiele stehen, d. h. 1, 2, 3, ... Das erreicht man durch die in Abbildung 1.8 gezeigten Einträge in den Zellen A2 und B3. Anschließend wird wieder nach unten ausgefüllt.

Aus den Spalten C und A können nun die relativen Häufigkeiten für R gebildet werden. Dazu schreibt man in die Zelle D2 den Quotienten =C2/A2 und füllt dies nach unten aus.

Jetzt müssen Sie nur noch in der Spalte E die Differenzen aus der Anzahl der R und der Anzahl der S bilden. Dazu noch ein Tipp: Die Anzahl der S erhalten Sie aus der Anzahl der Spiele und der Anzahl der R.

Füllen Sie nun Ihr Tabellenblatt bis zur Zeile mit der Nummer 501 aus.

Stellen Sie jetzt Diagramme wie in Abbildung 1.5 und Abbildung 1.6 her. Über das Erstellen von Diagrammen können Sie sich in Abschnitt 27.4 informieren.

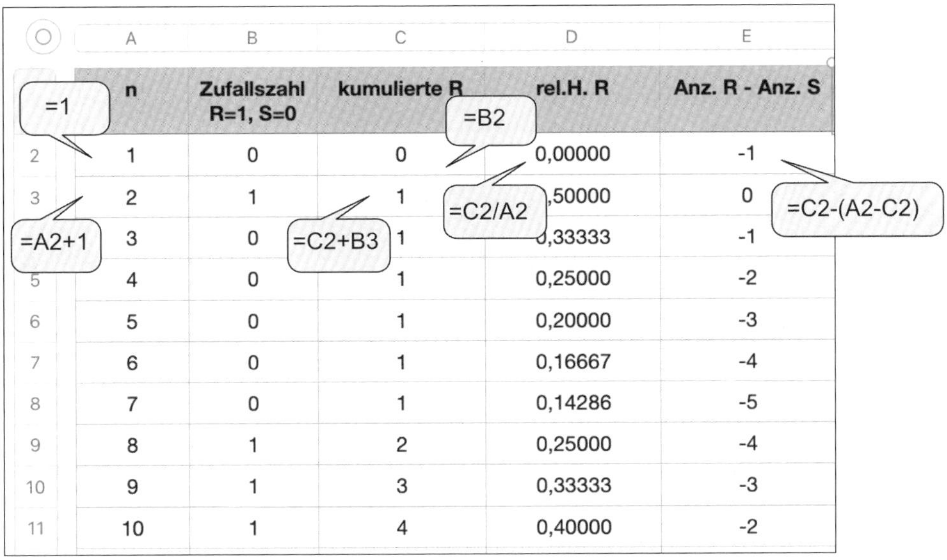

	A	B	C	D	E
1	n	Zufallszahl R=1, S=0	kumulierte R	rel.H. R	Anz. R - Anz. S
2	1	0	0	0,00000	-1
3	2	1	1	,50000	0
4	3	0	1	0,33333	-1
5	4	0	1	0,25000	-2
6	5	0	1	0,20000	-3
7	6	0	1	0,16667	-4
8	7	0	1	0,14286	-5
9	8	1	2	0,25000	-4
10	9	1	3	0,33333	-3
11	10	1	4	0,40000	-2

Abbildung 1.8 Anleitung zum Tabellenblatt

Aktualisieren Sie Ihr Tabellenblatt mehrmals, um zu sehen, wie sich die Diagramme verändern. Das Aktualisieren geschieht in Excel mit der Funktionstaste F9. In Numbers können Sie eine Zelle Ihres Blatts als Markierungsfeld formatieren und dieses anklicken.

Kapitel 2
Die trügerische Mathematik

In der Antike ließen sich Menschen oft von Orakeln leiten. Erst in der Renaissance entstand ein neues Weltbild, in dem die Götter keinen Platz mehr hatten. Das war auch die Geburtsstunde der Stochastik. In deren Anfangszeit gab es eine Reihe von Problemen, die kontrovers diskutiert wurden, weil noch kein Kalkül entwickelt war. Eines dieser Probleme werden wir hier betrachten.

2.1 Von den Orakeln zur Stochastik

In Kleinasien waren im 2. und 3. Jahrhundert n. Chr. Astragalorakel weit verbreitet. Ein Astragal ist ein Knöchel (Abbildung 2.1), der bei Paarhufern in der Hinterfußwurzel sitzt. Geschlachteten Schafen, Ziegen oder Kälbern wurde dieser Knöchel entnommen und als Würfel verwendet. Ein Astragal ähnelt einem Quader, dessen schmale Seitenflächen abgerundet sind, so dass er nur auf den übrigen vier Flächen zum Liegen kommen kann. Diese nicht gleich großen Flächen sind mit 1, 3, 4 und 6 beschriftet. Bei der üblichen Beschriftung haben bei einem Astragalwurf 3 und 4 jeweils 40 % Auftretenswahrscheinlichkeit, 1 und 6 jeweils 10 % [NOL, S. 8 f.].

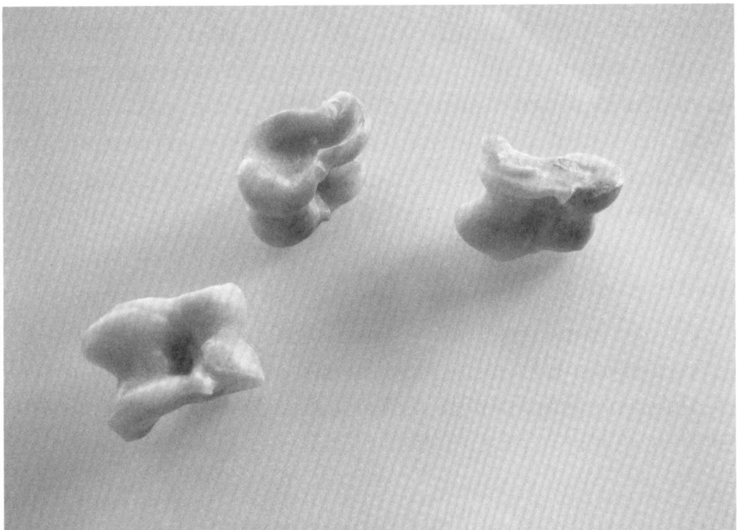

Abbildung 2.1 Astragale (Ziegenknöchel)

Beim Astragalorakel wurde mit 5 Astragalen geworfen. Wer z. B. 1, 1, 1, 6, 6 geworfen hatte (die Reihenfolge der Augenzahlen war unwichtig), dem wurde die folgende erfreuliche Weissagung zuteil:

»Gehe mit Mut diesen Weg, den zu gehen im Sinne es drängt Dich.
Alles wird geben Dir trefflich die Gottheit. Du tust, was
Du möchtest.
Zeus, aus der Höhe donnernd, wird Retter bei allem Dir
werden.« [NOL]

Wie der Historiker Johannes Nollé glaubt, waren die Bürger des römischen Kaiserreichs auf Orakelsprüche erpicht und haben diese als Entscheidungshilfe für Probleme des täglichen Lebens wahrgenommen. An zentralen Plätzen der Städte und Siedlungen in Kleinasien konnten diese Orakel befragt werden. Die Orakelsprüche waren auf Holztafeln aufgeschrieben oder auch in massive Steinquader gemeißelt und hatten an fast allen Standorten denselben Wortlaut. Nollé ist es in jahrelanger Arbeit gelungen, sämtliche 56 Orakelsprüche zu rekonstruieren. Warum es genau 56 Orakelsprüche gab, finden Sie in Abschnitt 2.2 heraus.

Wie Nollé beschreibt, hatten die Orakelsprüche eine erzieherische Zielsetzung. Die Menschen sollten auf das segensreiche Wirken der Götter vertrauen und so zu einem furchtlosen, aber besonnenen Handeln geführt werden [NOL, S. 190 f.].

Das Vertrauen auf das Wirken der Götter geht in der Renaissance verloren. Seefahrer entdecken neue Welten, das Schießpulver revolutioniert die Kriegsführung, durch die Erfindung der Buchdruckerkunst werden neue Gedanken schnell verbreitet, Bücher und Flugblätter verbreiten Kritik an den bestehenden Verhältnissen – es entsteht eine neue Sicht der Welt. In diesem Weltbild haben die alten Götter keinen Platz mehr. So ist es kein Zufall, dass jetzt begonnen wird, das Würfelspiel, das früher von den Göttern gelenkt wurde, wissenschaftlich zu untersuchen. Der italienische Philosoph, Arzt und Mathematiker Gerolamo Cardano (1501–1576) schreibt das Buch »Liber de ludo alae« (Buch über das Würfelspiel), in dem er das Spiel mit mehreren Würfeln betrachtet und dem Wahrscheinlichkeitsbegriff erstmals nahekommt. Bis in die Mitte des 17. Jahrhunderts konnten zwar für einzelne Probleme, die den Zufall betreffen, Lösungen angegeben werden, aber es entstand noch keine einheitliche Theorie der Wahrscheinlichkeitsrechnung.

Doch dann kam Antoine Gombaud (1607–1684), besser bekannt unter dem Namen Chevalier de Méré. Er war kein Adliger wie der Titel Chevalier vermuten lässt, sondern ein Schriftsteller, der die Person seiner Bücher, die seine Ansichten darstellte, als Chevalier de Méré bezeichnete. Später nannten seine Freundinnen und Freunde ihn mit diesem Namen.

Der Chevalier de Méré wandte sich im Jahr 1654 mit mehreren Problemen aus dem Bereich der Glücksspiele an Blaise Pascal (1623–1662, Mathematiker, Physiker und Philosoph) und bat diesen um Hilfe. Aus dieser Anfrage entstand ein Briefwechsel zwischen Pascal und Pierre de Fermat (1607–1665, Mathematiker und Jurist), der die ersten mathematisch orientierten Betrachtungen zur Bestimmung der Chancen bei Glücksspielen enthielt. Aus diesem Grund setzt man die Geburt der Stochastik oft auf das Jahr 1654 fest. Eine historische Übersicht über die Geschichte der Stochastik finden Sie im Literaturverzeichnis [WIRT].

Eine der Fragen des de Méré war:

Stimmt es, dass man bei der ersten der folgenden beiden Wetten öfter gewinnt als bei der zweiten?

- Ein Würfel wird viermal geworfen. Es wird darauf gesetzt, dass mindestens eine Sechs gewürfelt wird.
- Zwei Würfel werden vierundzwanzigmal geworfen. Es wird darauf gesetzt, dass mindestens ein Sechserpasch gewürfelt wird.

Dieses Problem wird oft im Rahmen der Kombinatorik als Aufgabe in Stochastikbüchern gestellt. Interessanter als die mit dem heute bekannten Kalkül leicht zu lösende Aufgabe sind die Fehleinschätzungen, die im Umgang mit diesem Problem auftauchen. Der Chevalier de Méré soll sogar von einem Skandal gesprochen haben und sich bei Pascal über die trügerische Mathematik beschwert haben [FRE].

Es wird zunächst die Situation mit dem einen Würfel betrachtet. Warum soll dieser gerade viermal geworfen werden? Das wird klar, wenn man die Wahrscheinlichkeit berechnet, dass bei vier Würfen mindestens eine 6 erscheint. Das Ereignis »Mindestens eine 6 erscheint bei vier Würfen« kann auf viele verschiedene Weisen eintreten, z. B. wenn dreimal die 6 aufritt oder zweimal usw. Diese Tatsache macht es aufwendig, die gesuchte Wahrscheinlichkeit zu berechnen. Deshalb berechnet man zuerst die Wahrscheinlichkeit des sogenannten *Gegenereignisses*, dass nämlich keine 6 in vier Würfen auftritt (eine Erläuterung dazu finden Sie in Abschnitt 2.3).

Die Wahrscheinlichkeit, dass in vier Würfen mindestens eine 6 gewürfelt wird, ist $1 - \left(\frac{5}{6}\right)^4 \approx 0{,}518$ (Genaueres dazu finden Sie in Abschnitt 2.4 zur Berechnung der Gewinnwahrscheinlichkeiten).

Jetzt wird die Situation mit zwei Würfeln betrachtet. Die Wahrscheinlichkeit dafür, mindestens eine Doppel-Sechs in 24 Würfen zu erhalten, ist gleich $1 - \left(\frac{35}{36}\right)^{24} \approx 0{,}491$ (siehe Abschnitt 2.4).

In sehr langen Serien von Spielen wird man deshalb mit der 1. Wette häufiger als mit der 2. Wette gewinnen.

Aber welchen Trugschluss könnte man bei diesem Problem ziehen?

Die Wahrscheinlichkeit des Auftretens einer Doppelsechs in einem Wurf mit zwei Würfeln ist $\frac{1}{6} \cdot \frac{1}{6} = \frac{1}{36}$, das heißt $\frac{1}{6}$ der Wahrscheinlichkeit, dass bei einem Einzelwurf eine 6 geworfen wird. Also ist es naheliegend zu glauben, dass man sechsmal öfter werfen muss, nämlich $6 \cdot 4 = 24$-mal, bis man dieselbe Chance auf Erfolg hat wie zuvor beim vierfachen Wurf mit einem Würfel.

Diese Argumentation könnte man als Sparsamkeits- oder Ökonomieprinzip bezeichnen. Wir haben einen angeborenen Hang zur einfachsten Lösung [RIE, S. 143]. Sie erscheint uns immer als die eleganteste und zutreffendste Lösung eines Problems. Die einfachste Lösung im vorliegenden Würfelbeispiel ist die Annahme einer umgekehrten Proportionalität zwischen der erforderlichen Anzahl von Versuchen und der Wahrscheinlichkeit des Ereignisses, also $4 \cdot \frac{1}{6} = 24 \cdot \frac{1}{36}$.

Die zuvor angestellten Berechnungen zeigen aber, dass diese Proportionalitätsregel in dem betrachteten Fall nicht gilt. Unsere Intuition lässt uns hier im Stich.

Es wird immer wieder geschrieben, dass der Chevalier allein durch häufiges Spielen erkannt hat, dass die 2. Wette im Gegensatz zur 1. Wette unvorteilhaft ist. Nun ist der Unterschied zwischen den beiden Wahrscheinlichkeiten $0{,}509 - 0{,}491 = 0{,}018$, mit anderen Worten etwa gleich 2 Hundertstel. Um die beiden Wahrscheinlichkeiten auseinanderhalten zu können, müsste der Chevalier eine riesige Anzahl von Spielen durchgeführt haben (genau genommen mehr als 9600 Spiele, wenn mit einer Sicherheit von 95 % festgestellt werden soll, dass die 2. Wette unvorteilhaft ist). Das erscheint selbst für die spielwütigen Adligen des 17. Jahrhunderts etwas hochgegriffen. Näheres zu dieser Ansicht findet man in [PIN].

Aus dieser Sicht ist es plausibler zu glauben, dass der Chevalier von den unterschiedlichen Chancen für beide Wetten wusste und von Pascal eine Erklärung haben wollte, warum hier aus seiner Sicht ein Trugschluss vorliegt [SZE, S. 14].

2.2 Wieso waren es gerade 56 Orakelsprüche?

Der Wurf von 5 Astragalen ist gleichbedeutend damit, dass 5 Kugeln in 4 Urnen gelegt werden. Die 4 Urnen stehen für die möglichen Ergebnisse 1, 3, 4 und 6. Eine Urne wird durch zwei Striche gekennzeichnet, eine Kugel durch einen Stern. /**/ steht also für eine Urne, die zwei Kugeln enthält, // stellt eine leere Urne dar. Der zuvor erwähnte Astragalwurf 1, 1, 1, 6, 6 hat in diesem Bild die Darstellung /***///**/, die drei Schrägstriche in der Mitte symbolisieren dabei zwei leergebliebene Urnen.

Die 4 Urnen sind durch 5 Striche dargestellt, die 5 Kugeln durch 5 Sterne, so dass man eine Kette von 10 Symbolen vorliegen hat. Wie viele solcher Ketten, von denen die Kette /***///**/ eine spezielle ist, gibt es?

Jede dieser Ketten beginnt mit einem Strich und hört mit einem Strich auf. Diese beiden Elemente sind unbeweglich und müssen aus unserer Rechnung entfernt werden. Entscheidend ist nur die Reihenfolge von 5 + 5 – 2 = 8 Elementen. Die Reihenfolge ist festgelegt, wenn bekannt ist, an welchen 5 der 8 Stellen sich ein Stern befindet.

Für das Auswählen dieser 5 Stellen gibt es $\binom{8}{5} = 56$ Möglichkeiten.

Falls die Erinnerung an Binomialkoeffizienten und deren Berechnung bei Ihnen verblasst ist, können Sie sich das Kapitel 25, »Erkenne dich selbst«, einmal genauer ansehen und sich dort über die Bedeutung und die Berechnung von Binomialkoeffizienten informieren.

2.3 Das Gegenereignis

Wie wir weiter oben festgestellt haben, kann es sehr umständlich sein, nach dem üblichen Vorgehen die Wahrscheinlichkeit für ein Ereignis (zum Beispiel für das viermalige Werfen eines Würfels mit sechs Augen) zu bestimmen. Es kann helfen, sich stattdessen das Gegenereignis genauer anzuschauen. An einem einfachen Beispiel wird hier erklärt, was das Gegenereignis ist und wie man dieses sinnvoll bei der Berechnung von Wahrscheinlichkeiten verwenden kann.

Die Kugeln in dem Behälter, den Sie in Abbildung 2.2 sehen, werden gemischt. Dann wird eine Kugel gezogen.

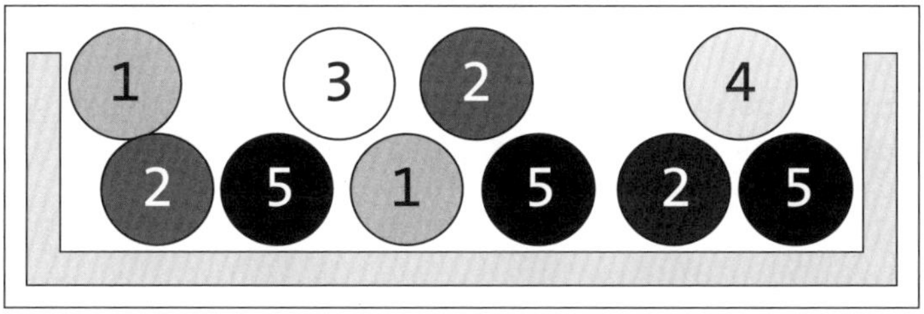

Abbildung 2.2 Behälter mit nummerierten Kugeln in unterschiedlichen Anzahlen

Die möglichen Ergebnisse dieses Zufallsexperiments sind 1, 2, 3, 4, 5. Die Wahrscheinlichkeiten, die zu diesen Ergebnissen gehören, sehen Sie in Tabelle 2.1.

Ergebnis	1	2	3	4	5
Wahrscheinlichkeit	2/10 = 0,2	3/10 = 0,3	1/10 = 0,1	1/10 = 0,1	3/10 = 0,3

Tabelle 2.1 Wahrscheinlichkeiten für die Nummern gezogener Kugeln

Als Kontrolle werden alle Wahrscheinlichkeiten aufaddiert. Das Ergebnis muss natürlich 100 % = 1 sein.

A bezeichnet das Ereignis, dass eine Kugel mit einer durch 2 teilbaren Zahl gezogen wird. Die Wahrscheinlichkeit P(A) für das Eintreten des Ereignisses A ist dann P(A) = 0,3 + 0,1 = 0,4 = 40 %.

Mit B wird das Ereignis, dass keine 5 gezogen wird, bezeichnet. Es ist P(B) = 0,2 + 0,3 + 0,1 + 0,1 = 0,7 = 70 %.

Die letzte Wahrscheinlichkeit hätte man auch einfacher bestimmen können. Man betrachtet dazu das Ereignis C, dass eine 5 gezogen wird. Es ist P(C) = 0,3. C stellt das »Gegenteil« des Ereignisses B dar. Man sagt auch, dass C das Gegenereignis von B ist. Das Gegenereignis von B enthält also alle Ergebnisse, die nicht zu B gehören. Die Wahrscheinlichkeiten von Ereignis und Gegenereignis müssen zusammen 100 % liefern. Also kann man P(B) berechnen durch: P(B) = 100 % – P(B) = 1 – 0,3 = 0,7.

2.4 Berechnung der Gewinnwahrscheinlichkeiten für die Wetten des de Méré

Zurück zu Chevalier und seinen zwei Wetten. Weiter oben habe ich bereits vermutet, dass de Méré von Blaise Pascal eine mathematische Erklärung haben wollte. Warum waren seine beiden Wetten unterschiedlich erfolgversprechend und warum war er tatsächlich auf einen Trugschluss gestoßen? Um die genauen Gewinnwahrscheinlichkeiten der beiden Wetten aus Abschnitt 2.1, »Von den Orakeln zur Stochastik«, zu berechnen, gehen wir schrittweise vor: Die Wahrscheinlichkeit, beim Werfen eines gewöhnlichen Würfels mit sechs Augen keine 6 in einem Einzelwurf zu erzielen, ist gleich $\frac{5}{6}$.

Keine 6 in zwei Würfen zu erzielen, hat dann entsprechend die Wahrscheinlichkeit $\frac{5}{6} \cdot \frac{5}{6} = \left(\frac{5}{6}\right)^2$.

Keine 6 in drei Würfen zu erzielen, hat die Wahrscheinlichkeit $\frac{5}{6} \cdot \frac{5}{6} \cdot \frac{5}{6} = \left(\frac{5}{6}\right)^3$.

Keine 6 in vier Würfen zu erzielen, hat die Wahrscheinlichkeit $\frac{5}{6} \cdot \frac{5}{6} \cdot \frac{5}{6} \cdot \frac{5}{6} = \left(\frac{5}{6}\right)^4$.

Die Wahrscheinlichkeit, eine 6 in einem Wurf zu erhalten, ist dann $1 - \frac{5}{6} \approx 0{,}167$.

Die Wahrscheinlichkeit, mindestens eine 6 in zwei Würfen zu erhalten, ist

$$1 - \left(\frac{5}{6}\right)^2 \approx 0{,}305.$$

Die Wahrscheinlichkeit, mindestens eine 6 in drei Würfen zu erhalten, ist

$$1 - \left(\frac{5}{6}\right)^3 \approx 0{,}421.$$

Die Wahrscheinlichkeit, mindestens eine 6 in vier Würfen zu erhalten, ist

$$1 - \left(\frac{5}{6}\right)^4 \approx 0{,}518.$$

Wie man sieht, ist die Wahrscheinlichkeit, mindestens eine 6 zu erhalten, bei 4 Würfen erstmals größer als 0,5, so dass es sich lohnt, auf dieses Ereignis zu wetten.

Die Wahrscheinlichkeit einer Doppel-Sechs in einem Wurf mit zwei Würfeln ist $\frac{1}{36}$.

Daher ist die Wahrscheinlichkeit von »keiner Doppel-Sechs« gleich $\frac{35}{36}$. Die Wahrscheinlichkeit für »keine Doppel-Sechs« in einer Serie von 24 Würfen ist damit $\left(\frac{35}{36}\right)^{24} \approx 0{,}509$. Also ist die Wahrscheinlichkeit dafür, mindestens eine Doppel-Sechs in 24 Würfen zu erhalten, gleich 0,491.

2.5 Zum Mitmachen: Simulieren Sie die Wette des de Méré

Jetzt sind Sie dran. Sie können ausprobieren, welche der beiden Wetten des de Méré eine größere Chance hat. Zuerst betrachten wir den Fall, dass 4 Würfelwürfe wiederholt durchgeführt werden, und registrieren, wie oft mindestens eine 6 dabei auftritt.

Aus Abschnitt 1.3, »Zum Mitmachen: 500-mal Roulette«, ist bekannt, dass man einen Würfelwurf durch `=ZUFALLSBEREICH(1;6)` simulieren kann. Also tragen Sie diese Funktion zunächst in vier nebeneinanderliegenden Zellen Ihrer Tabellenkalkulation ein. In Abbildung 2.3 sind dies die Zellen B6, C6, D6 und E6.

Als Nächstes soll die Anzahl der Sechsen in diesen Zellen ermittelt werden. Dafür gibt es die Funktion `ZÄHLENWENN(Zellbereich;Kriterium)`. Diese Funktion ermittelt die Anzahl der Zellen, die ein bestimmtes Kriterium erfüllen. Im Fall der Abbildung 2.3 ist B6:E6 der Zellbereich und das Kriterium ist die Zahl 6. Tragen Sie also in die Zelle G6 die Funktion `=ZÄHLENWENN(B6:E6;6)` ein.

In der Zelle H6 soll dann überprüft werden, ob mindestens eine 6 aufgetreten ist. Mindestens eine 6 ist aufgetreten, wenn in der Zelle G6 eine Zahl steht, die größer als 0 ist. Ob dies der Fall ist, kann mit der Funktion `WENN(Ausdruck; wenn_wahr; wenn_falsch)` überprüft werden.

Mit `=WENN(G6 > 0; 1; 0)` wird erreicht, dass eine 1 zurückgegeben wird, wenn der Wert der Zelle G6 größer als 0 ist. Ansonsten wird eine 0 zurückgegeben. Tragen Sie also `=WENN(G6 > 0; 1; 0)` in die Zelle H6 ein.

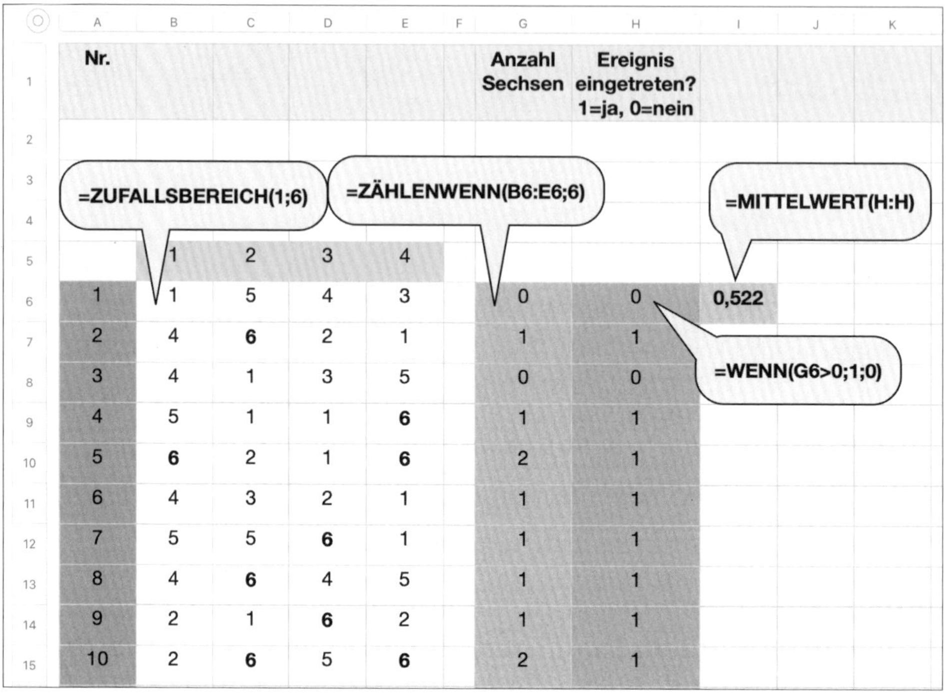

A	B	C	D	E	F	G	H	I
Nr.						Anzahl Sechsen	Ereignis eingetreten? 1=ja, 0=nein	
	1	2	3	4				
1	1	5	4	3		0	0	0,522
2	4	**6**	2	1		1	1	
3	4	1	3	5		0	0	
4	5	1	1	**6**		1	1	
5	**6**	2	1	**6**		2	1	
6	4	3	2	1		1	1	
7	5	5	**6**	1		1	1	
8	4	**6**	4	5		1	1	
9	2	1	**6**	2		1	1	
10	2	**6**	5	**6**		2	1	

Abbildung 2.3 Simulation der relativen Gewinnhäufigkeit der ersten Wette

Markieren Sie nun die Zeile 6 und füllen Sie alles nach unten aus.

Nun können Sie in irgendeine Zelle (in der Abbildung 2.3 die Zelle I6) `=MITTELWERT(H:H)` schreiben. Dadurch wird die relative Häufigkeit der Einsen in der Spalte H ermittelt. Diese Zahl stellt einen Schätzwert für die Wahrscheinlichkeit dar, mit 4 Würfen mindestens eine 6 zu erhalten.

Aktualisieren Sie das Blatt mehrmals und beobachten Sie dabei, welche Schätzwerte für die Wahrscheinlichkeit entstehen.

Simulieren Sie als Nächstes 24 Doppelwürfe mit einem Würfel. Der einzige Unterschied zum vorigen Tabellenblatt ist, dass Sie statt 4 Zellen jetzt 24 Zellen in einer Zeile benötigen. In jeder dieser Zellen soll das Ergebnis eines Doppelwurfs stehen. Das können Sie mit `=ZUFALLSBEREICH(1 ; 6) + ZUFALLSBEREICH(1 ; 6)` leicht erreichen. Sie müssen dann nur zählen lassen, wie oft die Zahl 12 auftritt.

Aktualisieren Sie dann auch dieses Blatt mehrmals und vergleichen Sie die simulierten Wahrscheinlichkeiten mit denen auf dem vorigen Blatt.

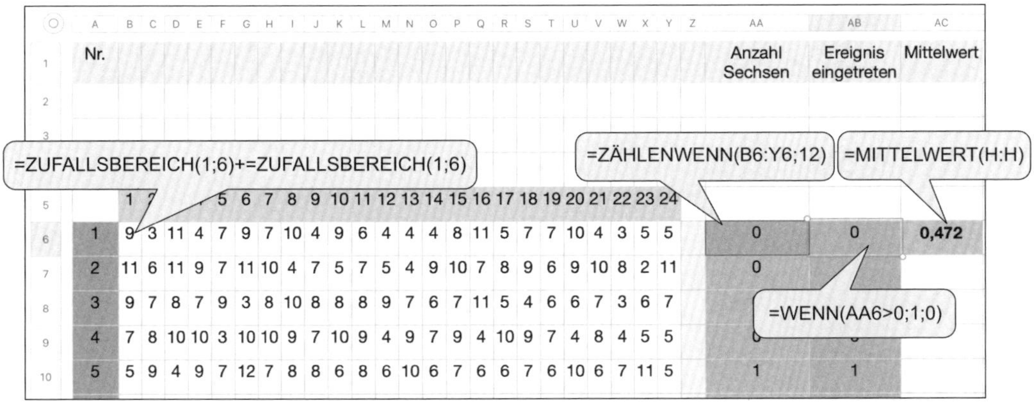

Abbildung 2.4 Simulation der relativen Gewinnhäufigkeit der zweiten Wette

Ich bin sicher, Sie haben festgestellt, dass die erste Wette größere Gewinnchancen hat als die zweite.

Kapitel 3
Die Magie der Zahlen

In unserer aufgeklärten Zeit fürchten sich viele Menschen vor der Zahl 13, die als Unglückszahl gilt. Der Glaube an die geheimnisvollen Kräfte der Zahlen hat schon die Pythagoreer beschäftigt, und in der Offenbarung des Johannes wird 666 als Zahl des Teufels bezeichnet. Auch in der Mathematik besitzt die Zahl 666 erstaunliche Eigenschaften, die hier beleuchtet werden.

3.1 Aberglaube, die Schule der Pythagoreer und die Offenbarung des Johannes

Viele Menschen verbinden mit einem Freitag, den 13. einen Unglückstag. Angeblich kostet die Triskaidekaphobie, die Angst vor der 13, viel Geld durch Arbeitsversäumnisse und Absagen von Verabredungen. Die Magie der Zahlen ist auch heute noch an vielen Beispielen erkennbar. So spielt die Zahl Sieben in der volkstümlichen Anschauung von jeher eine wichtige Rolle: mit einer bösen Sieben leben (eine unglückliche Ehe führen), sieben Todsünden, sieben Wochentage, siebenarmiger Leuchter, im siebten Himmel sein, sieben auf einen Streich, ... und erlöse uns von dem Bösen (siebte Bitte im Vaterunser), Siebenmeilenstiefel, sieben magere und sieben fette Jahre, seine Siebensachen packen, Siebenschläfer (Legende aus der Christenverfolgung und Wetterregel), sieben Zwerge, ein Buch mit sieben Siegeln und so weiter.

Der Glaube an die geheimnisvollen Kräfte der Zahlen lässt sich bis zur Schule der Pythagoreer – ins 6. Jahrhundert vor Christus – zurückverfolgen. Die Schule der Pythagoreer wurde von Pythagoras gegründet. Pythagoras wurde 570 vor Christus auf Samos geboren und wuchs dort auf. Anschließend verbrachte er einige Jahre in Ägypten und Babylon, wo er die Wissenschaft und Philosophie dieser Länder kennenlernte. Nach seiner Rückkehr nach Samos wurde er dort der Lehrer des Sohnes von Polykrates, des damaligen Herrschers von Samos. Um das Jahr 530 vor Christus wanderte Pythagoras nach Kroton aus. Dort gründete er die Schule der Pythagoreer. Ein wesentlicher Bestandteil ihrer Lehre war die Mathematik. Die Pythagoreer glaubten, dass Gott den Kosmos nach Zahlen geordnet habe. Ihr Credo lautete »Alles ist Zahl«. Die Einsicht der Pythagoreer, dass dieselben einfachen Verhältnisse ganzer Zahlen einerseits in der Musik die dem Gehör angenehmen Intervalle beschreiben und andererseits die in der Architektur als schön empfundenen Proportionen kennzeichnen, führten zu ihrer Weltauffassung, nach der die Zahl das Wesen aller Dinge ist.

Wie eng die Verflechtung von Weltverständnis und Mathematik bei den Pythagoreern war, zeigt die Überlieferung, nach der Hippasos, der als Erster die Kenntnis inkommensurabler Strecken (das sind Strecken, deren Längen nicht durch ein Verhältnis ganzer Zahlen beschrieben werden können, z. B. Diagonale und Seite eines Quadrats) verbreitete, bei einer Schiffsfahrt über Bord geworfen wurde, »weil das Unaussprechliche und Bildlose immer verborgen bleiben solle«.

Wir machen jetzt einen Zeitsprung von etwa 2500 Jahren und landen im März 1982. Damals wurde das dritte Studioalbum der britischen Heavy-Metal-Band Iron Maiden veröffentlicht. Es trägt den Namen »The Number of the Beast«. Damit setzte Iron Maiden der Zahl 666 ein musikalisches Denkmal. Aber die Ursprünge der Zahl des Teufels sind viel älter. Das Album von Iron Maiden bezieht sich auf die Offenbarung des Johannes (13,18). Dort heißt es:

> *»Hier ist die Weisheit. Wer Verständnis hat, berechne die Zahl des Tieres; denn es ist eines Menschen Zahl; und seine Zahl ist sechshundertsechsundsechzig.«*

Es gibt verschiedene Anwärter auf den Titel »Tier«, dazu zählen die römischen Kaiser Nero, Hadrian, Domitian und auch Kaiser Trajan, der für den Tod vieler Christen verantwortlich war. Unabhängig davon, auf welche Person der Evangelist Johannes hinweisen wollte, die Zahl des Teufels begegnet einem in vielen mystischen Zusammenhängen.

So liest man im Roman »Sakrileg« von Dan Brown, dass die Glaspyramide im Louvre auf Präsident Mitterands ausdrückliche Anordnung aus genau 666 Glaselementen zusammengesetzt wurde, was bei den Verschwörungstheoretikern zu der Meinung führte, dass die Pyramide teuflisch sei und ihr Bau die Apokalypse heraufbeschwören würde. Tatsächlich besteht die Pyramide aber aus 673 Glasfenstern.

Doch unsere (Pop-)Kulturgeschichte hält noch weitere Beispiele für die Bedeutung der »teuflischen« Zahlenkombination bereit:

- Im Roman »Das Foucaultsche Pendel« von Umberto Eco spielt die Zahl 666 eine Rolle bei der Verschwörung der Tempelritter.
- In Quentin Tarantinos Film »Pulp Fiction« gibt es eine mysteriöse Aktentasche, die sich mit der Kombination 666 öffnen lässt.
- Von 1988 an lebten der amerikanische Präsident Ronald Reagan und seine Frau Nancy in der Saint Cloud Road in Los Angeles. Vor ihrem Einzug ließ die Präsidentenfamilie die Hausnummer 666 in 668 ändern.
- Im Dezember 2007 berichtete die BBC, dass in der amerikanischen Stadt Reeves in Louisiana die Telefonvorwahl in 749 geändert wurde, nachdem sie zuvor 666 war, die Zahl, die viele Einwohner und Einwohnerinnen an den Teufel erinnert hatte.

3.2 Dreieckszahlen und die Zahl 666

Die Zahl 666 besitzt erstaunliche mathematische Eigenschaften. Beispielsweise ist sie die 36. *Dreieckszahl*. Dreieckszahlen gehen auf die schon erwähnten Pythagoreer zurück, bei ihnen spielten sie eine wichtige Rolle. Sie sind die Summen aufeinanderfolgender Zahlen: Die 1. Dreieckszahl ist 1, die zweite Dreieckszahl ist $1 + 2 = 3$, die 3. Dreieckszahl ist $1 + 2 + 3 = 6$ usw. Der Name »Dreieckszahl« rührt daher, dass sich diese Zahlen geometrisch durch Punkte, die in Form eines Dreiecks angeordnet werden, darstellen lassen. Abbildung 3.1 zeigt die ersten vier Dreieckszahlen und deren geometrische Veranschaulichung.

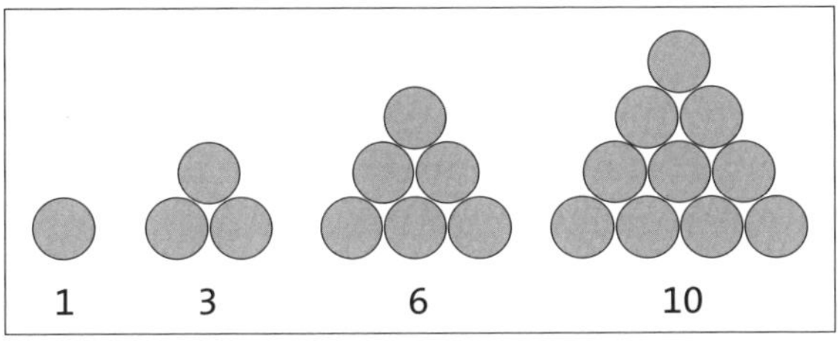

Abbildung 3.1 Die ersten vier Dreieckszahlen

Um eine beliebige Dreieckszahl D_n zu berechnen, kann man sich an Abbildung 3.1 orientieren und wie folgt vorgehen:

$D_1 = 1, D_2 = D_1 + 2, D_3 = D_2 + 3, \ldots, D_n = D_{n-1} + n$

Der Nachteil dieser Darstellung ist, dass man zur Berechnung von D_n alle vorangehenden Dreieckszahlen verwenden muss. Es geht aber auch einfacher.

Die n-te Dreieckszahl kann durch $D_n = \frac{n \cdot (n+1)}{2}$ berechnet werden (vergleichen Sie dazu Abschnitt 3.3, »Eine Formel für die Dreieckszahlen«). Die fünfte Dreieckszahl ist damit gleich $\frac{5 \cdot 6}{2} = 15$. Da $\frac{36 \cdot 37}{2} = 666$ gilt, ist 666 die 36. Dreieckszahl, das heißt, 666 ist gleich der Summe der Zahlen $1 + 2 + 3 + \ldots + 35 + 36$.

Doch es gibt noch weitere bemerkenswerte Eigenschaften der Zahl 666:

- Die 36 ist selbst eine Dreieckszahl, nämlich die 8. Dreieckszahl.
- Die 666 ist die größte Dreieckszahl, die aus lauter gleichen Ziffern besteht. Weitere Dreieckszahlen aus gleichen Ziffern sind nur 55 (10. Dreieckszahl) und 66 (11. Dreieckszahl).
- Man kann die 666 auch als alternierende Summe der 6. Potenzen von 1, 2 und 3 schreiben: $1^6 - 2^6 + 3^6 = 666$.
- Die ersten 7 Primzahlen sind 2, 3, 5, 7, 11, 13, 17. Durch diese Primzahlen lässt sich 666 ausdrücken: $2^2 + 3^2 + 5^2 + 7^2 + 11^2 + 13^2 + 17^2 = 666$.
- 666 ist die Summe zweier aufeinanderfolgender *palindromischer* Primzahlen: $313 + 353 = 666$ (palindromische Zahlen ergeben von rechts nach links oder von

links nach rechts gelesen dieselbe Ziffernfolge. Über Palindrome erfahren Sie Näheres in Kapitel 4, »LAGE RELIEFPFEILER EGAL«).

Doch bei diesen kleinen Anekdoten hören die Besonderheiten der 666 nicht auf. In der Zahlentheorie und in der Kryptologie spielt die *Eulersche φ-Funktion* eine wichtige Rolle. Die φ-Funktion einer Zahl gibt an, wie viele zu dieser Zahl teilerfremde Zahlen es gibt, die nicht größer als diese Zahl sind. So ist $\varphi(6) = 2$, denn 1 und 5 haben keinen gemeinsamen Teiler mit 6. $\varphi(15) = 8$, denn 1, 2, 4, 7, 8, 11, 13, 14 sind teilerfremd zu 15. Es gibt eine Formel, mit der sich die φ-Funktion einer Zahl berechnen lässt. Verwendet man diese, um $\varphi(666)$ zu berechnen, dann ergibt sich: $\varphi(666) = 216$. Das erscheint auf den ersten Blick nicht außergewöhnlich, aber $216 = 6 \cdot 6 \cdot 6$, d. h., es ist $\varphi(666) = 6 \cdot 6 \cdot 6$, und das lässt einen schon etwas staunen.

Zeichnet man in einem regulären Fünfeck (Pentagon) alle Diagonalen ein, so ergibt sich ein Pentagramm, auch *Drudenfuß* genannt. Das Pentagramm wurde als mystisches Zeichen verwendet. Die Pythagoreer benutzten es als Erkennungszeichen für die Mitglieder ihrer Bruderschaft. Im Mittelalter sollten Pentagramme Hexen von Viehställen, Türschwellen, Wiegen und Betten fernhalten. Auf diese Vorstellungen bezieht sich Goethe in seinem Faust. Mephisto kann das Studierzimmer nicht verlassen, da er durch ein Pentagramm gebannt ist.

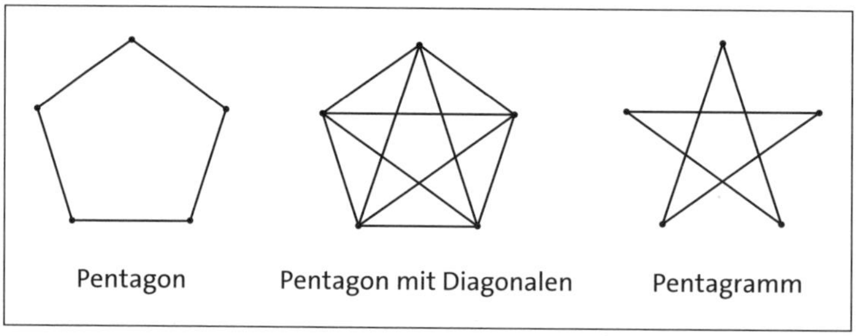

Abbildung 3.2 Wie aus dem Pentagon das Pentagramm entsteht

Bemerkenswert ist, dass die Diagonale d und die Seite s eines Pentagons im Verhältnis des *goldenen Schnitts* stehen, das heißt $\frac{d}{s} = \frac{1+\sqrt{5}}{2} \approx 1{,}618$.

Das Zahlenverhältnis des goldenen Schnitts steht seit der Antike für Ästhetik und Harmonie. Im Parthenontempel in Athen (erbaut etwa um 430 vor Christus) verhält sich die Höhe bis zum Dach zur Höhe der Säulen wie der goldene Schnitt. Im Turm des Freiburger Münsters findet man den goldenen Schnitt ebenso wie im Apple-Logo für die iCloud. Verblüffend ist allerdings der Zusammenhang des goldenen Schnitts mit der »Zahl des Teufels«. Dazu muss man allerdings die aus der Schulzeit bekannten, vielfach unbeliebten trigonometrischen Funktionen Sinus und Cosinus bemühen. Mit ihnen erhält man:

$$-(sin(666^o) + cos((6 \cdot 6 \cdot 6)^o) = \frac{1+\sqrt{5}}{2}.$$

Das kann man mit einem einfachen Taschenrechner leicht bestätigen. Gibt es den Zusammenhang, weil der goldene Schnitt im Pentagramm auch eine teuflische Bedeutung hat? Solche Spekulationen sind natürlich unsinnig, auch wenn die aufgezeigten Eigenschaften der »Zahl des Teufels« bemerkenswert sind. Würde man weniger teuflische Zahlen untersuchen, würde man auch die eine oder andere Überraschung erleben, aber das Schaurig-Schöne würde fehlen. Also sollte man die teuflische Zahl 666 ebenso entspannt betrachten, wie dies die Fluggesellschaft Finnair am Freitag, den 13. Oktober 2017 getan hat. Sie meldete per Twitter, dass der Flug AY666 nach HEL (Helsinki, aber ein zusätzliches L wäre auch interessant) gut gelandet ist. Obwohl in den vergangenen elf Jahren dieser Flug 21-mal an einem Freitag, den 13. stattgefunden hat, gab es nie einen Zwischenfall. Trotzdem wurde der Flug AY666 wenig später in die harmlose Nummer AY954 umbenannt. Warum dies geschah, meldete die Fluggesellschaft allerdings nicht.

3.3 Eine Formel für die Dreieckszahlen

Die Formel $D_n = \frac{n \cdot (n+1)}{2}$ für die Dreieckszahlen wurde ja im vorigen Abschnitt bereits erwähnt. Warum diese Formel gilt, sieht man leicht am Beispiel für $n = 5$. Für $n = 5$ wird die Summe $1 + 2 + 3 + 4 + 5$ betrachtet. Diese Summe kann man durch die Kugeln in Abbildung 3.3 darstellen.

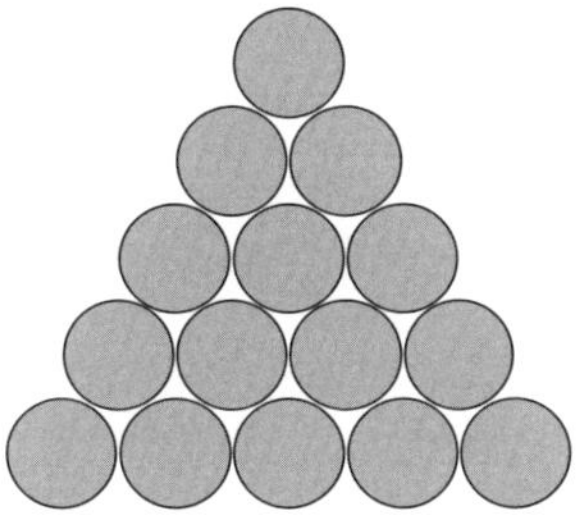

Abbildung 3.3 Die fünfte Dreieckszahl

Dieselbe Anzahl an Kugeln finden Sie leicht verschoben auch in Abbildung 3.4.

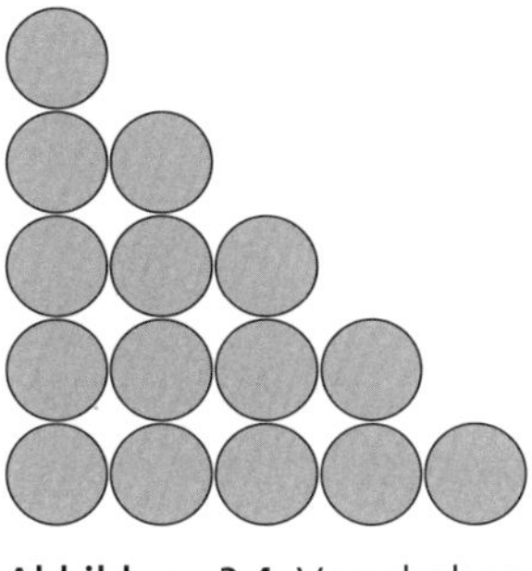

Abbildung 3.4 Verschobene Kugeln

Aus Gründen, die gleich deutlich werden, verdoppelt man jetzt die Zahl der Kugeln. Dies wird in Abbildung 3.5 dargestellt.

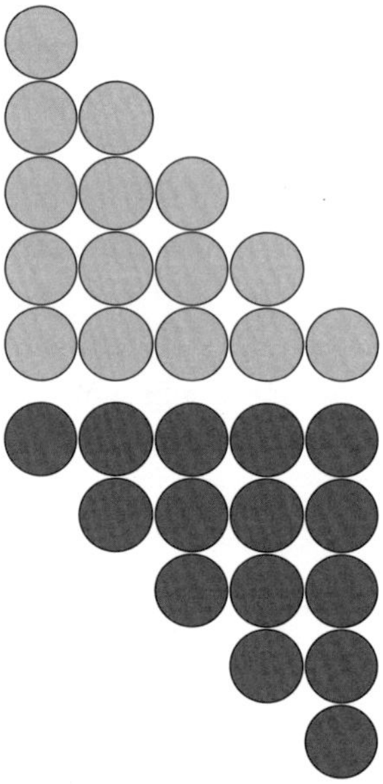

Abbildung 3.5 Zweimal die fünfte Dreieckszahl

Legt man nun die eben hinzugefügten Kugeln um, entsteht ein Rechteck mit den Seiten »6 Kugeln« und »5 Kugeln« (Abbildung 3.6).

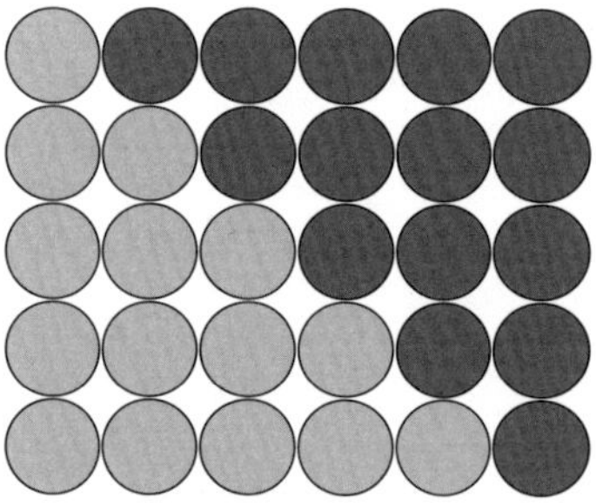

Abbildung 3.6 Dreieckszahlen als Rechteck

Weil die Anzahl der Kugeln in den beiden letzten Abbildungen gleich ist, gilt

$2(1+2+3+4+5) = 5 \cdot 6$, bzw. $1+2+3+4+5 = \frac{5 \cdot 6}{2}$.

Verallgemeinert man diese Überlegung auf eine beliebige Zahl n, so ergibt sich $1+2+\cdots+n = \frac{n(n+1)}{2}$.

Weil sich die Zahlen $\frac{n(n+1)}{2}$ durch eine Dreieckstruktur (Abbildung 3.3) veranschaulichen lassen, nennt man diese Zahlen auch Dreieckszahlen.

3.4 Zum Mitmachen: Möglichkeiten, Dreieckszahlen zu erzeugen

Sie können jetzt zeigen, dass Sie wissen, dass man die Dreieckszahlen als Summe aufeinanderfolgender natürlicher Zahlen und auch mithilfe einer Formel darstellen kann. Erstellen Sie zu diesem Zweck ein Tabellenblatt, in dem Sie die ersten 40 Dreieckszahlen auf beide Weisen erzeugen. Schauen Sie nach, ob sich bei beiden Methoden jeweils dieselbe Zahl ergibt, und kontrollieren Sie, ob die 36. Dreieckszahl tatsächlich 666 ergibt. In Abbildung 3.7 sehen Sie die Erzeugung der ersten 10 Dreieckszahlen.

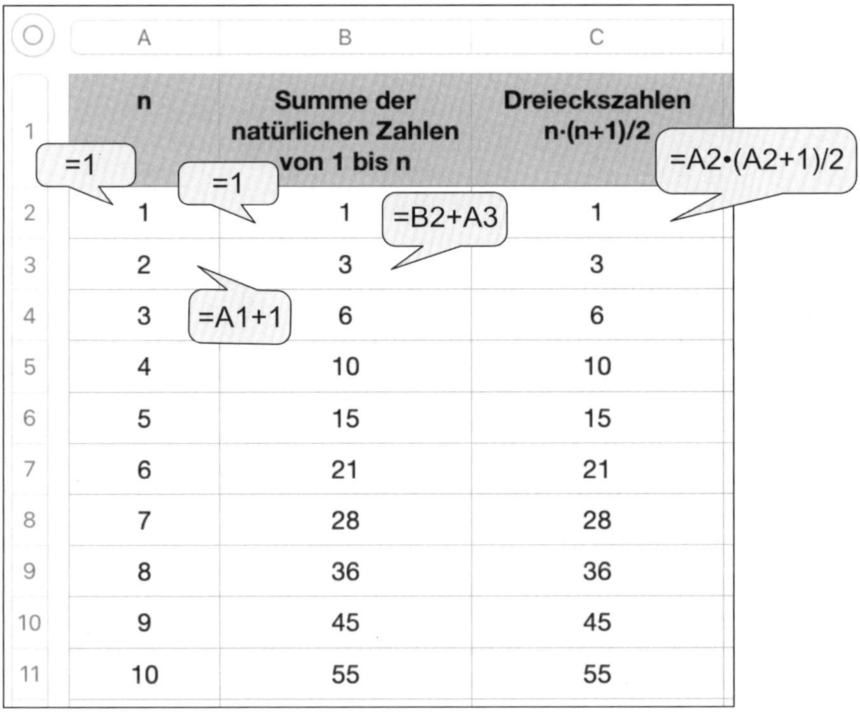

Abbildung 3.7 Erzeugung von Dreieckszahlen auf zwei Arten

Kapitel 4
LAGE RELIEFPFEILER EGAL

Schon im Mittelalter wurden Palindrome gesammelt – Zeichenketten, die beim Vorwärts- und Rückwärtslesen dasselbe Wort bilden. Während es eine Reihe von Palindromen aus wenigen Buchstaben gibt, nimmt deren Anzahl mit zunehmender Wortlänge ab. Das wird hier genauer untersucht. Außerdem wird ein ungelöstes Problem zu Palindromzahlen vorgestellt.

4.1 Palindrome verschiedener Länge

Der verkürzte Satz »LAGE RELIEFPFEILER EGAL« wurde von einer Schweizer Agentur geschaffen, um für die Rückfahrtkamera eines deutschen Autobauers Reklame zu machen. Das Besondere an dieser Buchstabenkette ist, dass sie von links wie auch von rechts gelesen dasselbe ergibt. Eine Buchstabenkette mit dieser Eigenschaft nennt man ein Palindrom. Mit einem Palindrom, so die Schweizer, haben sie ein Stilmittel gewählt, welches das Prinzip einer Rückfahrkamera veranschaulicht. Werbung soll im Kopf des Adressaten bleiben, wenn sie wirkungsvoll ist. Palindromsätze unterstützen dieses Ziel, denn sie zwingen zum Nachdenken. Mit »AUA SEHEN EH ES AUA« steigerten sich die Schweizer in derselben Werbekampagne noch.

Zu Ihrer Unterhaltung präsentiere ich Ihnen noch einige Palindromsätze:

Der Bestatter spricht zu den Hinterbliebenen:

DIE LIEBE TOTE BEILEID

Der Musiklehrer ermahnt seinen Schüler:

BETONE NOTE B

Ein Grundschullehrer ruft verzweifelt aus:

EIN ESEL LESE NIE

Ein Musiker ruft nach seinem Spiel verzückt aus:

OH CELLO VOLL ECHO

Im Paradies hat sich Adam mit folgenden Worten seiner Eva vorgestellt:

MADAM I'M ADAM

Der Liebhaber spricht zu seiner Angebeteten:

NUR DU GUDRUN

Und zum Abschluss folgt hier noch ein kurzes Palindromgedicht mit dem Titel EHE:

SEI FEIN

&

NIE MIES

SEI MEIN

&

NIE FIES

Dieses und weitere Gedichte findet man in [PFE].

Die Entdeckung des Palindroms »RELIEFPFEILER« wie auch des Palindroms »MARKTKRAM« wird dem deutschen Philosophen Schopenhauer (1788–1860) zugeschrieben. Bei dem RELIEFPFEILER dürfte es sich um eines der längsten Palindrome der deutschen Sprache handeln, das aus einem einzigen Wort besteht.

Palindrome wurden schon immer für Markennamen verwendet, wenn auch nicht so zielführend wie in der beschriebenen Werbekampagne. Man denke an UHU, OMO, ATA, OTTO, AXA, MAOAM, KIK oder MUM. Das Geheimnis der Wirksamkeit dieser Begriffe liegt in der Symmetrie: Dinge werden als schön empfunden, wenn sich in ihnen eine Symmetrie zeigt. Dabei bedeutet Symmetrie, dass das Objekt, nachdem es einer bestimmten Operation ausgesetzt wurde, genauso wie zuvor erscheint. Gängige Symmetrieoperationen sind Spiegelungen oder Drehungen. Die Umkehr der Leserichtung stellt ebenfalls eine solche Symmetrie dar.

Untersucht man Palindrome aus drei Buchstaben, so stellt man zunächst fest, dass es davon maximal 676 Stück geben kann. Das sieht man wie folgt ein: Es gibt 26 Möglichkeiten, den ersten Buchstaben des Wortes auszuwählen. Zu jeder dieser Möglichkeiten gibt es 26 weitere, um den zweiten Buchstaben des Wortes zu wählen. Der dritte Buchstabe muss gleich dem ersten Buchstaben sein, so dass sich keine neuen Möglichkeiten ergeben. Also gibt es $26 \cdot 26 = 676$ mögliche Palindrome der Länge 3. Die meisten dieser Zeichenketten stellen aber keine Wörter der deutschen Sprache dar, sondern sind Buchstabentripel wie z. B. SXS. Beschränkt man sich auf deutsche Wörter und lässt Unternehmens- und Produktbezeichnungen weg, so resultiert daraus eine Liste von wenigen Wörtern: AHA, AUA, BEB, BUB, EHE, NUN, TAT, TUT, TOT, UHU, RAR. Erweitert man dies um einige im Deutschen gebräuchliche englische Wörter, so kommen noch EVE, EXE, EYE, GIG, PEP, POP und SOS dazu.

Von Palindromen aus vier Buchstaben gibt es maximal auch nur 676 Stück, denn nur der erste Buchstabe und der zweite Buchstabe können frei gewählt werden, der dritte und der vierte Buchstabe sind gleich dem ersten und dem zweiten Buchstaben. Siebt man aus diesen 676 Möglichkeiten die Unsinnskombinationen aus, bleibt nur wenig Sinnvolles übrig. Neben ANNA und OTTO gibt es noch: ABBA, EBBE, EGGE, ELLE, ESSE und SEES als Flexion von See.

Palindrome mit fünf Buchstaben gibt es maximal $26 \cdot 26 \cdot 26 = 17576$ Stück. Durchsiebt man diese im Hinblick auf deutsche Wörter, so reduziert sich die Menge auf BELEB, KAJAK, MADAM, NEUEN, NEBEN, NATAN, RADAR, REGER (Komponist), ROTOR, SARAS, SELES (Name) STETS, TALAT (Brettspiel) und einige geographische Begriffe.

Je länger die betrachteten Buchstabenketten werden, umso geringer ist die Ausbeute an Palindromen. Das hat mehrere Gründe. Betrachtet man Zeichenketten aus drei Zeichen, dann gibt es davon 17576 Stück (von denen die wenigsten deutsche Wörter sind). In dieser Menge finden sich, wie bereits erwähnt, 676 Palindrome, das heißt, die Chance, dass eine beliebige dreistellige Zeichenkette ein Palindrom ist, beträgt $676/17576 \approx 3{,}8\,\%$.

Eine entsprechende Überlegung zu Zeichenketten der Länge 13 (zu denen auch der RELIEFPFEILER gehört) zeigt, dass der Anteil der Palindrome nur noch 0,00000032 % beträgt.

Zu diesem Trend kommt hinzu, dass die Wahrscheinlichkeit dafür, dass ein Palindrom auch ein deutsches Wort darstellt, mit zunehmender Buchstabenanzahl sinkt.

Dies alles schränkt die Anzahl deutscher Palindrome mit längerer Buchstabenanzahl ein. Aus dieser beschränkten Anzahl sei die AMOKOMA genannt, der RENTNER, das REITTIER, der REITSTIER und der RETSINAKANISTER. Das Gnu, dem in unseren Breitengraden keine große Bedeutung zukommt, kann seinen Dung als GNUDUNG veredeln, was nicht jedermann erfreut, so dass die GNUTÖTUNG droht, aber zum Glück gibt es ja die GNUBELEBUNG.

4.2 Ein ungelöstes Problem mit Palindromzahlen

Neben Palindromwörtern gibt es auch *Palindromzahlen* wie z. B. 2332. Es ist verblüffend, dass es im Rahmen der Palindromzahlen ein einfach aussehendes, aber bis heute ungelöstes mathematisches Problem gibt. Das folgende Beispiel erläutert dieses Problem:

1. Man wählt eine Startzahl, z. B. 165.
2. Man bildet die Zahl mit den Ziffern in umgekehrter Reihenfolge, das heißt 561.
3. Man addiert beide Zahlen: $165 + 561 = 726$
4. Man wiederholt die Schritte 1 bis 3 so lange, bis eine Palindromzahl auftritt:

   $726 + 627 = 1353$

   $1353 + 3531 = 4884$

In diesem Beispiel tauchte nach drei Iterationen (wiederholten Anwendungen der Vorschrift) die Palindromzahl 4884 auf. Für die meisten Startzahlen erscheint die Palindromzahl sehr rasch, aber es gibt auch Zahlen, die sich widerspenstig zeigen. Die kleinste Zahl, die sich so benimmt, ist 196. Mit besonderer Software wurden mit der Startzahl 196 eine Milliarde Iterationen durchgeführt. Das führt bis hin zu Zahlen mit 413930770 Ziffern, aber auf kein Palindrom. Das ungelöste mathematische Rätsel heißt nun: Findet man nach weiteren Iterationen doch noch ein Palindrom oder niemals? Neben der Zahl 196 gibt es weitere Zahlen, die sich verdächtig verhalten, so z. B. 295, 394, 493, 592. Als mathematischer Laie versteht man oft nicht das Umfeld ungelöster mathematischer Probleme. Das hier vorliegende sogenannte 196er-Problem ist dagegen für jedermann zu verstehen, aber nichtsdestotrotz bis zum heutigen Zeitpunkt ungelöst.

4.3 Zum Mitmachen: Untersuchen Sie das 196er-Problem

Wenn Sie selbst etwas Forschergeist zeigen wollen, so können Sie mit einem Tabellenblatt dem 196er-Problem auf den Leib rücken. Dazu ist es zunächst erforderlich, eine Zeichenkette daraufhin zu untersuchen, ob diese ein Palindrom darstellt. Weil dies gar nicht so einfach ist, erhalten Sie von mir etwas Unterstützung.

Erstellen Sie zuerst ein Tabellenblatt, das ein eingegebenes Wort (maximal 13 Buchstaben) invertiert, so dass man feststellen kann, ob das eingegebene Wort ein Palindrom ist. Abbildung 4.1 zeigt, wie so ein Blatt aussehen kann. In Zelle A2 wird das Wort eingegeben, das invertiert werden soll. In Zelle B3 steht das invertierte Wort.

	A	B	C	D	E	F	G	H	I	J	K	L	M	N	O	P	Q	R	S	T	U	V	W	X	Y	Z	AA	AB	AC
1	Eingabe	invertiert																											
2	Hallo																												
3	HALLO	OLLAH	1	2	3	4	5										O	L	L	A	H								

Abbildung 4.1 Tabellenblatt zum Invertieren einer Zeichenfolge

Um dies zu erreichen, wird der folgende Plan entworfen:

1. Das Wort aus A2 wird in Zelle A3 vollständig in Großbuchstaben umgewandelt.
2. In die Zellen C3 bis O3 werden die natürlichen Zahlen 1 bis *Buchstabenanzahl des Wortes in A2* eingetragen. Weil »HALLO« aus fünf Buchstaben besteht, sind dies die Zahlen 1 bis 5.
3. Die zu den Nummern gehörenden Buchstaben werden rückwärts in den Zellen Q3 bis AC3 eingetragen.
4. In der Zelle B3 werden die Buchstaben aus Punkt 3. zu einem Wort zusammengesetzt.

Für die Schritte 1 bis 4 gebe ich Ihnen jetzt noch folgende Hinweise:

Zu 1.

Die Funktion `=GROSS(Text)` wandelt *Text* in Großbuchstaben um.

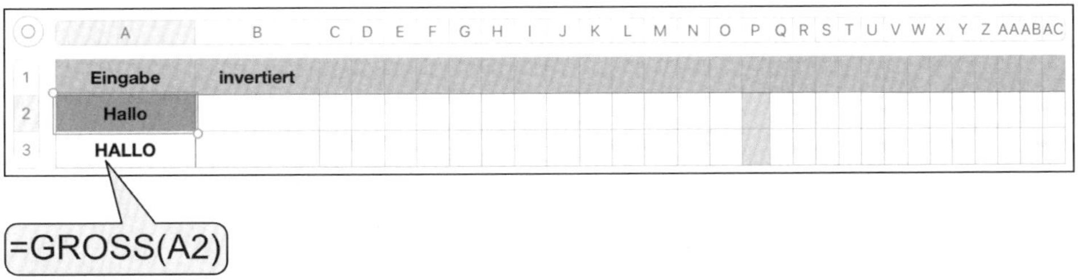

Abbildung 4.2 Umwandeln in Großbuchstaben

Zu 2.

Mit der Funktion `LÄNGE(Text)` kann die Anzahl der Zeichen im Text ermittelt werden. Und man kann mit ihrer Hilfe feststellen, ob in den Zellen C3 bis O3 noch Zahlen oder Leerzeichen stehen sollen. Ein Leerzeichen steht in einer Zelle, wenn die links davon stehende Zelle leer ist oder wenn deren Inhalt genau der Länge des Wortes in A3 entspricht. Ansonsten ist der Zelleninhalt um 1 größer als in der links davor stehenden Zelle. Begonnen wird mit der 1 in Zelle C3. Wie in Abbildung 4.3 gezeigt, werden die Zellen C3 und D3 beschriftet. Anschließend wird die Zelle D3 markiert und nach rechts bis O3 ausgefüllt.

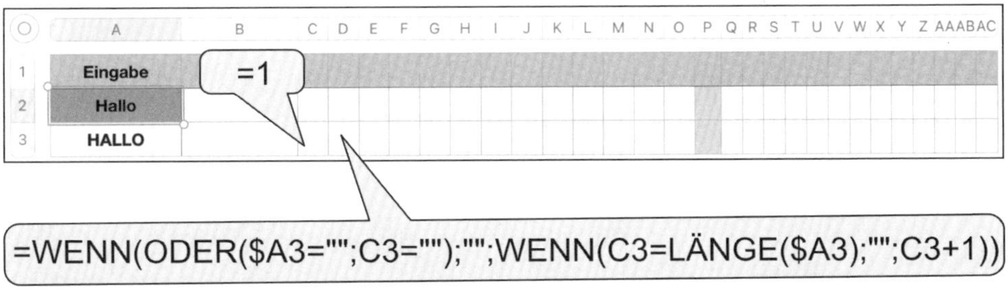

Abbildung 4.3 Eintragung der Buchstabenanzahl

Zu 3.

Wenn die Zelle C3 leer ist, dann wird in Q3 das Leerzeichen eingetragen. Ansonsten sollen in die Zellen Q3 bis AC3 die Buchstaben des Wortes in A3 eingetragen werden. Dabei soll in Q3 der letzte Buchstabe, in R3 der vorletzte Buchstabe usw. stehen. Dies kann man mit der Funktion `TEIL(Quelltext; Start; Anzahl )` erreichen. Diese Funktion erzeugt aus dem *Quelltext* ein Wort der Länge *Anzahl*, beginnend bei der Position *Start*. Da in Q3 der letzte Buchstabe des Wortes in A3 stehen soll, ist die Startposition gleich `LÄNGE($A3) - (C3 - 1)`. Für das Beispiel in Abbildung 4.4 heißt dies 5 – (1 – 1) = 5, das heißt, der letzte Buchstabe des Wortes aus $A3 wird angesprochen. Da nur ein Zeichen eingetragen werden soll, ist für `Anzahl` 1 zu wählen.

Die Zelle Q3 wird dann markiert und nach rechts ausgefüllt.

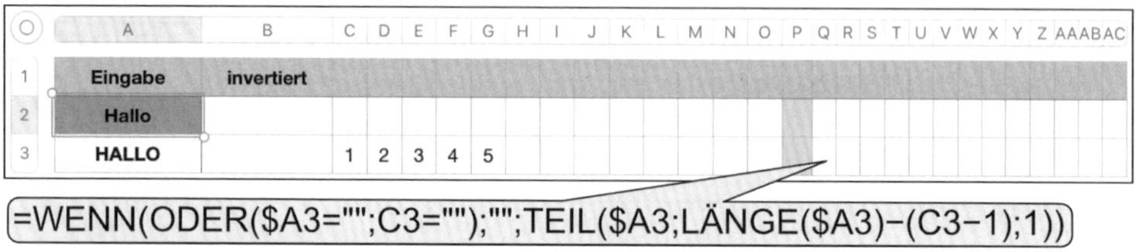

Abbildung 4.4 Rückwärts-Eintragen der Nummern

Zu 4.

Jetzt müssen nur noch die Buchstaben in den Zellen Q3 bis AC3 zu einem Wort zusammengesetzt werden. Das kann mit der Funktion `TEXTKETTE` erreicht werden.

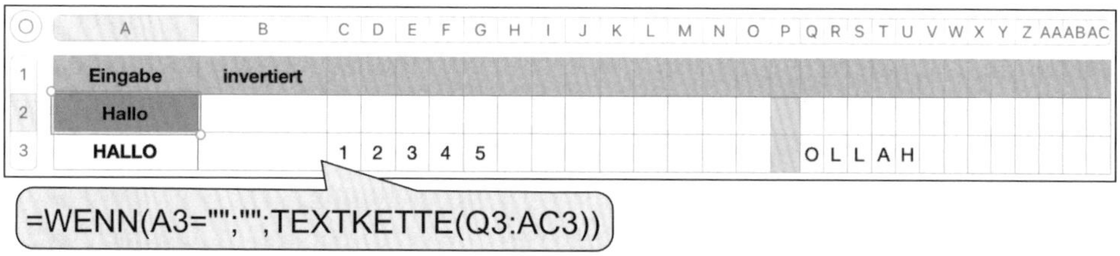

Abbildung 4.5 Zusammenfügen zu einem Wort

Testen Sie Ihr Tabellenblatt mit dem Wort »Reliefpfeiler«.

Die mühevolle Vorarbeit kann jetzt verwendet werden, um für den Algorithmus aus Abschnitt 4.2 über das ungelöste Problem mit den Palindromzahlen ein Tabellenblatt zu erstellen. Betrachten Sie dazu Abbildung 4.6.

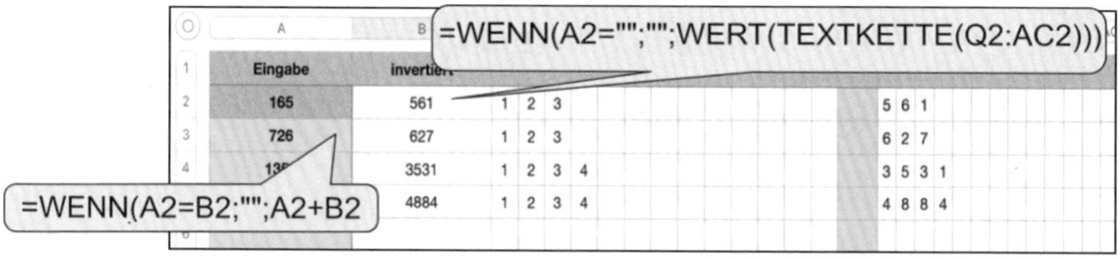

Abbildung 4.6 Algorithmus zum 196er-Problem

Zelle A2 aus Abbildung 4.1 entfällt, weil es keine Groß- und Kleinschreibung für Zahlen gibt. Stattdessen wird in Zelle A2 die Startzahl des Algorithmus eingegeben.

In Zelle A3 wird abgefragt, ob die Zahlen in A2 und B2 gleich sind. Falls ja, ist der Algorithmus beendet und das leere Wort wird in Zelle A3 geschrieben. Ansonsten wird A2 + B2 gebildet. Zelle A3 wird nach unten ausgefüllt.

Damit in Zelle A3 die Inhalte von A2 und B2 verglichen werden können, müssen diese vom gleichen Typ sein. In A2 steht eine Zahl, in B2 würde mit `TEXTKETTE(Q2:AC2)` ein Text stehen. Also wandelt man diesen Text in eine Zahl um. Dies leistet die Funktion `WERT(Text)`.

Kapitel 5
Die Mathematik der Tennisbälle

Betrachtet man einen Tennisball, dann fällt eine seltsam anmutende Naht auf, die um den Ball läuft. Wie entsteht diese Naht und wie lang ist diese?

5.1 Wie ein Tennisball aufgebaut ist

Im Mittelalter entstand das »Jeu de Paume«, das Handflächenspiel. Ausgangspunkt dieses Spiels waren die Klosterhöfe des Mittelalters. Dort wurde mit der flachen Hand auf einen mit Rosshaar oder Wolle gestopften Ball geschlagen. Von den Klöstern aus verbreitete sich das Jeu de Paume und wurde zum Zeitvertreib für Adelige. Mitte des 14. Jahrhunderts gelangte das Spiel nach England. Dort wurde bereits mit Schlägern statt mit der Hand gespielt. Seit dem 16. Jahrhundert wuchs die Zahl der Plätze in Adelsresidenzen, auf denen das Jeu de Paume gespielt wurde. Um vom Wetter unabhängig zu sein, wurden auch Ballhäuser gebaut. Schließlich entwickelte sich in England das Spiel zum »lawn tennis« weiter. Es wurde auf Rasenplätzen gespielt, und außerdem wurde jetzt ein Netz verwendet [HAS]. Die Bälle, die dabei benutzt wurden, bestanden aus Naturkautschuk, auf den eine Stoffschicht aufgetragen war.

Seit dieser Zeit hat sich in der Herstellung von Tennisbällen viel getan.

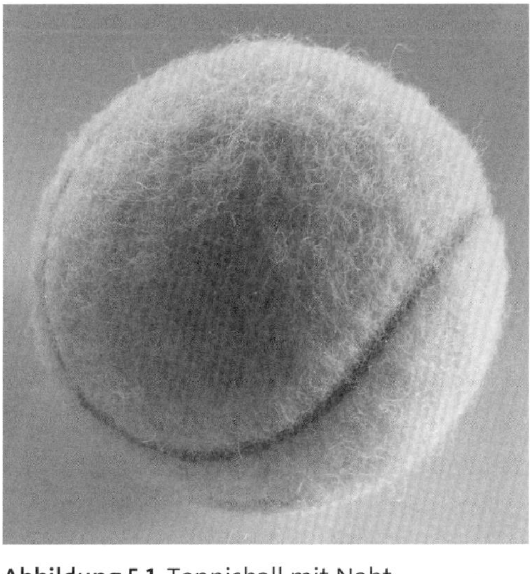

Abbildung 5.1 Tennisball mit Naht

Heutige Tennisbälle sind ein Hightechprodukt. Zu ihrer Herstellung werden erst Pellets aus Naturkautschuk und eine Reihe weiterer Substanzen produziert, die für die Haltbarkeit des Balls sorgen. Dann werden die Pellets unter Druck und Hitze zu Halbschalen geformt.

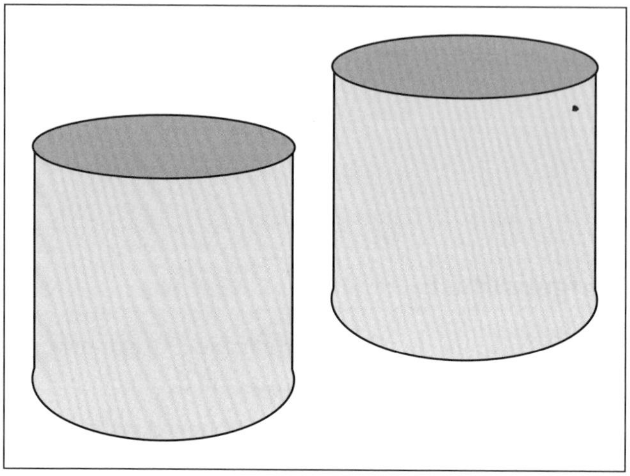

Abbildung 5.2 Pellets, aus denen Halbschalen geformt werden

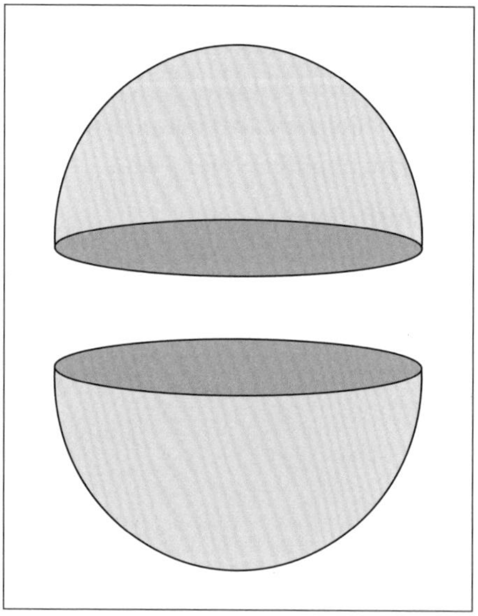

Abbildung 5.3 Halbschalen, die noch verklebt werden müssen

Anschließend wird ein Spezialkleber auf die Ränder der Halbschalen aufgetragen, die dann unter hohem Luftdruck zusammengeklebt werden, um das gewünschte Sprungverhalten zu erzielen. Anschließend kommt der aus Schafwolle, Nylon und Baumwolle bestehende Filz ins Spiel, der die Haltbarkeit des Balls bestimmt und der es erlaubt – und das ist äußerst wichtig –, dem Ball beim Schlag einen Spin zu verleihen.

So wird z. B. bei einem Topspin der Ball mit einer von unten nach oben geführten Schlägerbewegung gestreift. Dies bewirkt, dass der Ball einen Vorwärtsdrall bekommt, was die Flugbahn und das Absprungverhalten des Balls beeinflusst.

Bei einem Slice dagegen wird der Schläger von oben nach unten geführt, so dass der Ball einen Rückwärtsdrall erhält.

Damit diese Schläge immer gleich gut funktionieren, muss der Ball homogen aufgebaut sein. Würde der Filz z. B. aus zwei Halbkugeln bestehen, die man dem Ball überstülpt, würden die Flugeigenschaften des Balls davon abhängen, um welche Achse er gerade beim Schlag in Rotation gebracht wird. Die Wirkung ein und desselben Schlages würde dem Zufall überlassen werden und damit zu verschiedenen Ergebnissen führen, was für den Tennisspieler äußerst frustrierend wäre.

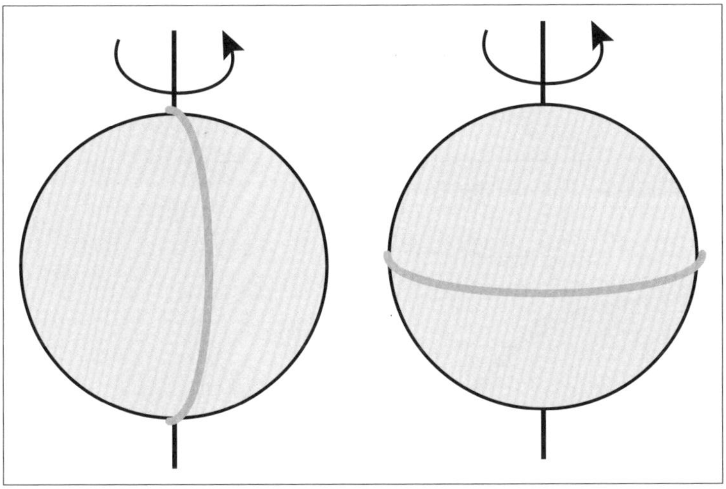

Abbildung 5.4 Rotationsachsen, die zu unterschiedlichem Ballverhalten führen

Um dies zu vermeiden, versucht man den Filz so aufzubringen, dass es gleichgültig ist, welche Stelle des Balls den Schläger trifft. Dazu werden für jeden Ball aus dem Filz zwei Teile gestanzt, die Hundeknochen ähneln. Die Ränder dieser Teile werden mit einer klebenden Latexlösung bestrichen. Beim Aufkleben der beiden Filzstücke entsteht daraus die weiße Naht des Tennisballs.

Denkt man sich jetzt wieder verschiedene Rotationsachsen durch den Ball, so erkennt man, dass es die extremen Unterschiede im Rotationsverhalten, wie sie bei der zuvor betrachteten äquatorialen Aufklebung aufgetreten sind, nicht mehr gibt. Damit ist geklärt, warum die Naht eines Tennisballs so eine seltsame Form hat, wie sie in Abbildung 5.6 dargestellt ist.

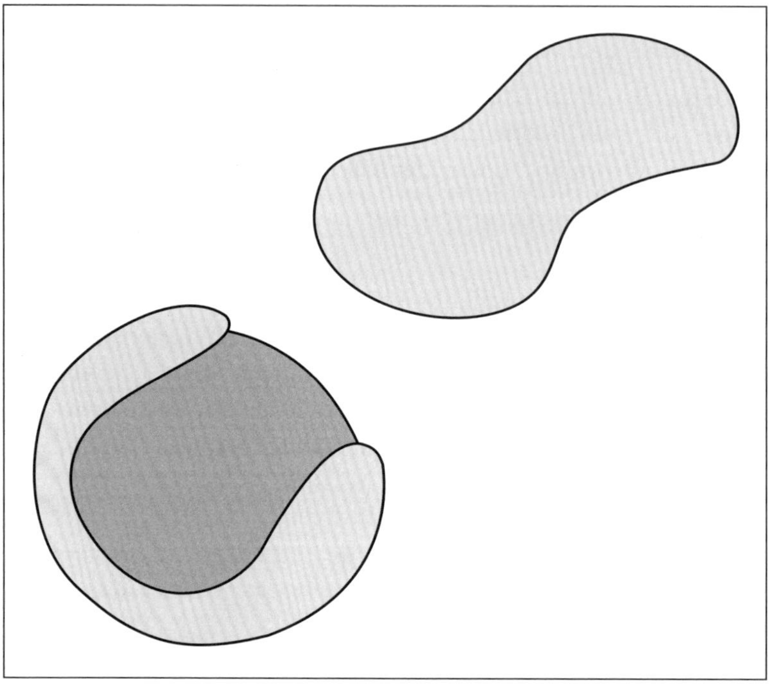

Abbildung 5.5 Filzteile, die auf den Ball geklebt werden

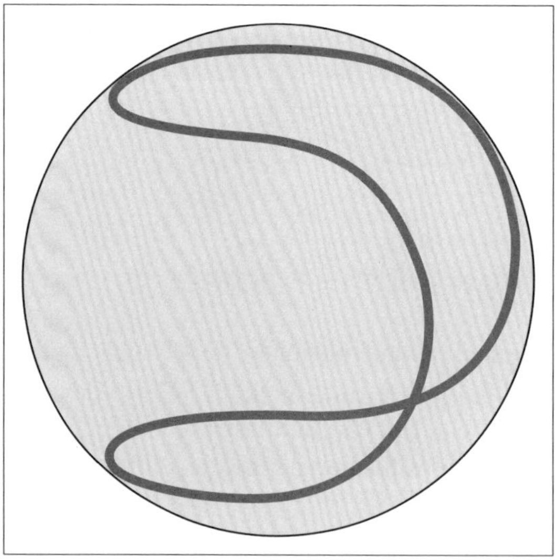

Abbildung 5.6 Verlauf der Naht

Fährt man mit dem Finger an der Naht des Balls entlang, so erscheint die Naht ungewöhnlich lang. Wie lang ist sie denn?

Wenn man den Ball weglässt und nur die Kurve der Naht betrachtet, sieht man, dass man diese in vier Halbkreise zerlegen kann, die in je zwei zueinander parallelen Ebenen liegen. Der besseren Übersicht halber ist in Abbildung 5.7 nur je eine der Ebenen der beiden Ebenenpaare gezeichnet. Die Durchmesser der Halbkreise sind jeweils mit *a* bezeichnet. Die Strecken AD und BC sind gleich dem Balldurchmesser *d*. Aus diesen Angaben kann man die Länge der Naht – wie in Abschnitt 5.3, »Berechnung der Länge der Naht«, gezeigt wird – zu 29,3 cm bestimmen.

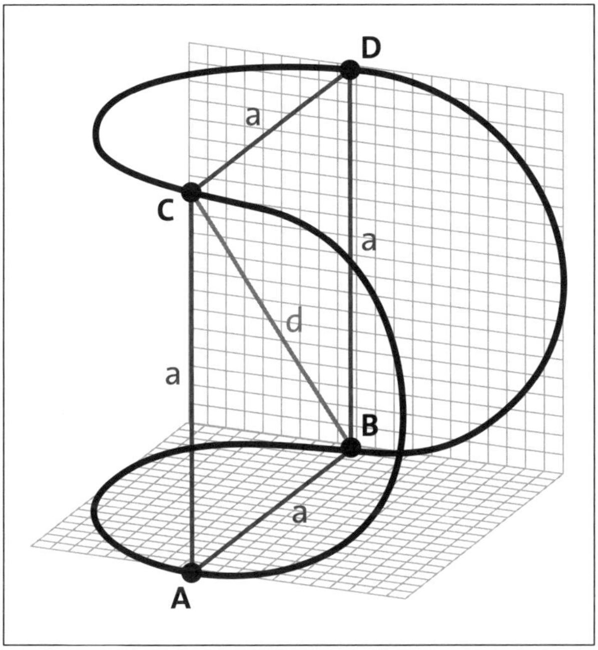

Abbildung 5.7 Kurve der Naht des Tennisballs

5.2 Beschreibung der Einstandregelung

Nachdem nun der Aufbau eines Tennisballs bekannt ist, soll auch etwas mit dem Ball gespielt werden – kein ganzes Match, aber wenigstens das, was man als *Einstandregelung* bezeichnet. Diese Regelung gibt es im Volleyball, im Tischtennis und eben auch im Tennis.

Im Volleyball wird in einem Satz so lange gespielt, bis eine Mannschaft 25 Punkte erreicht hat. Kommt es zum Spielstand von 24:24, dann wird so lange weitergespielt, *bis eine Mannschaft 2 Punkte Vorsprung hat*. Im Tischtennis gewinnt der Spieler den Satz, der zuerst 11 Punkte erreicht hat. Beim Stand von 10:10 wird so lange weitergespielt, *bis ein Spieler 2 Punkte Vorsprung hat*.

Entsprechende Regelungen gibt es auch im Tennis. Ist der Spielstand »Einstand« eingetreten, wird so lange weitergespielt, *bis ein Spieler 2 Punkte Vorsprung* hat. Der folgende Graph beschreibt diese Situation.

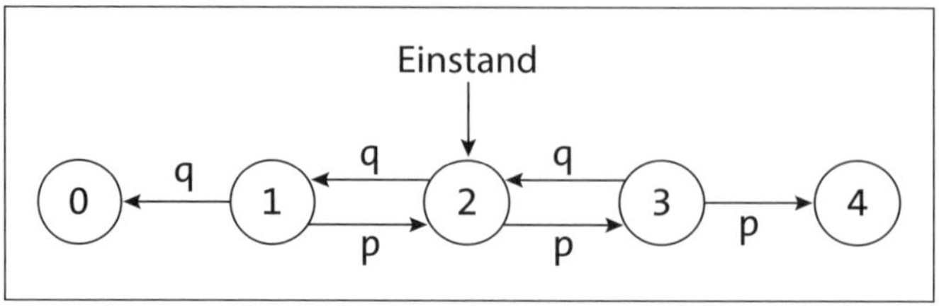

Abbildung 5.8 Ein Graph für die Einstandregelung

Der Ablauf der Bewegung auf diesem Graphen ist vom Zufall gesteuert und nicht vorhersehbar. Deshalb nennt man diese Bewegung auch eine *Irrfahrt*.

Die Einstandregelung startet im Knoten 2, der Einstand bedeutet. Wenn Spieler A einen Punkt macht (dies geschieht mit der Wahrscheinlichkeit p), befindet sich die Irrfahrt im Knoten 3. Macht dagegen Spieler B (mit der Wahrscheinlichkeit q) einen Punkt, geht es in den Knoten 1.

Befindet sich die Irrfahrt im Knoten 3 und macht A nun einen Punkt, geht es in den Knoten 4, der den Sieg für Spieler A bedeutet. Gewinnt dagegen Spieler B den Punkt, was mit der Wahrscheinlichkeit $q = 1 - p$ geschieht, geht es vom Knoten 3 in den Knoten 2, der Einstand bedeutet, zurück.

Entsprechend kann die Irrfahrt natürlich auch im Knoten 0 landen. Dies bedeutet dann den Sieg für Spieler B.

Die Frage ist nur, wie man zu den Wahrscheinlichkeiten p und q gelangt. Beantwortet wurde diese Frage von Jakob Bernoulli.

Jakob Bernoulli (1655–1705) beschrieb schon 1713, dass sich die Wahrscheinlichkeitsrechnung nicht nur auf die üblichen Glücksspiele anwenden lässt, sondern z. B. auch auf das Tennisspiel. In Bernoullis letzten Lebensjahren entstand sein Werk »Ars conjectandi« [BER]. Mit diesem Buch hat Bernoulli maßgeblich die Entwicklung der Wahrscheinlichkeitsrechnung beeinflusst. Es enthält auch den »Brief an einen Freund über das Ballspiel«. Darin schreibt Bernoulli:

> *»Ich sehe z. B. zwei Personen Ball spielen und beobachte sie lange Zeit; dabei nehme ich wahr, dass der eine der beiden Spieler 200 oder 300 Schläge gewinnt, während der andere nur 100 gewinnt, und urteile infolgedessen mit genügender Sicherheit, dass der erstere doppelt oder dreifach so gut wie der andere spielt, da er, so zu sagen, zwei oder drei Teile der Geschicklichkeit, als ebenso viele Fälle oder Ursachen, welche ihn den Ball gewinnen lassen, und der letztere nur einen solchen Teil besitzt.«*

Aus heutiger Sicht würde man sagen, dass sich aus den Statistiken, die zu jedem Tennisspieler geführt werden, ablesen lässt, mit welcher Wahrscheinlichkeit der Spieler A einen Punkt gegen den Spieler B macht.

Jetzt ist alles so weit vorbereitet, dass man eine Einstandregelung zwischen Spieler A und Spieler B durchspielen kann.

Simulationsplan für die Einstandregelung

1. Erzeuge eine Zufallszahl z aus dem Intervall [0 ; 1].
2. Ist $z \leq p$, dann ist das Ereignis »A macht einen Punkt« eingetreten. Man geht dann auf dem Graphen einen Schritt nach rechts. Ist dagegen $z > p$, dann ist das Ereignis »B macht einen Punkt« eingetreten. Man geht dann auf dem Graphen einen Schritt nach links.
3. Steht die Irrfahrt im Knoten 0 oder 4, ist die Irrfahrt beendet. Ansonsten wird mit Punkt 1 weitergemacht.

Schritt 2 im zuvor angegebenen Simulationsplan kann durch folgende Anweisung ersetzt werden:

WENN $z < p$ DANN $k := k + 1$ SONST $k := \text{k} - 1$

($k := k + 1$ bedeutet, dass der neue Wert von k gleich dem alten Wert von k plus 1 ist, entsprechend heißt k := k – 1, dass der neue Wert von k gleich dem alten Wert von k minus 1 ist.)

Beispiel zum Simulationsplan

Angenommen, es gelte $p = 0{,}5$ und es werden der Reihe nach die folgenden Zufallszahlen gezogen:

0,7827 0,3221 0,6953 0,3862 0,039 0,2214

Vom Zustand 2 beginnend kommt die Irrfahrt dann in die Knoten 1, 2, 1, 2, 3, 4, das heißt, Spieler A hat die Einstandregelung gewonnen.

5.3 Berechnung der Länge der Naht

Nun wollen wir es aber doch noch ganz genau wissen und schauen uns die Halbkreise auf dem Tennisball noch einmal an, um die exakte Nahtlänge zu berechnen. Das ist der Moment, in dem Sie sich an den wohl bekanntesten Satz erinnern sollten, den man im Schulunterricht kennenlernt: den Satz des Pythagoras.

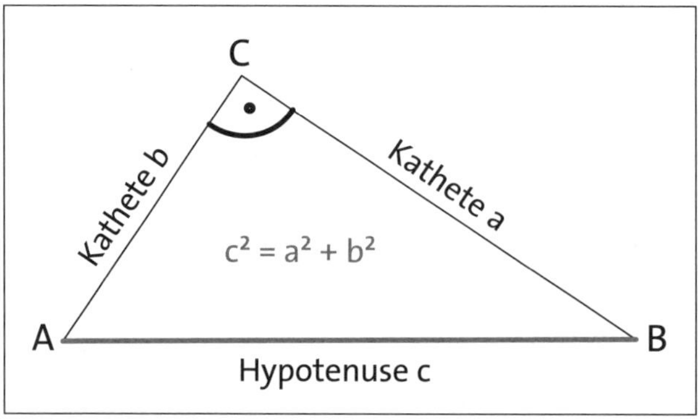

Abbildung 5.9 Der Satz des Pythagoras

Nach dem Satz des Pythagoras (Abbildung 5.9) ist in einem rechtwinkligen Dreieck das Quadrat über der Hypotenuse gleich der Summe der Quadrate über den Katheten.

In dem Dreieck ABC in Abbildung 5.7 ist BC = d die Hypotenuse und AB = a bzw. AC = a die Katheten. Also gilt: $d^2 = a^2 + a^2$ bzw. $d^2 = 2\,a^2$.

Dividiert man durch 2, dann hat man: $a^2 = \frac{d^2}{2}$

Wurzelziehen liefert anschließend: $a = \sqrt{\frac{d^2}{2}} = \frac{\sqrt{d^2}}{\sqrt{2}} = \frac{d}{\sqrt{2}}$

Weil der Radius r eines jeden der Halbkreise gleich $\frac{a}{2}$ ist, gilt: $r = \frac{a}{2} = \frac{d}{2 \cdot \sqrt{2}}$

Nun müssen nach den Regeln des Tennissports die Balldurchmesser d für Tennisbälle zwischen 6,54 cm und 6,86 cm liegen. Je kleiner der Balldurchmesser ist, desto schneller wird das Spiel mit dem entsprechenden Ball. Nimmt man an, dass der Balldurchmesser 6,6 cm ist, dann ergibt sich für den Radius eines jeden der Halbkreise rund $r = \frac{6{,}6cm}{2 \cdot \sqrt{2}} \approx 2{,}33cm$. Die Naht auf dem Ball besteht aus 4 Halbkreisen. Der Umfang eines Kreises ist gleich $2r\pi$, und somit hat ein Halbkreis die Länge $\frac{2r\pi}{2} = r\pi$. Die Länge der 4 Halbkreise zusammen ist damit gleich $4r\pi \approx 4 \cdot 2{,}33\ \text{cm} \cdot \pi \approx 29{,}3$ cm. Die Naht ist also ungefähr 30 cm lang.

5.4 Zum Mitmachen: Simulieren Sie eintausend Einstandregelungen

Erstellen Sie ein Tabellenblatt, mit dem man – nach Eingabe der Wahrscheinlichkeit p, dass »A einen Punkt macht« – einen Näherungswert für die Wahrscheinlichkeit erhält, dass A die Einstandregelung gewinnt. Einen Vorschlag für dieses Problem sehen Sie in der Abbildung 5.10. Dabei wird nach der in Abschnitt 5.2, »Beschreibung der Einstandregelung«, geschilderten Weise vorgegangen.

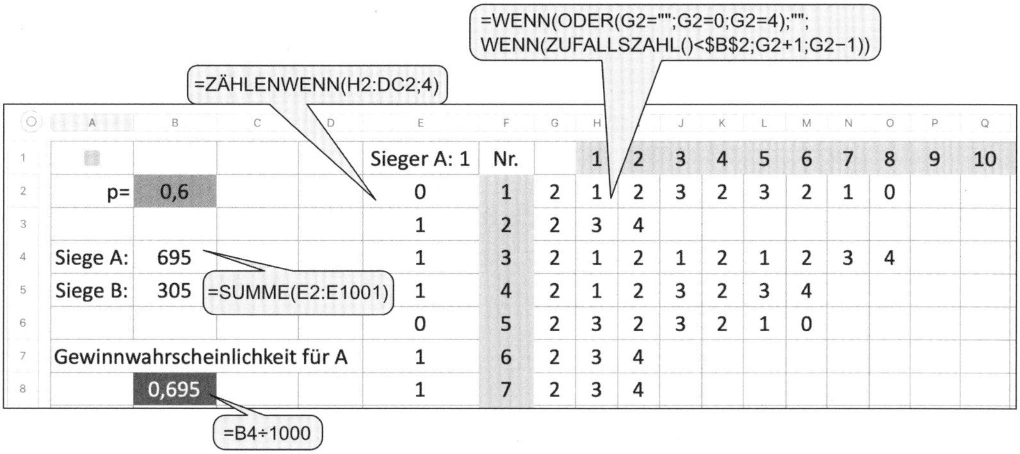

	A	B	C	D	E	F	G	H	I	J	K	L	M	N	O	P	Q
1					Sieger A: 1	Nr.		1	2	3	4	5	6	7	8	9	10
2	p=	0,6			0	1	2	1	2	3	2	3	2	1	0		
3					1	2	2	3	4								
4	Siege A:	695			1	3	2	1	2	1	2	1	2	3	4		
5	Siege B:	305			1	4	2	1	2	3	2	3	4				
6					0	5	2	3	2	3	2	1	0				
7	Gewinnwahrscheinlichkeit für A				1	6	2	3	4								
8		0,695			1	7	2	3	4								

Abbildung 5.10 Simulation für eintausend Einstandregelungen

In die Zelle B2 wird die Wahrscheinlichkeit *p* eingetragen. In die Zelle G2 wird die 2 eingetragen, weil die Irrfahrt im Zustand 2 beginnt. Jetzt betrachten wir den Eintrag in der Zelle H2. Wäre die Zelle G2 leer oder stünde 0 bzw. 4 darin, dann wäre die Irrfahrt zu Ende. In beiden Fällen würde dann das Leerzeichen in H2 eingetragen. Ansonsten wird eine Zufallszahl zwischen 0 und 1 gebildet. Ist diese Zahl kleiner als *p*, dann ist der neue Zustand gleich G2 + 1, sonst G2 – 1. Die Zelle H2 wird jetzt nach rechts ausgefüllt, möglichst weit, denn es ist nicht klar, wie lange die Irrfahrt dauert. Im abgebildeten Fall wurde dies bis zur Spalte DC durchgeführt.

Jetzt wird ermittelt, ob A der Sieger dieser Irrfahrt ist. Dies ist dann der Fall, wenn die Irrfahrt im Zustand 4 endet. Dann wird in E2 eine 1 eingetragen, sonst eine 0. Dies erreicht man mit der Anweisung `=ZÄHLENWENN(H2:DC2;4)`.

Die Zeile 2 wird nun ab der Spalte E nach unten ausgefüllt, so dass 1000 Irrfahrten entstehen. Da in der Spalte E nur Nullen oder Einsen stehen, reicht es aus, die Summe dieser Zahlen zu bilden, die dann die Anzahl der von A gewonnenen Irrfahrten darstellt (Zelle B4).

Diese Anzahl wird noch durch 1000 geteilt, was dann den Näherungswert für die Gewinnwahrscheinlichkeit der Einstandregelung durch A liefert (Zelle B8).

Kapitel 6
Das Hexen-Einmaleins

Das Hexen-Einmaleins aus Goethes Faust könnte einen Bezug zu magischen Quadraten haben, wenn man es nur geeignet interpretiert. Hier werden einige bekannte magische Quadrate betrachtet und Methoden zu ihrer Erzeugung vorgestellt.

6.1 Goethe und Athanasius Kircher

Faust I ist eines der bedeutendsten Werke der deutschen Literatur [GOE]. Selbst in diesem Meisterwerk lässt sich, wenn man nur will, Mathematik finden. Im Abschnitt »Hexenküche« bekommt Faust einen Zaubertrank gereicht. Dabei rezitiert die Hexe das sogenannte Hexen-Einmaleins:

»Du mußt verstehn!
Aus Eins mach' Zehn,
Und Zwei lass gehn,
Und Drei mach' gleich,
So bist Du reich.
Verlier' die Vier!
Aus Fünf und Sechs,
So sagt die Hex',
Mach' Sieben und Acht,
So ist's vollbracht:
Und Neun ist Eins,
Und Zehn ist keins.
Das ist das Hexen-Einmal-Eins!«

Was Goethe hier aufschreibt, klingt wie eine Gebrauchsanweisung, nur wofür? Aus den Tagebucheinträgen von Goethe ist bekannt, dass dieser die Werke von Athanasius Kircher (1602–1680) studierte. Kircher beschäftigte sich mit einem weiten Spektrum von Themen, die von der Ägyptologie über Geologie, Medizin und Mathematik bis zur Musik reichten. Er veröffentlichte zahlreiche Werke und galt zu seiner Zeit als bedeutender Universalgelehrter.

1665 veröffentlichte Kircher die Arithmologia [KIR], ein Werk, in dem er über den Ursprung der Zahlen spekuliert. Auf dem Titelblatt dieses Werkes trägt ein Engel ein magisches Quadrat (Abbildung 6.1), mit dem sich Kircher in diesem Buch ausführlich beschäftigt. Näheres zu Kircher und der Mathematik findet man in [VOL].

4	9	2
3	5	7
8	1	6

Abbildung 6.1 Magisches Quadrat aus der Arithmologia

Es ist daher anzunehmen, dass auch Goethe dieses magische Quadrat bekannt war. Ob er allerdings mit dem Hexen-Einmaleins darauf Bezug nehmen wollte, ist reine Spekulation.

6.2 Was ist ein magisches Quadrat?

Zunächst muss man erst einmal wissen, was ein *magisches Quadrat* überhaupt ist. Das bei Kircher abgebildete Quadrat ist magisch, weil die Zeilensummen ebenso wie die Spaltensummen wie auch die Summen der beiden Diagonalen jeweils dieselbe Zahl (hier 15) liefern. Man nennt es *normal*, weil die im Quadrat vorkommenden Elemente durchgängig die Zahlen von 1 bis $3^2 = 9$ sind. Die *Ordnung* dieses Quadrats, das heißt die Anzahl der Zeilen bzw. Spalten, ist 3.

Dieses magische Quadrat ist nicht erst seit Kircher bekannt. Schon im Jahr 2200 v. Chr. wurde es unter dem Namen »Lo-Shu« als Glücksbringer verwendet.

Auch Abbildung 6.2 stammt aus der Arithmologia. Hier sieht man, wie Kircher die Summe der Zahlen von 1 bis 9 schnell berechnet. Die miteinander verbundenen Zahlen liefern jeweils als Summe 10, das heißt insgesamt 40. Dazu kommt noch die in der Mitte stehende 5, was zusammen 45 ergibt.

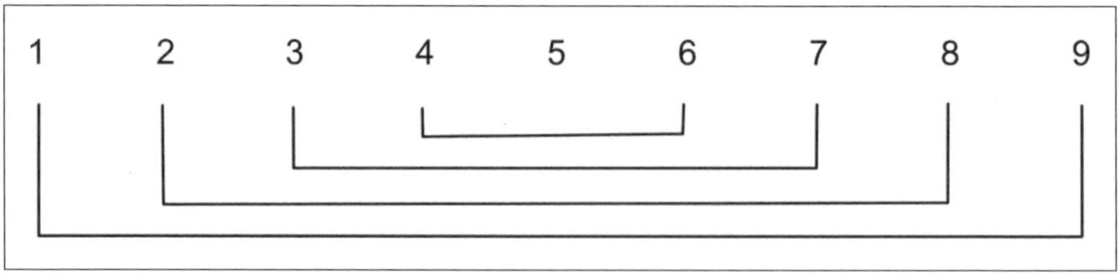

Abbildung 6.2 Einfache Berechnung der Summe der Zahlen von 1 bis 9

Kennt man die Summe aller Zahlen im magischen Quadrat, muss man diese nur durch die Zeilenanzahl n des Quadrats teilen, um die Summe der Spalten, Zeilen und Diagonalen zu erhalten. Im Fall von $n = 3$ ergibt sich $\frac{45}{3} = 15$.

6.3 Eine Interpretation des Hexen-Einmaleins

Jetzt können wir das Hexen-Einmaleins in Angriff nehmen. Die Idee für die folgende Interpretation stammt von Richard Witte [WIT].

Weil im Hexen-Einmaleins die Zahlen von 1 bis 9 vorkommen, startet man mit dem folgenden Quadrat, in dem die Zahlen von 1 bis 9 aufsteigend angeordnet sind.

1	2	3
4	5	6
7	8	9

Abbildung 6.3 Das Ausgangsquadrat

»Aus Eins mach' Zehn«, das heißt, die 1 wird durch die 10 ersetzt:

10	2	3
4	5	6
7	8	9

Abbildung 6.4 »Aus Eins mach' Zehn«

»Und Zwei lass gehn, und Drei mach' gleich«, das heißt: Die 2 geht ein Feld nach rechts und die 3 macht das Gleiche. Damit rücken auch die Zahlen 4, 5, 6, 7 und 8 jeweils eins nach rechts. Die 9 fällt dadurch aus dem Quadrat heraus.

10		2
3	4	5
6	7	8

Abbildung 6.5 »Und Zwei lass gehn, und Drei mach' gleich«

»Verlier' die Vier!«, das heißt, die 4 verschwindet.

10		2
3		5
6	7	8

Abbildung 6.6 »Verlier' die Vier!«

»Aus Fünf und Sechs, ... Mach' Sieben und Acht«, das heißt, 5 und 6 werden durch 7 und 8 ersetzt.

10		2
3		7
8		

Abbildung 6.7 »Aus Fünf und Sechs, ... Mach' Sieben und Acht«

»Und Neun ist Eins«, das heißt, die 9 kommt an erste Stelle, also vor die 2, und da 9 und 1 gleich sind, kommt die 1 hinter die 8.

10	9	2
3		7
8	1	

Abbildung 6.8 »Und Neun ist Eins«

»Und Zehn ist keins«, das heißt, die 10 verschwindet, indem sie sich in ihre Bestandteile 4 und 6 auflöst, die noch in das Schema eingefügt werden müssen. Auch die 5 sucht noch ihre Position.

	9	2
3		7
8	1	

Abbildung 6.9 »Und Zehn ist keins«

Die Zahlen 4, 5 und 6 bilden – in noch zu bestimmender Reihenfolge – die Hauptdiagonale des magischen Quadrats. Ihre Summe ist 15 und deshalb müssen alle anderen

Zeilen- und Spaltensummen sowie die Summe der Nebendiagonale auch 15 liefern. In der Nebendiagonalen stehen 8 und 2, das heißt, zwischen die 8 und die 2 muss die 5 eingefügt werden, damit als Summe 15 entsteht.

	9	2
3	5	7
8	1	

Abbildung 6.10 Position der 5

Jetzt müssen 4 und 6 so auf die beiden leeren Felder verteilt werden, dass die Zeilen- und Spaltensummen 15 liefern. Das geht nur, wenn die 4 in der linken oberen Ecke steht. Das liefert die Abbildung 6.11.

4	9	2
3	5	7
8	1	6

Abbildung 6.11 Die Zahlen 4 und 6 positionieren

Und siehe da, das magische Quadrat von Kircher ist entstanden. Faust selbst sagt im Anschluss an das Hexen-Einmaleins: *»Ich glaub, die Alte spricht im Fieber«*, das heißt wohl, Faust sieht keinen Zusammenhang mit einem magischen Quadrat. Das bedeutet aber nicht, dass Goethe diesen Zusammenhang nicht gekannt hat.

Neben dem zuletzt betrachteten magischen Quadrat gibt es weitere berühmte magische Quadrate. Das Quadrat aus Abbildung 6.12 hat die Ordnung 4, ist magisch und normal. Zu sehen ist dieses Quadrat auf dem Kupferstich »Melancholia I« von Albrecht Dürer (Abbildung 6.13) aus dem Jahr 1514. Die Zeilen-, Spalten- und Diagonalensummen sind hier jeweils 34. Sehr schön ist, dass das Entstehungsjahr 1514 des Stichs in der letzten Zeile des Quadrats auftaucht.

16	3	2	13
5	10	11	8
9	6	7	12
4	15	14	1

Abbildung 6.12 Das Dürer-Quadrat

Abbildung 6.13 Albrecht Dürer, Melancholia I, Kupferstich, 1514 [ECK]

Man kann annehmen, dass Dürer eine bekannte und einfache Methode zur Erzeugung dieses Quadrats verwendet hat. Diese Methode erzeugt magische und normale Quadrate mit einer durch 4 teilbaren Ordnung n, das heißt für $n = 4, 8, 12, 16, \ldots$ An zwei Beispielen wird erklärt, wie man dazu vorgehen muss.

Beispiel 1

Wir betrachten den Fall $n = 4$.

Schreiben Sie ein Quadrat auf, in dem die Zahlen von 1 bis 16 der Reihe nach angeordnet sind, und zeichnen Sie die beiden Diagonalen ein (Abbildung 6.14):

	1	2	3	4
1	1	2	3	4
2	5	6	7	8
3	9	10	11	12
4	13	14	15	16

Abbildung 6.14 Methode zur Konstruktion eines magischen Quadrats

Betrachten Sie die beiden eingezeichneten Linien.

1. Ist z eine Zahl auf diesen Linien, so ersetzen Sie z durch $n^2 + 1 - z = 4^2 + 1 - z = 17 - z$. So wird beispielsweise aus der Zahl 10 die Zahl $17 - 10 = 7$.
2. Zahlen, die nicht auf diesen Linien liegen, bleiben unverändert.

Führen Sie dies durch, erhalten Sie das Quadrat aus Abbildung 6.15:

	1	2	3	4
1	16	2	3	13
2	5	11	10	8
3	9	7	6	12
4	4	14	15	1

Abbildung 6.15 Magisches Quadrat für n = 4

Vertauscht man Spalte 2 und Spalte 3, so erhält man das Dürer-Quadrat. Man kann zeigen, dass man in Quadraten, die nach dieser Methode konstruiert wurden, zwei Spalten, die gleich weit von der Mitte entfernt sind, vertauschen kann, ohne dass sich die Spalten- und Zeilensummen des Quadrats ändern. Dasselbe gilt für die Zeilen. Auf diese Weise konnte Dürer das Quadrat der Abbildung 6.15 verändern, ohne dass sich dessen magische Eigenschaften geändert haben.

Beispiel 2

Wir betrachten den Fall $n = 8$. Wieder sind in das Ausgangsquadrat Diagonalen eingezeichnet (Abbildung 6.16):

	1	2	3	4	5	6	7	8
1	1	2	3	4	5	6	7	8
2	9	10	11	12	13	14	15	16
3	17	18	19	20	21	22	23	24
4	25	26	27	28	29	30	31	32
5	33	34	35	36	37	38	39	40
6	41	42	43	44	45	46	47	48
7	49	50	51	52	53	54	55	56
8	57	58	59	60	61	62	63	64

Abbildung 6.16 Der Fall $n = 8$

Wir gehen nach demselben Verfahren vor und ändern die Zahlen z auf den Linien in: $n^2 + 1 - z = 64 + 1 - z = 65 - z$. Alle anderen Zahlen bleiben unverändert. Das liefert das folgende Quadrat:

	1	2	3	4	5	6	7	8
1	64	2	3	61	60	6	7	57
2	9	55	54	12	13	51	50	16
3	17	47	46	20	21	43	42	24
4	40	26	27	37	36	30	31	33
5	32	34	35	29	28	38	39	25
6	41	23	22	44	45	19	18	48
7	49	15	14	52	53	11	10	56
8	8	58	59	5	4	62	63	1

Abbildung 6.17 Magisches Quadrat für $n = 8$

6.4 Zum Mitmachen: Entwerfen Sie ein Tabellenblatt zur Konstruktion eines magischen Quadrats mit $n = 4$

Erstellen Sie zunächst ein Blatt wie in Abbildung 6.18.

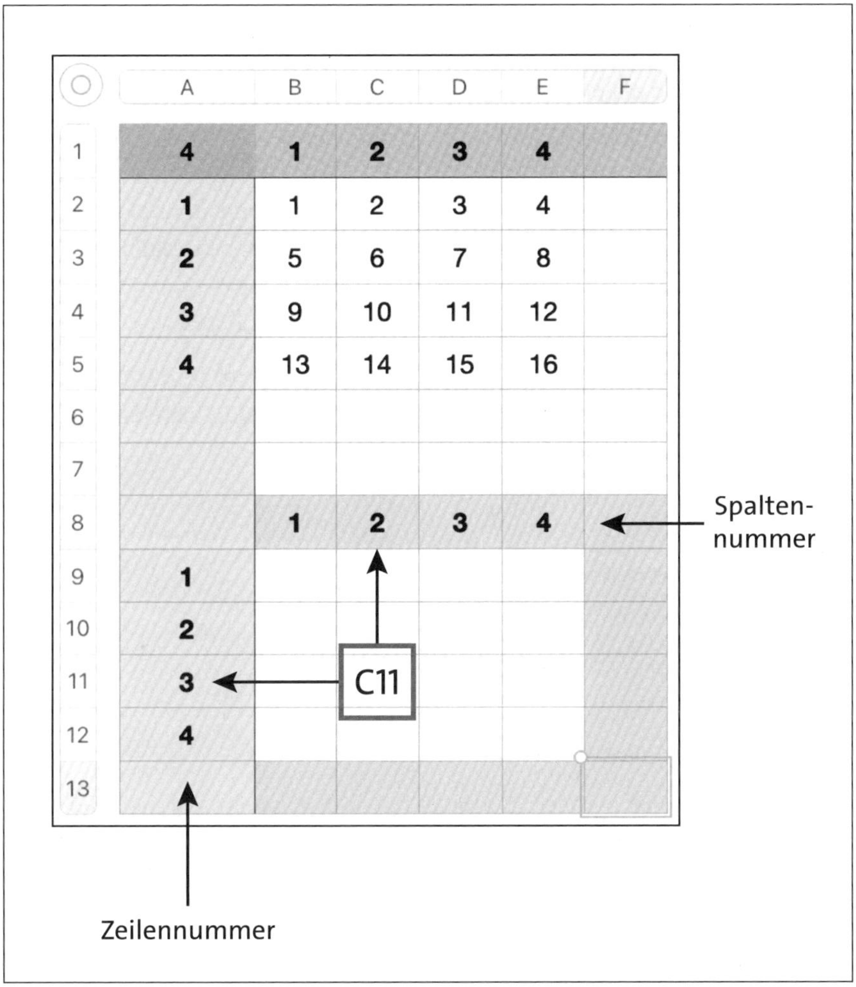

Abbildung 6.18 Konstruktion des magischen Quadrats

Im Bereich B9:E12 soll das magische Quadrat entstehen. Dazu muss man erst entscheiden können, ob eine beliebige dieser Zellen auf einer der beiden Diagonalen liegt oder nicht.

Die Diagonale, die von links oben nach rechts unten verläuft, ist dadurch gekennzeichnet, dass die grau unterlegten Zeilen- und Spaltennummern gleich sind. So hat z. B. die Zelle C10 die Spaltennummer 2 und auch die Zeilennummer 2.

Die Diagonale, die von links unten in die Ecke nach rechts oben verläuft, hat die Eigenschaft, dass die Zeilen- und die Spaltennummern als Summe 5 ergeben. Als Beispiel betrachtet man die Zelle C11. Wie in der Abbildung zu sehen, hat diese Zelle die Spaltennummer 2 und die Zeilennummer 3, was zusammen 5 liefert.

Man kann jetzt in der Tabellenkalkulation überprüfen, ob z. B. die Zelle C11 auf einer der beiden Diagonalen liegt. Dies ist dann der Fall, wenn entweder die Summe von Zeilen- und Spaltennummer gleich 5 ist oder wenn die Zeilennummer und die Spaltennummer gleich sind bzw. deren Differenz gleich 0 ist. Mit der ODER-Funktion der Tabellenkalkulation heißt dies:

Hat die Anweisung `ODER(C$8+$A11=5;$A11-C$8=0)` den Wert »wahr«?

In diesem Fall muss in der Zelle C11 der Wert 17 – 10 stehen (z = 10 ist die Zahl, die im oberen Quadrat in der Zeile 3 und der Spalte 2 steht). Die 17 erklärt sich aus Beispiel 1 in diesem Abschnitt zu $n^2 + 1 - z = 4^2 + 1 - z = 17 - z$.

Die Frage ist nur, wie man automatisch 17 – 10 in die Zelle C11 schreiben kann. Dafür gibt es die Funktion `INDEX(Bereich; Zeilenindex; Spaltenindex)`. Damit kann man gezielt auf jede Zelle des Bereichs B2 bis E5 zugreifen.

Schreiben Sie in die Zelle B9 die Anweisung

```
=WENN(ODER(B$8+$A9=5;$A9-B$8=0);
17-INDEX($B$2:$E5;$A9;B$8);
INDEX($B$2:$E5;$A9;B$8))
```

Erschrecken Sie nicht, das ist nicht so kompliziert, wie es aussieht. Für die Zelle B9 ist B8 die Spaltennummer und A9 die Zeilennummer. Damit sollten Sie die `ODER`-Bedingung verstehen. Liefert `ODER` den Wert `wahr`, dann wird `17-INDEX($B$2:$E5;$A9;B$8)` in die Zelle B9 geschrieben, ansonsten wird dort diejenige Zahl eingetragen, die im oberen Quadrat in der Zelle mit der Zeilennummer A9 und der Spaltennummer B8 steht. Das sind genau die beiden Bedingungen, die im Beispiel 1 stehen.

Füllen Sie die Zelle B9 wie angegeben aus, dann nach rechts ausfüllen und nach unten. Zur Belohnung erhalten Sie das magische Quadrat.

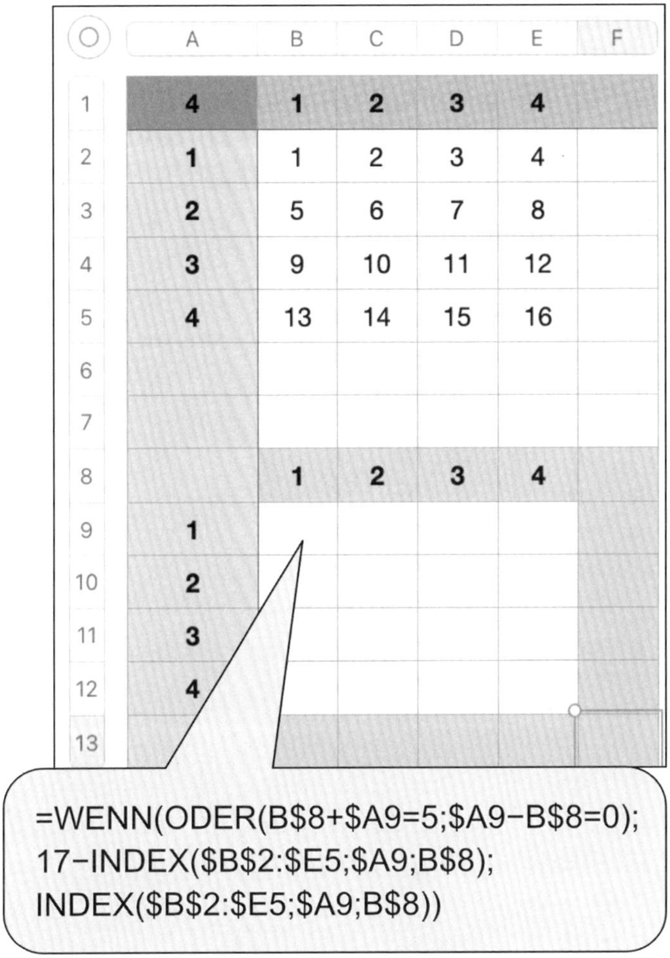

Abbildung 6.19 Ausfüllen des unteren Quadrats

Für $n = 8, 12, 16, \ldots$ wird das Tabellenblatt etwas komplizierter. Um die magischen Quadrate für diese Fälle zu erzeugen, können Sie die mitgelieferte Datei verwenden. Für $n = 16$ erhalten Sie dann das magische Quadrat aus der Abbildung 6.20.

	1	2	3	4	5	6	7	8	9	10	11	12	13	14	15	16
1	256	2	3	253	252	6	7	249	248	10	11	245	244	14	15	241
2	17	239	238	20	21	235	234	24	25	231	230	28	29	227	226	32
3	33	223	222	36	37	219	218	40	41	215	214	44	45	211	210	48
4	208	50	51	205	204	54	55	201	200	58	59	197	196	62	63	193
5	192	66	67	189	188	70	71	185	184	74	75	181	180	78	79	177
6	81	175	174	84	85	171	170	88	89	167	166	92	93	163	162	96
7	97	159	158	100	101	155	154	104	105	151	150	108	109	147	146	112
8	144	114	115	141	140	118	119	137	136	122	123	133	132	126	127	129
9	128	130	131	125	124	134	135	121	120	138	139	117	116	142	143	113
10	145	111	110	148	149	107	106	152	153	103	102	156	157	99	98	160
11	161	95	94	164	165	91	90	168	169	87	86	172	173	83	82	176
12	80	178	179	77	76	182	183	73	72	186	187	69	68	190	191	65
13	64	194	195	61	60	198	199	57	56	202	203	53	52	206	207	49
14	209	47	46	212	213	43	42	216	217	39	38	220	221	35	34	224
15	225	31	30	228	229	27	26	232	233	23	22	236	237	19	18	240
16	16	242	243	13	12	246	247	9	8	250	251	5	4	254	255	1

Abbildung 6.20 Magisches Quadrat für $n = 16$

Kapitel 7
Mit Lotto gewinnen?

Die Wahrscheinlichkeit für einen Lottogewinn ist bekannt. So klein diese Chance auch ist, die Menschen spielen trotzdem Lotto. Warum dem so ist und wie man sich die Gewinnchance veranschaulichen kann, wird hier besprochen.

7.1 Wie kann man die Gewinnchance im Lotto veranschaulichen?

Lotto ist ein gesellschaftlich akzeptiertes Spiel. Niemand wird davon ausgeschlossen, da die Einsätze gering und die Spielregeln leicht zu verstehen sind. Viele Menschen spielen Lotto, obwohl die Gewinnchancen so gering sind. Offenbar weichen die subjektiv wahrgenommenen Gewinnchancen von den tatsächlichen stark ab. Im Folgenden wird versucht, ein Verständnis für die Größe der Gewinnchancen beim Lotto zu vermitteln.

Abbildung 7.1 Gewinnchance im Lotto

Auf dem Schild, das vor einer Lottoannahmestelle steht, ist die Gewinnwahrscheinlichkeit 1:139838160 für 6 Richtige plus Superzahl angegeben. Es gibt viele Menschen, die »zahlenblind« sind und keine Vorstellung von sehr großen oder sehr kleinen Zahlen haben. Für solche Menschen stellt die Zahlenangabe auf dem Schild eher eine Werbung und einen Anreiz dar, eben doch Lotto zu spielen. Interessantes zum mathematischen Analphabetentum findet man in [PAU].

Rechnet man 1:139838160 in eine Prozentangabe um, dann erhält man etwa 0,0000007 % als Gewinnwahrscheinlichkeit. Zur Veranschaulichung dieser Gewinnchance betrachtet man eine Fahrt von Berlin-Charlottenburg nach Rennes in der Bretagne, deren Fahrzeit vom Routenplaner mit 13 h 23 min angegeben wird und die 1395 km, also ungefähr 139 000 000 cm, lang ist.

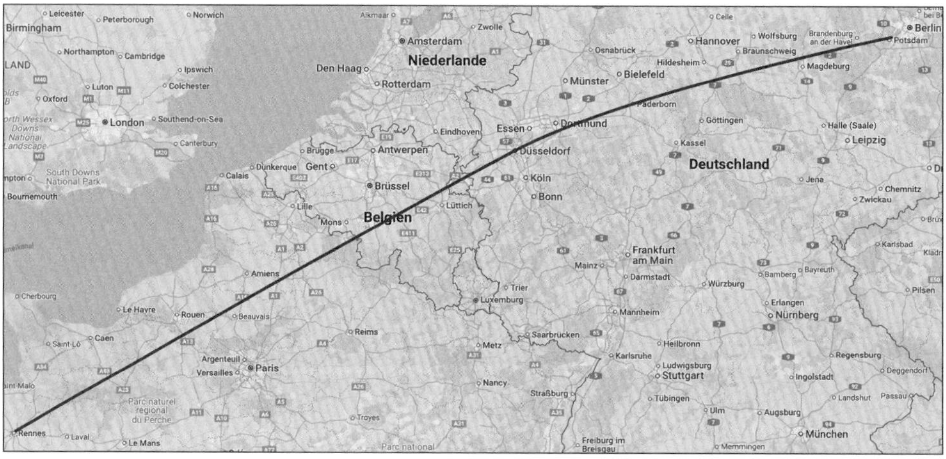

Abbildung 7.2 Fahrt von Berlin in die Bretagne

Stellt man sich vor, dass *irgendwo* am Straßenrand ein Pfahl der Breite 1 cm aufgestellt wurde und dass man während der Fahrt *irgendwann* eine 1-Cent-Münze aus dem Seitenfenster des Autos wirft, dann ist die Chance, den Pfahl zu treffen, ebenso groß wie die zuvor angegebene Gewinnwahrscheinlichkeit.

Ist man nur an 6 Richtigen interessiert, das heißt ohne die Superzahl, dann ergibt sich für dieses Beispiel als Fahrtstrecke etwa 140 km. Das ist z. B. die Entfernung von Karlsruhe nach Frankfurt.

Nach diesen Vergleichen erscheint es rätselhaft, dass Millionen von erwachsenen Menschen Lotto spielen. Die Gewinnchancen werden von den Spielerinnen und Spielern offenbar gewaltig überschätzt. Forscht man nach den Gründen für diese falsche Einschätzung, muss man sich fragen, wo und wann dieses Verhalten den Menschen einen Vorteil geboten haben könnte. Denkt man an die Menschen der Frühzeit, die in kleinen Gruppen zusammenlebten und Kontakt mit ebenso kleinen Gruppen hatten, dann haben Nachrichten, z. B. über die Jagderfolge der einen Gruppe, die andere

Gruppe unmittelbar betroffen. Es war sinnvoll, in der Region das Jagdglück zu versuchen, in der auch die andere Gruppe erfolgreich war. Nachrichten, die heute von den Medien verbreitet werden, betreffen aber meist nicht den persönlichen Nahbereich. Die Meldung vom Gewinn des Jackpots garantiert nicht, dass man das nächste Mal selbst erfolgreich sein wird – trotzdem scheint das alte Verhaltensmuster weiter zu bestehen, und dieses suggeriert eine Gewinnchance, die gar nicht vorhanden ist.

Hinzu kommt, dass sich Spielende in der Zeit zwischen der Abgabe des Lottoscheins und der Ziehung in dem angenehmen Zustand der Hoffnung auf den Gewinn befinden, mit dem sie ja intuitiv rechnen. Dieses erlebte Glücksgefühl bestärkt sie, auch das nächste Mal wieder zu spielen.

Selbst Casanova ging Berichten zufolge auf seinen Reisen in den jeweiligen Städten zunächst immer erst »Lotto spielen«, und »dies war eigentlich seine ausgeprägtere Leidenschaft« [BÖH].

Begonnen hatte das Zahlenlotto 1643 in Genua und erlebte von da an eine wechselnde Erfolgsgeschichte. Im 19. Jahrhundert war das Lottospiel in den deutschen Territorialstaaten zum Teil verboten, um zu vermeiden, dass Spielende in der Hoffnung auf den großen Gewinn ihr gesamtes Vermögen verlieren. Das deutsche Zahlenlotto gibt es seit dem 9. Oktober 1955 wieder. Die Annahmestellen der Lottogesellschaften sichern Tausende von Arbeitsplätzen. Pro Jahr werden in Deutschland im Lottospiel etwa 6 Milliarden Euro umgesetzt. Von den Lottoeinnahmen geht nur die Hälfte als Gewinn an die Spielerinnen und Spieler, etwa 40 % fließen in die Landeskassen, der Rest geht an die Lottoannahmestellen.

7.2 Berechnung der Gewinnchance

Wie ergibt sich die *Gewinnchance* von 1:139838160 für 6 Richtige plus Superzahl?

Eine naheliegende erste Überlegung sieht wie folgt aus: In der Lottotrommel befinden sich 49 Kugeln. Für das Ziehen der 1. Kugel gibt es also 49 Möglichkeiten. Danach befinden sich 48 Kugeln in der Trommel. Für die zweite Kugel gibt es deshalb 48 Möglichkeiten usw. Die Produktregel liefert dann $49 \cdot 48 \cdot 47 \cdot 46 \cdot 45 \cdot 44 = 10\,068\,347\,520$ mögliche Ziehungen.

Diese Überlegung lässt aber eine entscheidende Tatsache außer Acht, die ich an einem Beispiel verdeutlichen möchte. Angenommen, eine Ziehung der Lottozahlen liefert der Reihe nach die Zahlen 16, 47, 48, 39, 43 und 5. Wie üblich wurden die Kugeln nach der Ziehung aufsteigend sortiert, so dass das Ergebnis für diesen Spieltag 5, 16, 39, 43, 47, 48 ist. Nun hätten die gezogenen Kugeln auch in der Reihenfolge 39, 47, 5, 16, 43 und 48 zu dem Ziehungsergebnis geführt. Genauer gesagt liefert jede Umordnung (Permutation) der Zahlen 5, 16, 39, 43, 47, 48 dasselbe Ziehungsergebnis.

Insgesamt gibt es $6! = 1 \cdot 2 \cdot 3 \cdot 4 \cdot 5 \cdot 6 = 720$ Permutationen, die alle zu demselben Ziehungsergebnis führen. Die Menge der zuvor berechneten 10 068 347 520 Ziehungen zerfällt damit in Teilmengen, die jeweils aus 720 Elementen bestehen.

Jede Teilmenge steht für ein Ziehungsergebnis beim Lotto. Insgesamt gibt es also 10 068 347 520 / 720 = 13983816 verschiedene Ziehungsergebnisse ohne die Superzahl.

Da es für die Superzahl 10 Möglichkeiten gibt, erhält man $13983816 \cdot 10 = 139838160$ mögliche Ziehungsergebnisse bei Berücksichtigung der Superzahl.

Für die eben durchgeführte Rechnung $\frac{49 \cdot 48 \cdot 47 \cdot 46 \cdot 45 \cdot 44}{1 \cdot 2 \cdot 3 \cdot 4 \cdot 5 \cdot 6}$ schreibt man als Abkürzung $\binom{49}{6}$ (lies: 49 über 6). Man nennt diesen Ausdruck einen *Binomialkoeffizienten*. Weiteres zu Binomialkoeffizienten finden Sie in Kapitel 25, »Erkenne dich selbst«.

7.3 Zur Simulation einer Lottoziehung

Ein Gefühl für die tatsächlichen Gewinnchancen beim Lotto kann man durch häufiges Spielen mit unmittelbarer Rückmeldung über die Anzahl der »Richtigen« erwerben. Das ist mit der Hilfe eines Computers leicht zu bewerkstelligen. Um eine Lottoziehung zu simulieren, genügt es aber nicht, wenn man 6 Zufallszahlen zwischen 1 und 49 erzeugt. Dabei treten nämlich überraschend oft doppelte oder mehrfache Zahlen auf, weil eine bereits gezogene Zahl nicht wie im realen Lotto aus der Lostrommel entfernt wird. Doppelt oder mehrfach auftretende Zahlen erscheinen mit einer Wahrscheinlichkeit von ungefähr 27 %. Das ist leicht nachvollziehbar, wenn Sie zuerst die Wahrscheinlichkeit berechnen, dass alle 6 erzeugten Zufallszahlen voneinander verschieden sind:

Bei der ersten erzeugten Zufallszahl gibt es 49 verschiedene Möglichkeiten für ein Ergebnis. Da noch keine andere Zahl gezogen wurde, ist es sicher, dass keine Übereinstimmung vorliegt. Die Wahrscheinlichkeit dafür ist 1 bzw. $\frac{49}{49}$.
Die zweite gezogene Zahl ist mit der Wahrscheinlichkeit $\frac{48}{49}$ von der ersten Zahl verschieden. Auf diese Weise ergibt sich die Wahrscheinlichkeit dafür, dass alle gezogenen Zahlen voneinander verschieden sind zu $\frac{49}{49} \cdot \frac{48}{49} \cdot \frac{47}{49} \cdot \frac{46}{49} \cdot \frac{45}{49} \cdot \frac{44}{49}$.
Die Wahrscheinlichkeit dafür, dass Zahlen mehrfach auftreten, ist deshalb gleich $1 - \frac{49}{49} \cdot \frac{48}{49} \cdot \frac{47}{49} \cdot \frac{46}{49} \cdot \frac{45}{49} \cdot \frac{44}{49} \approx 27\%$.
Mit der Tabellenkalkulationsdatei, die zu diesem Kapitel gehört, können Sie diese Wahrscheinlichkeit experimentell erfahren, indem Sie so vorgehen, wie es in Abschnitt 7.4, »Zum Mitmachen: Lottoziehungen mit Tabellenkalkulation«, beschrieben wird.

Wie kann man dabei das Problem der mehrfach auftretenden Zahlen vermeiden? Auf die folgende Weise können Sie vorgehen:

Erzeugung einer Lottoziehung

1. Erzeugen Sie 49 Zufallszahlen aus dem Intervall [0;1], also im Zahlenbereich zwischen 0 und 1, zum Beispiel 0,124.
2. Stellen Sie von jeder dieser Zahlen fest, an welcher Stelle sie stehen würde, wenn die zuvor gezogenen Zufallszahlen aufsteigend sortiert würden. Damit ordnen Sie jeder der Zahlen eine *Rangzahl* zu.
3. Schreiben Sie diese Rangzahlen nebeneinander.
4. Die ersten 6 Rangzahlen sind die Lottozahlen.

Wenn Sie möchten, können Sie eine Lottoziehung mithilfe der Tabellenkalkulation durchführen. In Abschnitt 7.4 zum Mitmachen sehen Sie, wie dies bewerkstelligt wird.

7.4 Zum Mitmachen: Lottoziehungen mit Tabellenkalkulation

Die im vorigen Abschnitt erklärte Erzeugung von Lottozahlen können Sie hier durchführen.

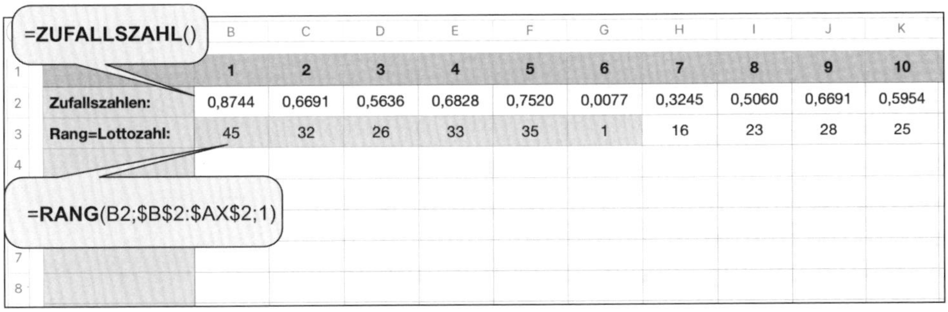

	B	C	D	E	F	G	H	I	J	K
	1	2	3	4	5	6	7	8	9	10
Zufallszahlen:	0,8744	0,6691	0,5636	0,6828	0,7520	0,0077	0,3245	0,5060	0,6691	0,5954
Rang=Lottozahl:	45	32	26	33	35	1	16	23	28	25

Abbildung 7.3 Erzeugung von 6 Lottozahlen

In der 2. Zeile der Abbildung werden 49 Zufallszahlen zwischen 0 und 1 erzeugt. Das übernimmt die Funktion `ZUFALLSZAHL()`.

In der 3. Zeile werden die Ränge der Zahlen, die in Zeile 2 stehen, ermittelt. Dafür kann man die Funktion `RANG` benutzen. Die erste Eingabe für `RANG` ist die Zahl aus Zeile 2, deren Rang ermittelt werden soll. Danach folgt der Bereich, in dem alle Zahlen stehen, also in diesem Fall die Zeile 2 von B2 bis AX2. In der Zelle AX2 steht die 49. Zufallszahl. Die 3. Eingabe für die Funktion `RANG` ist 0 oder 1. Bei 0 erhält der größte Wert der Zahlen den Rang 1, bei 1 erhält der kleinste Wert der Zahlen den Rang 1. Auf diese Weise können Sie mit Ihrer Tabellenkalkulation Lottoziehungen simulieren und feststellen, ob Ihre Lieblingszahlen erschienen sind, d. h., ob Sie gewonnen hätten.

Kapitel 8
Figurierte Zahlen

Eine figurierte Zahl ist eine natürliche Zahl, die durch eine geometrische Figur dargestellt wird. Mithilfe figurierter Zahlen lassen sich viele Eigenschaften natürlicher Zahlen anschaulich – statt durch algebraische Umformungen – erkennen.

8.1 Die Pythagoreer und die figurierten Zahlen

Die Schule der Pythagoreer haben wir in Abschnitt 4.1 bereits kennengelernt. Ihr Wissen über ihr Entstehen können Sie dort wiederauffrischen. Für den vorliegenden Abschnitt sollten wir uns vor allem das Credo der Pythagoreer wieder ins Gedächtnis rufen: »Alles ist Zahl«, wobei das Verhältnis natürlicher Zahlen gemeint war.

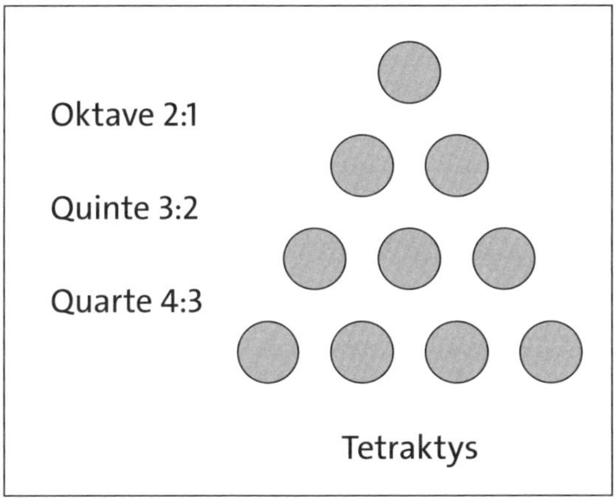

Abbildung 8.1 Zahlenverhältnisse in der Tetraktys

Die Pythagoreer legten einen Schwur auf die *Tetraktys* (griechisch *Vierzahl*) ab und beteten auch zu ihr. In der Tetraktys findet man die Verhältnisse der wichtigen musikalischen Intervalle 4:3 (Quarte), 3:2 (Quinte), 2:1 (Oktave), vor allem aber ist hier 10 als Dreieckszahl, d. h. als Summe $1 + 2 + 3 + 4 = 10$ dargestellt. Das kennen wir schon aus Abschnitt 4.3 über die Dreieckszahlen.

Bereits in Kapitel 3, »Die Magie der Zahlen«, wurde die Formel $D_n = \frac{n \cdot (n+1)}{2}$ zur Berechnung der n. Dreieckszahl angegeben. Von dieser Formel wird auch im Folgenden Gebrauch gemacht.

Während alle anderen Vorsokratiker eher konservativ eine unbewegliche scheibenförmige Erde im Mittelpunkt des Universums annahmen, konstruierten die Pythagoreer das erste Weltbild mit bewegter, kugelförmiger Erde. Dieses revolutionäre System, das von Philolaos (Wende 5.–4. Jhd. v. Chr.) entworfen wurde, hat laut Aristoteles seine Grundlage in der pythagoreischen Zahlenlehre.

Wegen der von den Pythagoreern verehrten Tetraktys musste es auch zehn Himmelskörper geben. In der Antike waren aber nur neun Himmelskörper bekannt, nämlich Erde, Sonne, Mond, Fixsternsphäre und die fünf sichtbaren Planeten. Der fehlende Himmelskörper musste also dazuerfunden werden. Die Pythagoreer behaupteten, es gebe zehn bewegte Himmelskörper. Wo nun aber nur neun wirklich sichtbar waren, konstruierten sie einen zehnten, die »Gegen-Erde«.

Die Tetraktys stellt ein Beispiel für *figurierte Zahlen* dar. Mit figurierten Zahlen können »Rechnen« und »mathematische Sätze« veranschaulicht werden. Die folgenden Beispiele sind eine Auswahl von Problemen, die mit figurierten Zahlen beschrieben werden können.

8.2 Die Grundrechenarten

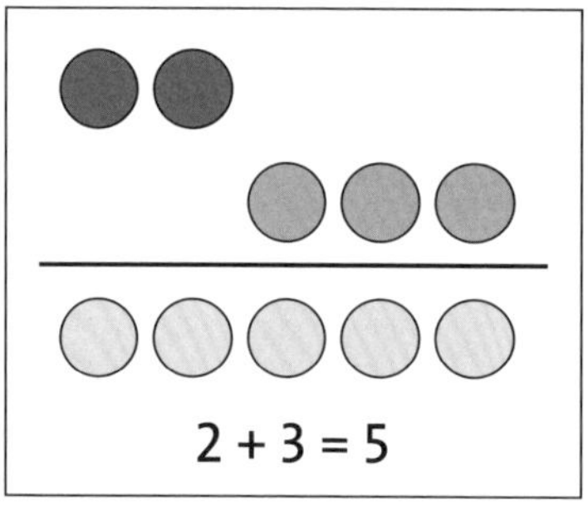

Abbildung 8.2 Addition

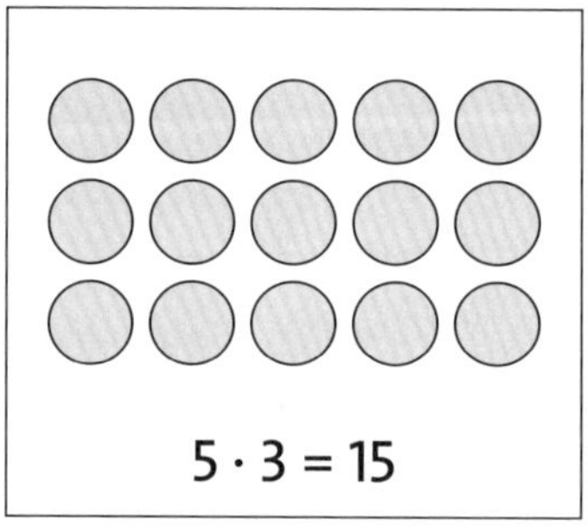

Abbildung 8.4 Multiplikation

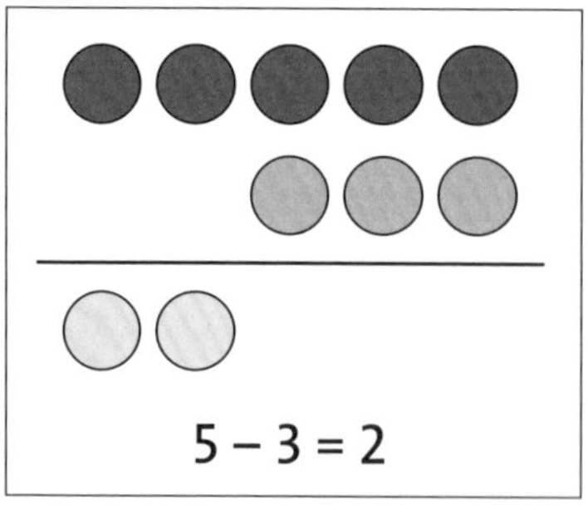

Abbildung 8.3 Subtraktion

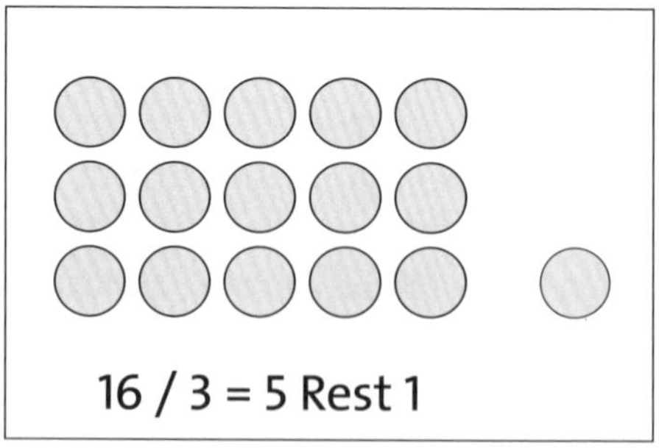

Abbildung 8.5 Division

In diesem Abschnitt können Sie erleben, wie man die bekannten Grundrechenarten durch figurierte Zahlen veranschaulichen kann. Während die Abbildungen für Addition, Subtraktion und Multiplikation unmittelbar verständlich sind, muss die Division näher erläutert werden:

Man teilt *a* durch *b*, indem man aus *a* Punkten ein Rechteck legt, dessen eine Seite gleich *b* ist. Die sich dabei ergebende andere Seitenlänge ist das Ergebnis der Division. Gegebenenfalls bleibt ein Rest.

8.3 Benachbarte Dreieckszahlen

Abbildung 8.6 veranschaulicht den Zusammenhang zwischen *benachbarten Dreieckszahlen*. Es ist $D_{n-1} + D_n = n^2$. Die Summe zweier benachbarter Dreieckszahlen ist also eine Quadratzahl.

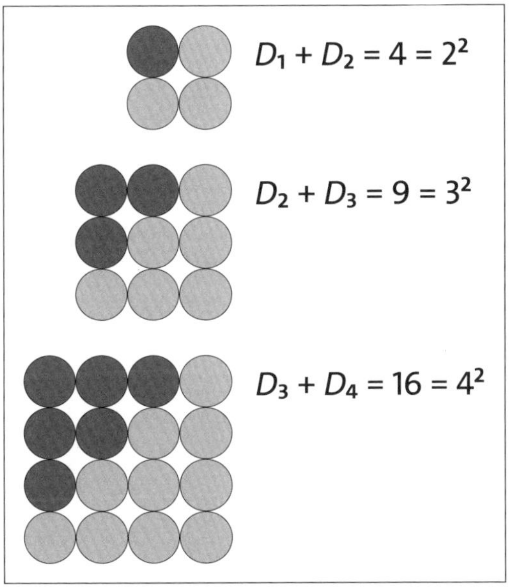

Abbildung 8.6 Summe benachbarter Dreieckszahlen

8.4 Die Summe ungerader natürlicher Zahlen

Die beiden Figuren der Abbildung 8.7 sind bis auf die Farben gleich. Links sieht man die Summe der ungeraden Zahlen 1 + 3 + 5 + 7 + 9 + 11. Rechts sieht man die Summe der Dreieckszahlen D_5 und D_6. Nun ist D_5 plus D_6 gleich 6^2. Damit ist veranschaulicht, dass die Summe der ersten n ungeraden Zahlen gleich n^2 ist.

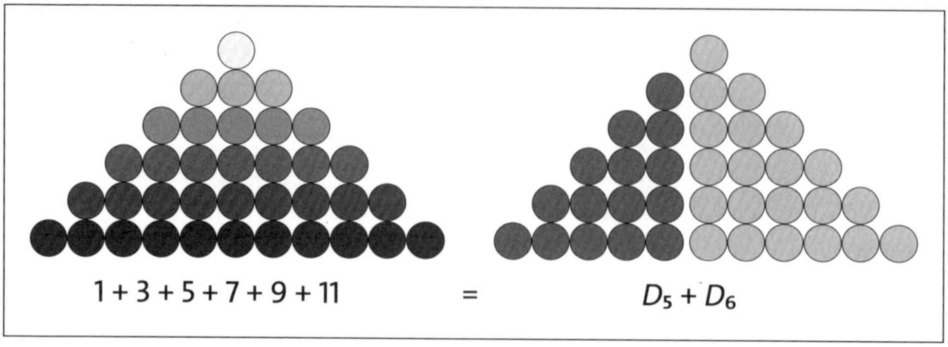

Abbildung 8.7 Summe ungerader Zahlen

8.5 Die Summe gerader natürlicher Zahlen

Natürlich stellt sich jetzt die Frage nach der Summe der ersten *n* geraden Zahlen. Dazu betrachtet man Abbildung 8.8. Die dort auftretenden Zahlen 2, 6, 12, 20 heißen *Rechteckzahlen*. Die Summe der ersten *n* geraden Zahlen ist also $n\ (n + 1)$.

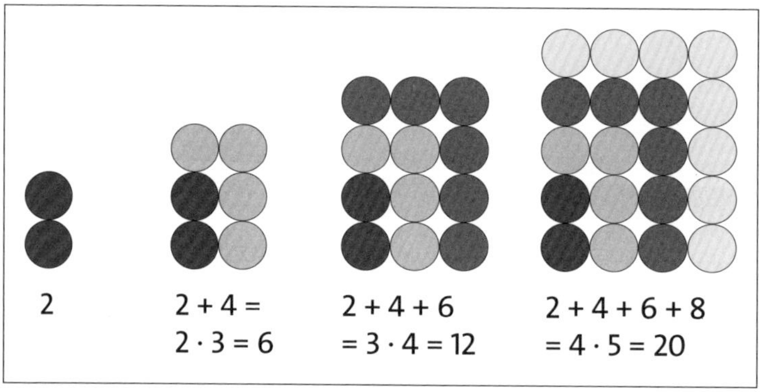

Abbildung 8.8 Summe der ersten *n* geraden Zahlen

8.6 Die Differenz der Quadrate benachbarter Dreiecks- und Kubikzahlen

Die ersten vier Dreieckszahlen lauten 1, 3, 6 und 10. Deren Quadrate sind dann 1, 9, 36 und 100. In Abbildung 8.9 sind diese Quadrate dargestellt. Beispielsweise ist die 36 durch ein Quadrat mit der Seitenlänge 6 dargestellt. Wie man leicht sieht, ist in jedem der Quadrate das Quadrat der vorigen Stufe enthalten. Die Beispiele führen zu der Vermutung, dass $D_n^{\,2} = D_{n\text{-}1}^{\ \ 2} + n^3$ gilt. Die Differenz der Quadrate benachbarter Dreieckszahlen ist eine *Kubikzahl*.

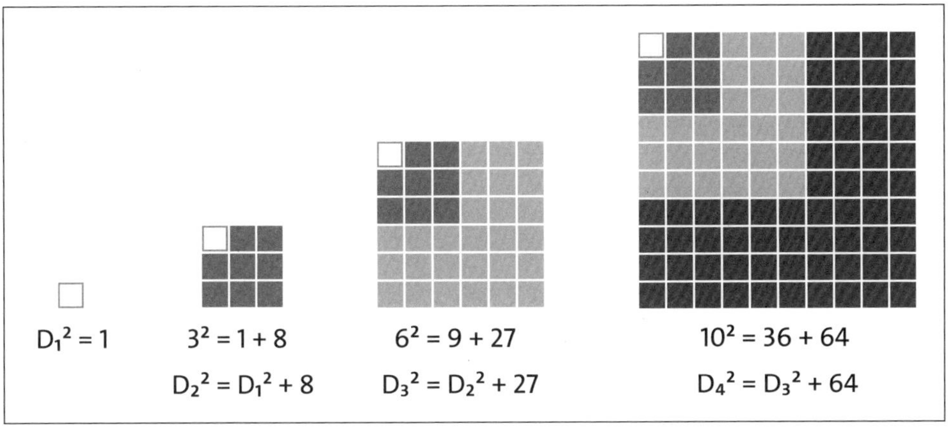

Abbildung 8.9 Differenz der Quadrate benachbarter Dreieckszahlen

8.7 Die Summe der Kehrwerte aller Dreieckszahlen

Dieses Beispiel betrifft ein Problem, das im Jahr 1672 zwischen Huygens und Leibniz diskutiert wurde. Die mathematische Lösung dieses Problems ist nicht so einfach wie die zuvor betrachteten Probleme. Mit figurierten Zahlen gelingt aber eine anschauliche Lösung.

Wie groß ist die Summe der Kehrwerte aller Dreieckszahlen, d. h., welchen Wert hat die Summe $\frac{1}{1} + \frac{1}{3} + \frac{1}{6} + \frac{1}{10} + \cdots$?

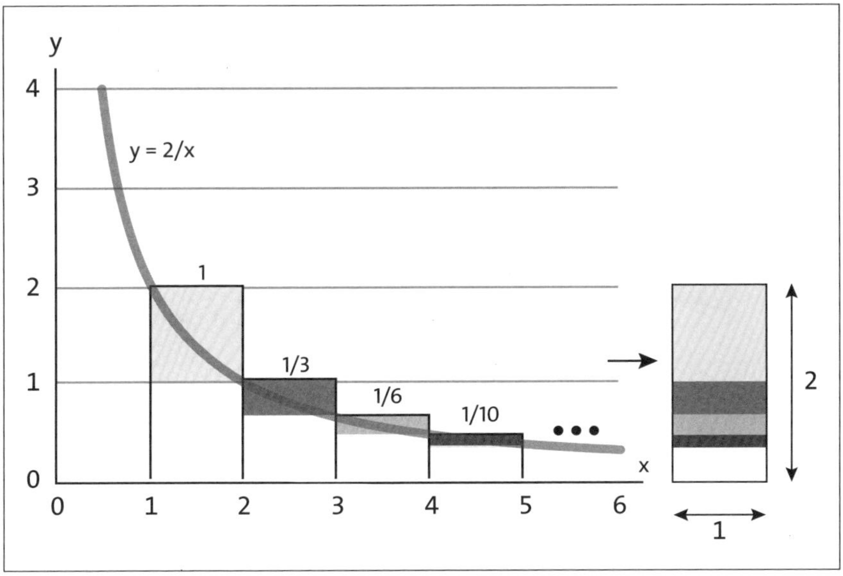

Abbildung 8.10 Summe der Kehrwerte aller Dreieckszahlen

Betrachtet wird dazu der Graph der Funktion $2/x$ in Abbildung 8.10. In dieser Abbildung sind Rechtecke eingezeichnet, die alle die Breite 1 haben. Die Höhe des Rechtecks zwischen $x = 2$ und $x = 3$ ergibt sich zu:

$$\frac{2}{2} - \frac{2}{3} = \frac{2 \cdot 3 - 2 \cdot 2}{2 \cdot 3} = \frac{2}{2 \cdot 3} = \frac{1}{\frac{2 \cdot 3}{2}} = \frac{1}{D_2}$$

Die Höhe des n. Rechtecks ist damit gleich $\frac{1}{D_n}$.

Die Summe der unendlich vielen Rechteckinhalte ergibt sich, wenn man alle Rechtecke zu einem großen Rechteck zusammenschiebt. Dieses Rechteck hat den Flächeninhalt $2 \cdot 1 = 2$. Also gilt: $\frac{1}{1} + \frac{1}{3} + \frac{1}{6} + \frac{1}{10} + \cdots = 2$

8.8 Die Summe der Quadrate natürlicher Zahlen

Dreieckszahlen spielen auch in diesem Beispiel eine entscheidende Rolle bei der Frage, wie man eine Formel für die Summe der Quadrate natürlicher Zahlen erhält. Gesucht ist also ein Ausdruck, mit dem man $1^2 + 2^2 + 3^2 + ... + n^2$ berechnen kann. Dazu wird der »Baukasten« der Abbildung 8.11 betrachtet.

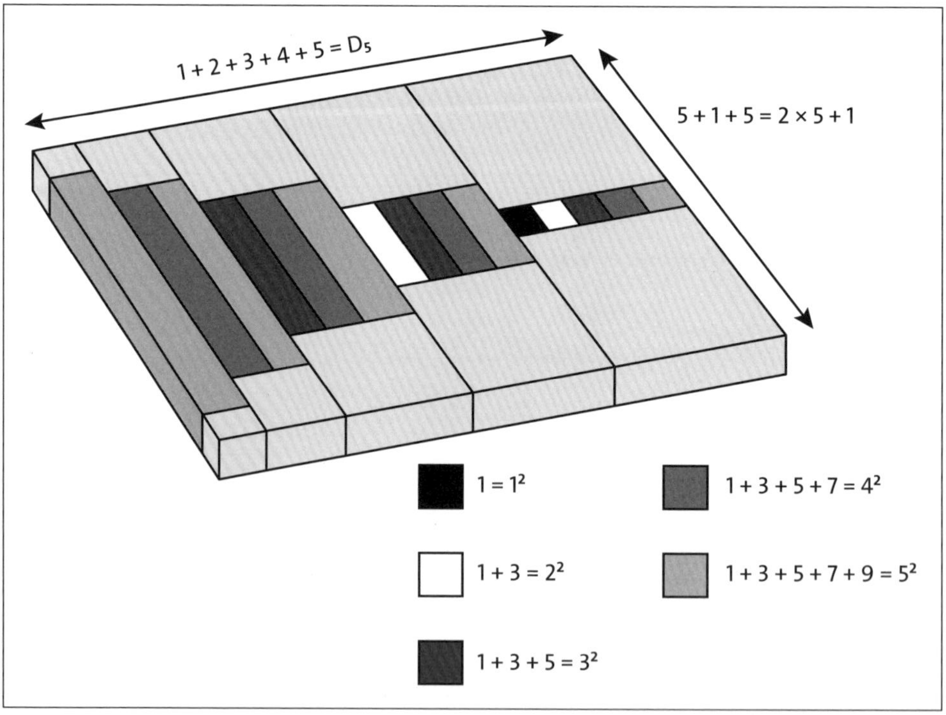

Abbildung 8.11 Summe der Quadrate natürlicher Zahlen

Die eine Seite des Baukastens besteht aus Klötzchen mit quadratischer Grundfläche. Dabei haben diese Quadrate die Seitenlängen 1, 2, 3, 4 und 5. Damit ist auch die Länge dieser Seite bekannt, nämlich $1 + 2 + 3 + 4 + 5$, d. h. gleich $D(5)$. Die andere Seite des Baukastens hat die Länge $5 + 1 + 5 = 2 \cdot 5 + 1$.

Die gesamte Fläche des Baukastens ist damit gleich $D(5) \cdot (2 \cdot 5 + 1)$.

Die sich im Innern des Kastens befindenden Klötzchen haben alle die Breite 1 und Längen, die gleich 1, 3, 5, 7 oder 9 sind.

Sortiert man die inneren Klötzchen nach ihrer Farbe, dann haben diese die folgenden Flächeninhalte:

$1 \cdot 1 = 1$

$1 \cdot 1 + 1 \cdot 3 = 1 + 3$

$1 \cdot 1 + 1 \cdot 3 + 1 \cdot 5 = 1 + 3 + 5$

$1 \cdot 1 + 1 \cdot 3 + 1 \cdot 5 + 1 \cdot 7 = 1 + 3 + 5 + 7$

$1 \cdot 1 + 1 \cdot 3 + 1 \cdot 5 + 1 \cdot 7 + 1 \cdot 9 = 1 + 3 + 5 + 7 + 9$

Die Flächeninhalte sind also gleich den Summen ungerader Zahlen und – nach einem früheren Ergebnis – gleich den Quadratzahlen 1^2, 2^2, 3^2, 4^2 und 5^2 und zusammen damit gleich $1^2 + 2^2 + 3^2 + 4^2 + 5^2$.

Die Flächeninhalte der beiden außen liegenden Klötzchen sind jeweils ebenfalls gleich $1^2 + 2^2 + 3^2 + 4^2 + 5^2$.

Damit erhält man die folgende Gleichung: $3\,(1^2 + 2^2 + 3^2 + 4^2 + 5^2) = D_5 \cdot (2 \cdot 5 + 1)$

Daraus ergibt sich:

$$1^2 + 2^2 + 3^2 + 4^2 + 5^2 = \frac{D_5 \cdot (2 \cdot 5 + 1)}{3}$$

Diesem Baukasten kann man wiederum weitere Teile hinzufügen, so dass sich folgende allgemeine Gleichung ergibt:

$$1^2 + 2^2 + 3^2 + \cdots + n^2 = \frac{D_n \cdot (2 \cdot n + 1)}{3}$$

Wenn man jetzt noch den bekannten Term für D_n einsetzt, so ergibt sich für die gesuchte Formel: $1^2 + 2^2 + 3^2 + \cdots + n^2 = \frac{n \cdot (n+1) \cdot (2 \cdot n+1)}{6}$

In Kapitel 9, »Sektpyramiden«, wird diese Formel auf dem herkömmlichen Weg, d. h. ohne figurierte Zahlen, hergeleitet. Der Vergleich beider Methoden zeigt die Eleganz der hier betrachteten Herleitung.

8.9 Zum Mitmachen: Die Summe der Kehrwerte der Dreieckszahlen

Zeigen Sie in einer Tabellenkalkulation durch Berechnung der Summe der ersten n Summanden von $\frac{1}{D_1} + \frac{1}{D_2} + \cdots + \frac{1}{D_n}$, dass diese Summe der Zahl 2 zustrebt, wenn n groß gewählt ist.

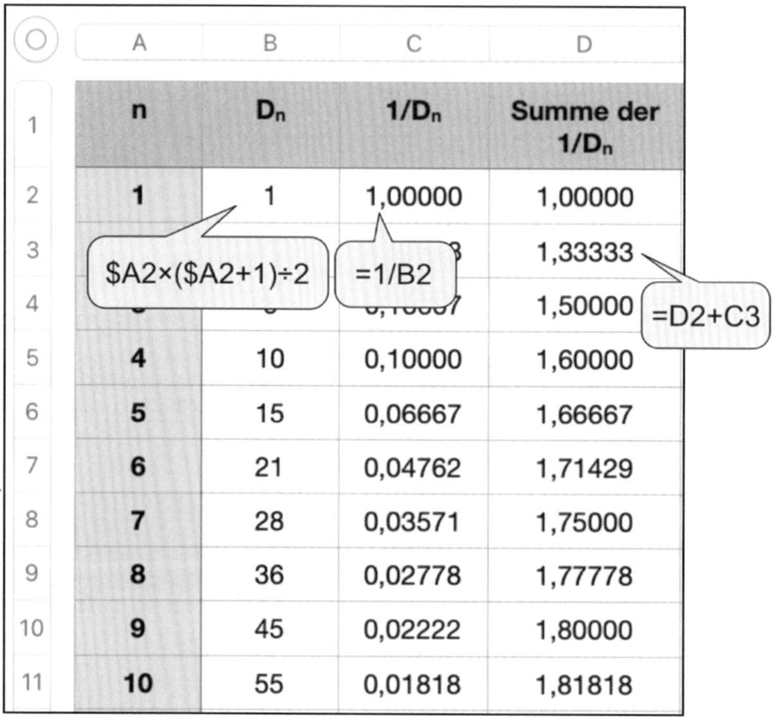

	A	B	C	D
1	n	D_n	$1/D_n$	Summe der $1/D_n$
2	1	1	1,00000	1,00000
3	[illegible]	[illegible]	[illegible]	1,33333
4	[illegible]	[illegible]	[illegible]	1,50000
5	4	10	0,10000	1,60000
6	5	15	0,06667	1,66667
7	6	21	0,04762	1,71429
8	7	28	0,03571	1,75000
9	8	36	0,02778	1,77778
10	9	45	0,02222	1,80000
11	10	55	0,01818	1,81818

Abbildung 8.12 Berechnung der Summe der Kehrwerte von Dreieckszahlen

Kapitel 9
Sektpyramiden

»Eine Sektpyramide erregt während festlicher Veranstaltungen die Aufmerksamkeit Ihrer Gäste, hebt deren Laune und bleibt in Erinnerung« [BOS]. Damit wirbt ein Unternehmen im Internet und bietet Sektpyramiden zu 600 € (Sektpyramide 35), 800 € (Sektpyramide 56) und 1050 € (Sektpyramide 91) an (Stand März 2025). Was sagen die Zahlen 35, 56 und 91 aus? Eine Erklärung erhalten Sie in diesem Kapitel.

9.1 Der Aufbau von Sektpyramiden

Steht bei Ihnen eine Familienfeier oder Ähnliches ins Haus? Dann wäre vielleicht eine Sektpyramide eine geeignete Attraktion für Ihre Feier. Eine Sektpyramide ist eine »pyramidenförmige« Konstruktion von aufeinander gestapelten Gläsern. Im Anschluss an das Aufbauen der Pyramide werden die Gläser mit Sekt oder Champagner von oben beginnend aufgefüllt, so dass das Getränk von Etage zu Etage herunterfließt, und jedes Glas der Pyramide füllt.

Abbildung 9.1 Sektpyramide aus 10 Gläsern

Im Internet findet man Angebote wie »Sektpyramide 35« oder »Sektpyramide 56« und »Sektpyramide 91«. Die Zahlen geben dabei die Anzahl der Gläser an, die in der jeweiligen Pyramide verbaut werden. Wie aber erklären sich diese Zahlen?

Pyramiden sind Körper, die als Grundfläche ein Vieleck wie z. B. ein Dreieck, ein Viereck usw. haben und bei denen die Seitenflächen Dreiecke sind. Die Sektpyramiden haben eine dreieckige oder quadratische Grundfläche (Abbildung 9.2).

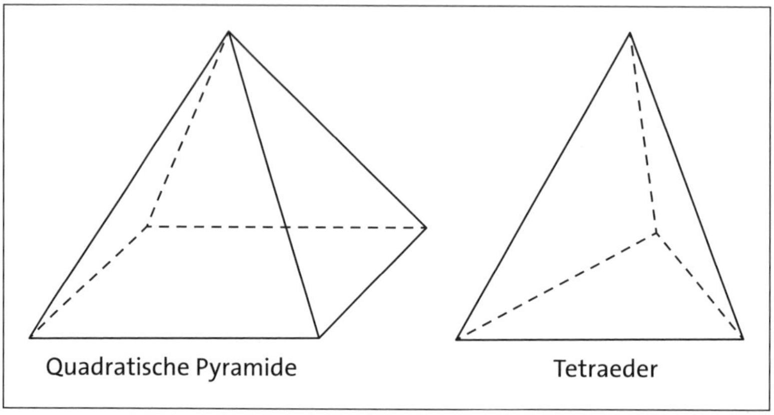

Abbildung 9.2 Pyramiden mit quadratischer oder dreieckiger Grundfläche

In Abbildung 9.3 sehen Sie, wie Pyramiden mit dreieckiger Grundfläche (Tetraeder) aufgebaut sind. Statt Sektgläsern wurden in der Abbildung Kugeln verwendet.

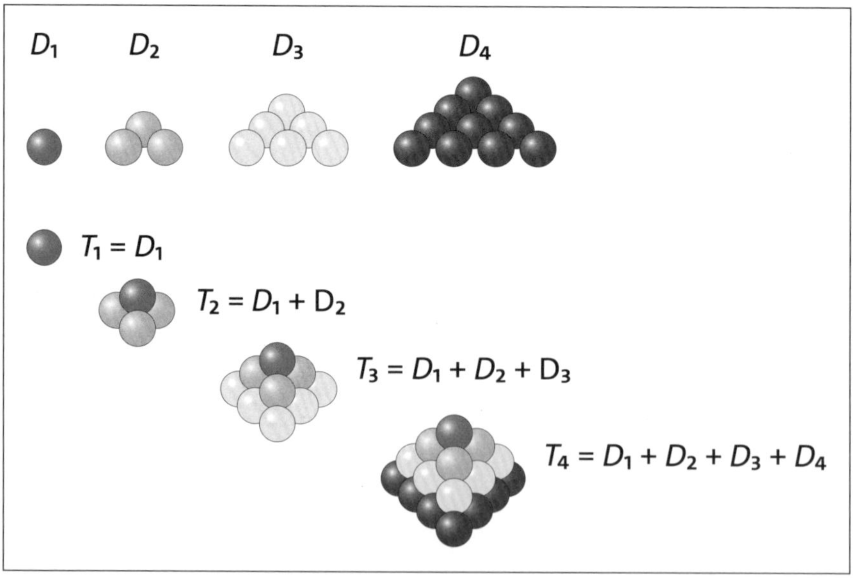

Abbildung 9.3 Aufbau der ersten vier Tetraeder

In Abbildung 9.3 sind vier Tetraeder zu sehen, die aus T_1, T_2, T_3 und T_4 Kugeln bestehen. Die Grundflächen sowie die einzelnen Stockwerke bestehen aus Dreiecken mit D_1, D_2, D_3 und D_4 Kugeln. Die Zahlen D_n sind die aus Kapitel 3, »Die Magie der Zahlen«, bekannten Dreieckszahlen: $D_1 = 1, D_2 = 3, D_3 = 6, D_4 = 10$. Durch das Addieren dieser Zahlen kann man die Anzahl der Kugeln in den einzelnen Tetraedern bestimmen:

$T_1 = D_1 = 1$

$T_2 = D_1 + D_2 = 1 + 3 = 4$

$T_3 = D_1 + D_2 + D_3 = 1 + 3 + 6 = 10$

$T_4 = D_1 + D_2 + D_3 + D_4 = 1 + 3 + 6 + 10 = 20$

In Abbildung 9.4 ist in der ersten Zeile die Anzahl n der Stockwerke der Tetraeder, in der zweiten Zeile die n-te Dreieckszahl und in der dritten Zeile die Anzahl T_n der Kugeln im n-ten Tetraeder aufgelistet. Das Bildungsprinzip ist einfach: T_n ist die Summe aus der links danebenstehenden Zahl T_{n-1} und der darüberstehenden Dreieckszahl D_n, d. h. $T_n = T_{n-1} + D_n$. Man kann also T_n dadurch berechnen, dass man der Reihe nach alle Zahlen T_k mit $k < n$ bestimmt.

n	1	2	3	4	5	6	7	8
D_n	1	3	6	10	15	21 ↓	28	36
T_n	1	4	10	20	35 ⟶	56	84	120

Abbildung 9.4 Bestimmung der Zahlen T_n

Dabei zeigt sich, dass die Tetraeder mit 5 bzw. 6 Stockwerken 35 bzw. 56 Gläser enthalten. Die Angebote »Sektpyramide 35« und »Sektpyramide 56« werden demnach in Tetraederform aufgebaut. Die »Sektpyramide 91« kommt allerdings nicht in der Tabelle vor.

Gibt es Pyramiden mit quadratischer Grundfläche, die 91 Gläser enthalten? Abbildung 9.5 zeigt, wie Pyramiden aufgebaut sind, deren einzelne Stockwerke aus Quadraten bestehen. Die Anzahl der Kugeln P_n (*Pyramidalzahlen*) in diesen Pyramiden ist deshalb jeweils die Summe von Quadratzahlen.

Es ist:

$P_1 = 1^2 = 1$

$P_2 = 1^2 + 2^2 = 1 + 4 = P_1 + 2^2 = 5$

$P_3 = 1^2 + 2^2 + 3^2 = P_2 + 3^2 = 5 + 9 = 14$

$P_4 = 1^2 + 2^2 + 3^2 + 4^2 = P_3 + 4^2 = 14 + 16 = 30$ usw.

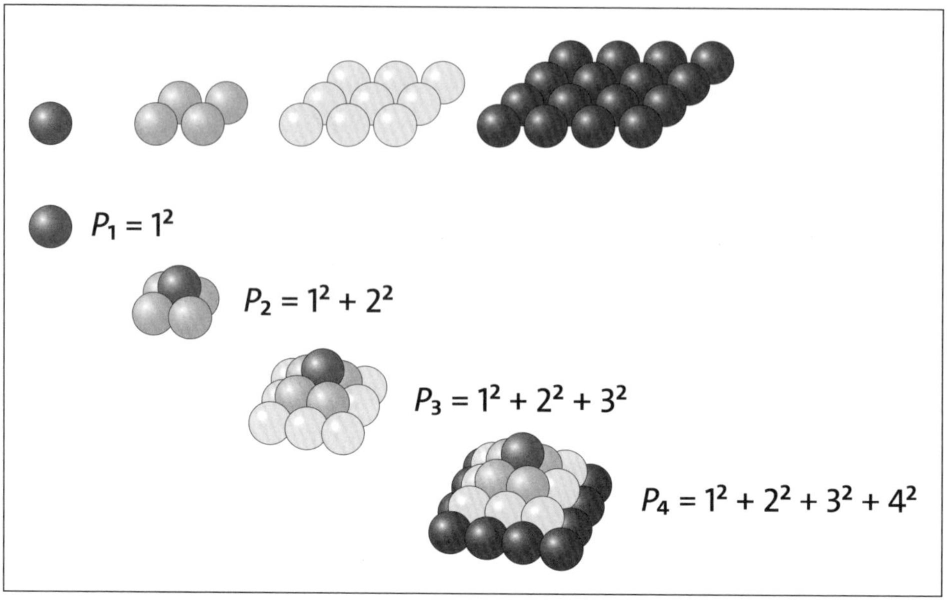

Abbildung 9.5 Aufbau der ersten vier Pyramiden mit quadratischer Grundfläche

Es gilt also: $P_n = P_{n-1} + n^2$. Mit dieser Formel kann P_n aus den vorangegangenen Zahlen P_k berechnet werden:

n	1	2	3	4	5	6	7	8
n^2	1	4	9	16	25	36	49	64
P_n	1	5	14	30	55	91	140	204

Abbildung 9.6 Berechnung der Zahlen P_n

Stellt man eine Tabelle für die Zahlen P_n auf, begegnet man an der Stelle $n = 6$ der Zahl 91. Die »Sektpyramide 91« hat demnach eine quadratische Grundfläche und besteht aus 6 Stockwerken. Damit sind die anfangs gestellten Fragen beantwortet.

Es gibt immer wieder neue Rekorde im Bau von Sektpyramiden. Auf einer Webseite [LUU] findet man diese aufgelistet:

Jahr	1999	2006	2007	2008	2017	2021
Ort	Scheveningen	Oberhausen	Goes	Wijnegem	Madrid	Dubai
Gläser	30 856	39 711	41 664	43 680	50 116	54 740

Abbildung 9.7 Rekorde im Bau von Sektpyramiden

Wie viele Stockwerke hatte die Dubai-Pyramide? War die Grundfläche ein Dreieck oder ein Quadrat? Diese Frage sollen Sie im Folgenden selbst beantworten. Aber keine Angst, Sie dürfen dazu Ihre Tabellenkalkulation einsetzen. Wie es geht, erfahren Sie in Abschnitt 9.4, »Zum Mitmachen: Anzahl der Stockwerke der Dubai-Pyramide«.

Ergänzend soll noch erwähnt werden, dass die hier diskutierten Fragen nicht neu sind. Sektpyramiden sind eine Erscheinung unserer Zeit, Kanonenkugeln gab es früher. Es war Sir Walter Raleigh (1552–1618), der Schiffe zur Gründung englischer Überseekolonien in Nordamerika ausrüsten ließ. Im Zuge dieser Tätigkeiten bat er seinen Landsmann und Freund Thomas Harriot (1560–1621), eine Formel aufzustellen, mit deren Hilfe man die Anzahl der gestapelten Kanonenkugeln auf einem Schiffsdeck ermitteln konnte. Harriot, der in Mathematik und Astronomie bedeutende Entdeckungen gemacht hatte, konnte dieses Problem lösen, allerdings auf andere Weise als zuvor beschrieben. Harriot teilte seine Lösung auch Johannes Kepler mit, der sich daraufhin mit der sogenannten dichtesten Kugelpackung beschäftigte, einem Problem (*Keplersche Vermutung*), das 400 Jahre lang ungelöst blieb und endgültig erst 2017 durch Thomas Hales gelöst werden konnte.

9.2 Eine Formel für die Pyramidalzahlen P_n

Die Pyramidalzahlen P_n sind gleich der Summe der Quadratzahlen $S = 1^2 + 2^2 + ... + n^2$. Für diese Summe wird eine Formel gesucht. In Kapitel 8 wurde diese Formel mithilfe der figurierten Zahlen gefunden. Hier folgt eine algebraische Herleitung:

Zuerst wird $(k + 1)^3$ ausmultipliziert bzw. der binomische Lehrsatz angewendet. Dies liefert: $(k + 1)^3 = k^3 + 3k^2 + 3k + 1$.

Diese Gleichung wird nun für $k = 1, 2, ..., n$ aufgeschrieben:

$2^3 - 1^3 = 3 \cdot 1^2 + 3 \cdot 1 + 1$

$3^3 - 2^3 = 3 \cdot 2^2 + 3 \cdot 2 + 1$

$4^3 - 3^3 = 3 \cdot 3^2 + 3 \cdot 3 + 1$

$(n + 1)^3 - n^3 = 3 \cdot n^2 + 3 \cdot n + 1$

Wenn man diese Gleichungen addiert, sieht man, dass sich auf der linken Seite vieles aufhebt und nur $(n + 1)^3 - 1^3$ übrig bleibt. Auf der rechten Seite taucht das Dreifache der gesuchten Summe S auf. Ebenso entsteht das Dreifache der Summe der ersten n natürlichen Zahlen. Die rechts stehenden Einsen addieren sich zu n. Berücksichtigt man dies alles, so erhält man:

$(n + 1)^3 - 1^3 = 3 \cdot S + 3 \cdot (1 + 2 + ... + n) + n$

Im Kapitel 4, »LAGE RELIEFPFEILER EGAL«, wurde für die Summe $(1 + 2 + ... + n)$ die Formel $\frac{n(n+1)}{2}$ gefunden.

Ergänzen wir dies, ergibt sich aus der Formel oben: $(n+1)^3 - 1 = 3S + 3\frac{n\cdot(n+1)}{2} + n.$

$2(n^3 + 3n^2 + 3n) = 6S + 3(n^2 + n) + 2n$

$2n^3 + 6n^2 + 6n - 3n^2 - 3n - 2n = 6S$

$n(2n^2 + 3n + 1) = 6S$

Die Klammer kann man auf folgende Weise umformen:

$2n^2 + 3n + 1 = 2n^2 + n + 2n + 1 = n(2n + 1) + (2n + 1) = (n + 1)(2n + 1)$

Daraus folgt: $S = \frac{n(n+1)(2n+1)}{6}$

Also gilt: $Pn = \frac{n(n+1)(2n+1)}{6}$

Sie haben jetzt zwei Methoden kennengelernt, um eine Formel für die Summe der Quadratzahlen zu generieren: die eben betrachtete algebraische Variante und die im Kapitel über die figurierten Zahlen vorgestellte Methode. Welche Variante gefällt Ihnen besser?

9.3 Eine Formel für die Tetraederzahlen T_n

Es soll eine Formel für $T_n = D_1 + D_2 + ... + D_n$ gefunden werden.

Hilfreich ist dabei Abbildung 9.8.

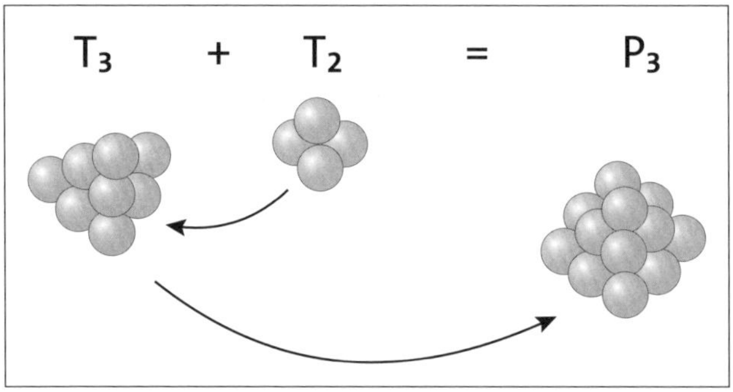

Abbildung 9.8 Ein Zusammenhang zwischen Pyramidal- und Tetraederzahlen

Die Abbildung zeigt, dass sich die quadratische Pyramide mit $n = 3$ aus den Tetraedern mit $n = 2$ und $n = 3$ zusammensetzen lässt. Ganz entsprechend gilt dann natürlich auch:

$T_3 + T_4 = P_4$

$T_4 + T_5 = P_5$

Und so weiter – bis hin zu:

$T_{n\text{-}1} + T_n = P_n$

Ersetzt man die Tetraederzahlen durch die Summen der Dreieckszahlen, so erhält man: $(D_1 + D_2 + ... + D_{n-1}) + (D_1 + D_2 + ... + D_n) = P_n$

Addiert man auf beiden Seiten der Gleichung D_n, dann ergibt sich:

$2\,(D_1 + D_2 + ... + D_n) = P_n + D_n$

Nach Division der Gleichung durch 2 erhält man:

$D_1 + \cdots + D_n = \frac{P_n + D_n}{2}$, d. h. $T_n = \frac{P_n + D_n}{2}$

Setzt man die bereits bekannten Formeln $P_n = \frac{n(n+1)(2n+1)}{6}$ und $D_n = \frac{n(n+1)}{2}$ in diese Gleichung ein, dann ergibt sich: $T_n = \left(\frac{n(n+1)(2n+1)}{6} + \frac{n(n+1)}{2}\right) : 2$

Damit man die Addition in der Klammer ausführen kann, muss man den zweiten Bruch mit 3 erweitern:

$$T_n = \frac{n(n+1)(2n+1) + 3n(n+1)}{6} : 2$$

Es werden n und $(n + 1)$ im Zähler ausgeklammert:

$$T_n = \frac{n(n+1)((2n+1)+3))}{12}$$

$$T_n = \frac{n(n+1)(2n+4)}{12}$$

Klammert man aus der zweiten Klammer 2 aus und kürzt den Bruch dann durch 2, so ergibt sich die gesuchte Formel für T_n:

$$T_n = \frac{n(n+1)(n+2)}{6}$$

9.4 Zum Mitmachen: Anzahl der Stockwerke der Dubai-Pyramide

Erstellen Sie ein Tabellenblatt, mit dem Sie die Tetraeder- und die Pyramidalzahlen erzeugen können. Nutzen Sie dieses Blatt, um die Anzahl der Stockwerke für die Rekord-Pyramide in Dubai festzustellen. Zur Erinnerung: Die Anzahl der verwendeten Gläser war 54 740.

Sie können die Formeln für T_n und P_n verwenden oder aber die Beziehungen

$T_n = T_{n-1} + D_n$ und $P_n = P_{n-1} + n^2$. In Abbildung 9.9 wurde die zweite Variante gewählt:

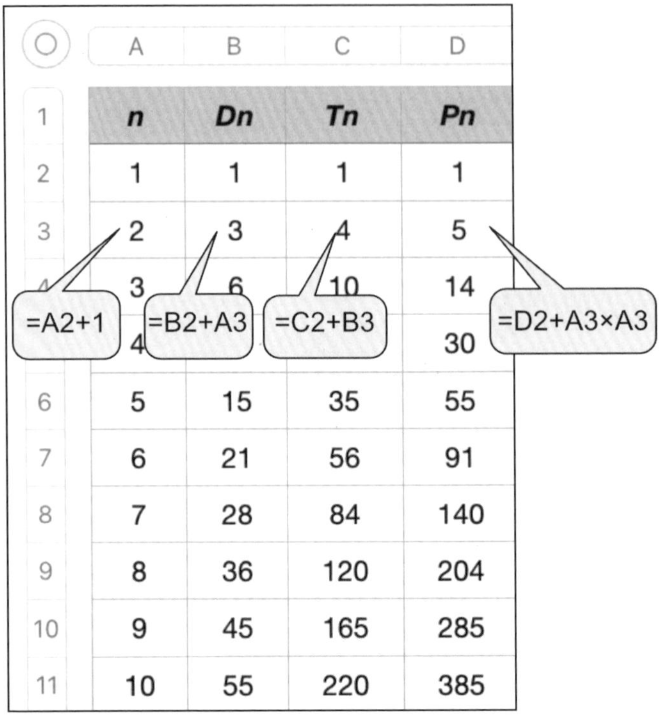

	A	B	C	D
1	n	Dn	Tn	Pn
2	1	1	1	1
3	2	3	4	5
	3	6	10	14
	4			30
6	5	15	35	55
7	6	21	56	91
8	7	28	84	140
9	8	36	120	204
10	9	45	165	285
11	10	55	220	385

Abbildung 9.9 Tabelle für T_n und P_n

Sie müssen das Tabellenblatt für genügend große Zahlen n verwenden, um die Zahl 54 740 zu finden.

Kapitel 10
Die Überfahrt

»Die Überfahrt« ist ein altes und bekanntes Rätsel, das selbst für Kinder kein Problem darstellt. Hier will ich Ihnen zeigen, dass das Rätsel mit Methoden des Zweiersystems und der Graphentheorie systematisch gelöst werden kann. Überraschenderweise zeigt sich dabei, dass das Rätsel mehr als eine Lösung besitzt.

10.1 Das Problem der Überfahrt

Seit den Tagen des Mönchs Alkuin von York (735–804) erfreut sich das Rätsel von der Überfahrt von Mann, Wolf, Ziege und Kohlkopf großer Beliebtheit. Alkuin war Lateinlehrer und Schulleiter der Domschule von York und von 793 bis 796 Privatlehrer von Karl dem Großen. Aus der Zeit um 800 stammt ein vermutlich von Alkuin verfasstes Manuskript mit 56 mathematischen Aufgaben. Die 18. Aufgabe (PROPOSITIO DE LUPO ET CAPRA ET FASCICULO CAULI) ist das hier betrachtete Rätsel. Dem bzw. der Lateinkundigen wird aufgefallen sein, dass hier von einem Bündel Kohl (*fasciculo cauli*) und nicht von einem Kohlkopf gesprochen wird. Der Grund dafür ist einfach: Zur damaligen Zeit gab es in Europa noch keinen Kopfkohl, sondern nur Kraus- oder Grünkohl. In späteren Zeiten wurde aus dem Kohlbündel dann der Kohlkopf. In heutiger Zeit lautet das Rätsel folgendermaßen:

> *Es war einmal ein Mann, der musste einen Wolf, eine Ziege und einen Kohlkopf in seinem Kahn über den Fluss bringen. In dem Kahn konnte aber nur er und mit ihm entweder der Wolf, die Ziege oder der Kohlkopf untergebracht werden. Wenn man aber den Wolf mit der Ziege ohne Aufsicht zurücklässt, frisst der Wolf die Ziege, und wenn die Ziege mit dem Kohlkopf alleine gelassen wird, dann frisst sie diesen. Der Mann schaffte es dennoch, sowohl die Tiere als auch den Kohlkopf unversehrt ans andere Ufer zu bringen. Wie machte er das?*

Die Zitate und die abgebildeten Figuren stammen aus einem Spiel der Habermaaß GmbH [HAB].

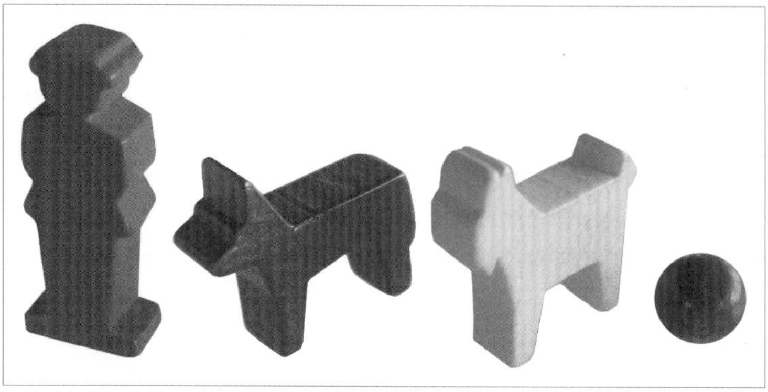

Abbildung 10.1 Die an der Überfahrt Beteiligten

Das Rätsel stellt auch für Kinder keine übergroße Schwierigkeit dar, wenn man darauf hinweist, dass der Mann auch etwas vom gegenüberliegenden Ufer zurücktransportieren kann. In Abbildung 10.2 sieht man, wie der Mann die Ziege vom rechten Ufer, auf dem sich der Kohlkopf befindet, zurückfährt. Mit diesem Hinweis ist das Rätsel fast gelöst.

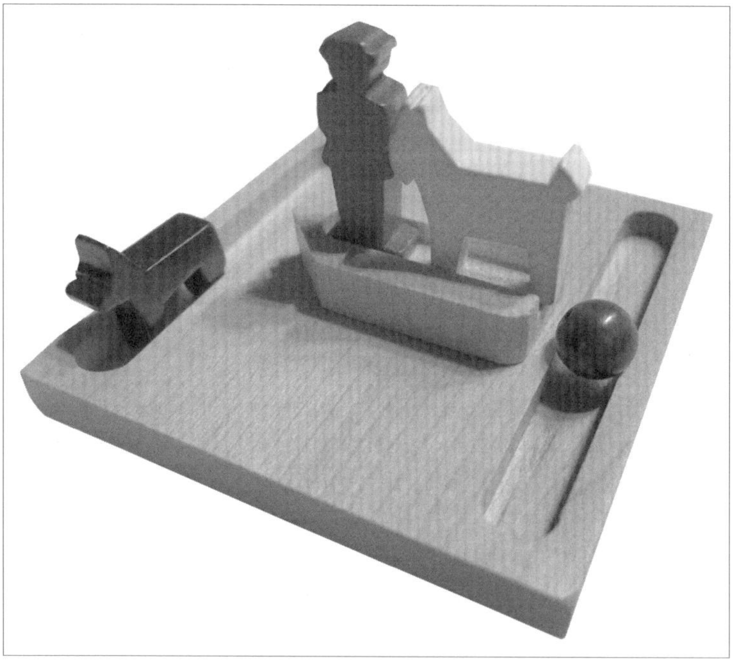

Abbildung 10.2 Der Mann fährt mit der Ziege zurück.

10.2 Eine Lösung des Problems

In einer Darstellung des Überfahrtproblems liest man:

> *Und so wird's gemacht:*
>
> *Als Erstes rudert der Mann die Ziege zum gegenüberliegenden Ufer, kehrt zurück und setzt nun den Kohlkopf über, legt ihn ab, lädt die Ziege in den Kahn und fährt mit ihr zum Ausgangsufer. Hier lässt er die Ziege zurück und setzt nun den Wolf über. Der Kohlkopf bleibt jetzt mit dem Wolf am zweiten Ufer. Dann setzt der Mann zum Ausgangsufer zurück, lädt die Ziege ein und kehrt mit dieser zum Wolf und zum Kohlkopf zurück.*

Danach liest man noch: »Nur so ist eine glückliche Überfahrt möglich.« [HAB]

Hier beginnt nun das eigentliche Problem. Hat das Rätsel, wie behauptet wird, wirklich nur eine einzige Lösung? Dies soll jetzt systematisch untersucht werden.

10.3 Mathematische Hilfsmittel

Für unsere Untersuchung ist es zunächst erforderlich, dass sich alle verschiedenen Spielsituationen einfach beschreiben lassen. Im Folgenden steht also M für Mann, W für Wolf, Z für Ziege und K für den Kohlkopf. Sind z. B. Mann und Ziege am linken Ausgangsufer und Wolf und Kohlkopf schon übergesetzt, kann man dafür einfach die Menge {M,Z} notieren, denn es reicht aus festzustellen, wer sich am linken Ufer befindet. Der Rest ist dann am anderen Ufer (Abbildung 10.3).

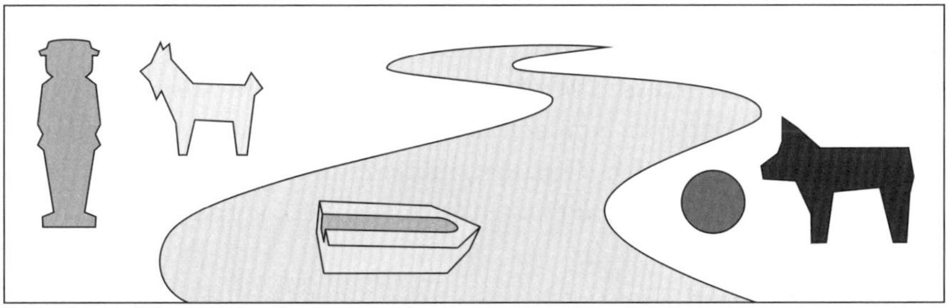

Abbildung 10.3 Darstellung des Zustandes {M,Z}

Ein weiteres Beispiel: Der Zustand {M} bedeutet, dass der Mann am linken Ufer steht, am rechten Ufer dagegen Wolf, Ziege und Kohlkopf versammelt sind, was natürlich schreckliche Folgen hat.

Wie kann man jetzt alle möglichen Zustände notieren, ohne dabei einen zu vergessen? Wir erreichen das, indem wir die Zustände nummerieren. Der Zustand {M,Z} aus Abbildung 10.3 erhält die Nummer 1010. Dabei zeigen die einzelnen Stellen in der Reihenfolge MWZK an, wo sich die jeweiligen Akteure befinden. Eine Eins steht für das linke Ufer, eine Null für das rechte Ufer. In dieser Kodierung schreibt sich der Zustand {M} als 1000. Die kleinste dieser Zahlen ist 0000. Sie sagt aus, dass sich alle am rechten Ufer befinden. Die größte Zahl ist 1111, d. h. Mann, Wolf, Ziege und Kohl befinden sich am linken Ufer. Die Anzahl der möglichen Zustände ist also gleich der Anzahl der Zahlen von 0000 bis 1111.

Wer schon vom *Zweiersystem* gehört hat, weiß jetzt, dass es $2^4 = 16$ dieser Zahlen gibt, denn mit 1111 im Zweiersystem hat man auf 15 gezählt. Und berücksichtigt man dann noch die 0000, dann sind es 16 Zahlen. Doch keine Sorge, wenn Sie hier noch nicht mitkommen: Was genau das Zweiersystem ist, erfahren Sie gleich in Abschnitt 10.4, »Wie weit kann man mit n Stellen zählen?«.

Wem das Zweiersystem fremd ist, dem hilft Abbildung 10.4, in der von 0000 bis 1111 alle Zahlenkombinationen aufsteigend angeordnet und die zugehörigen Spielzustände angegeben sind. Dabei repräsentiert { } die leere Menge, d. h., niemand befindet sich am linken Ufer.

0000	0001	0010	0011	0100	0101	0110	0111
{ }	{K}	{Z}	{Z,K}	{W}	{W,K}	{W,Z}	{W,Z,K}

1000	1001	1010	1011	1100	1101	1110	1111
{M}	{M,K}	{M,Z}	{M,Z,K}	{M,W}	{M,W,K}	{M,W,Z}	{M,W,Z,K}

Abbildung 10.4 Alle möglichen Zustände des Überfahrtproblems

Eine umkehrbar eindeutige Zuordnung zwischen Dualzahlen und Mengen hat dafür gesorgt, dass kein Zustand vergessen wurde. Damit haben wir die vollständige Liste aller möglicher Zustände. Darunter befinden sich aber auch unerlaubte Zustände, die aussortiert werden müssen. {Z,K} ist so ein unerlaubter Zustand, denn die Ziege befindet sich mit dem Kohlkopf allein auf der linken Seite, was das Ende des Kohlkopfs bedeuten würde.

Entsprechend würde der Zustand {W,Z} die Ziege das Leben kosten. Ganz schlimm ist {W, Z, K}, denn hier frisst die Ziege den Kohlkopf, um dann selbst vom Wolf verspeist zu werden. Auch {M} ist nicht erlaubt, denn dann befinden sich Wolf, Ziege und Kohl zusammen am rechten Ufer, was nicht gut ausgehen kann. Entsprechend erkennt man auch {M,K} und {M,W} als unerlaubte Zustände. Damit bleiben folgende 10 Zustände, die erlaubt sind, übrig:

{}, {K}, {Z}, {W}, {W,K}, {M,Z}, {M,Z,K}, {M,W,K}, {M,W,Z}, {M,W,Z,K}

Durch »Kanten«, also waagerechte Striche, zwischen den erlaubten Zuständen lassen sich jetzt Überfahrten beschreiben. Dabei ist zu beachten, dass nur der Mann rudern kann, d. h., er muss in genau einem Eckpunkt einer Kante vorkommen. Außerdem kann sich die Zahl der Objekte um maximal zwei pro Überfahrt ändern.

Was eine Kante zwischen {M,W,Z,K} und {W,K} bedeutet

{M,W,Z,K}——{W,K} bedeutet, dass der Mann mit der Ziege ans andere Ufer gerudert ist, denn Wolf und Kohl bleiben am Ausgangsufer zurück.

Warum zwischen {M,W,Z,K} und {M,Z} keine Kante erlaubt ist

Beim Einzeichnen der Kanten ist zu beachten, dass nicht alle Kanten erlaubt sind, zum Beispiel darf zwischen {M,W,Z,K} und {M,Z} keine Kante gezeichnet werden, denn sonst wäre der Wolf mit dem Kohlkopf ans andere Ufer gerudert!

Ob zwischen zwei Zuständen eine Überfahrt möglich ist, können Sie Abbildung 10.5 entnehmen. Beispielsweise ist eine Überfahrt vom Zustand {W,K} in den Zustand {M,W,K} möglich, deshalb steht am Schnittpunkt von Zeile und Spalte der beiden Zustände eine 1. Wo dies nicht möglich ist, steht eine 0.

Es ist klar, dass in der Hauptdiagonalen (von links oben nach rechts unten) lauter Nullen stehen. Außerdem ist das Schema spiegelsymmetrisch zu dieser Diagonalen, denn wenn man von Zustand A in den Zustand B gelangen kann, dann geht das auch umgekehrt.

	{ }	{K}	{Z}	{W}	{W,K}	{M,Z}	{M,Z,K}	{M,W,K}	{M,W,Z}	{M,W,Z,K}
{ }	0	0	0	0	0	1	0	0	0	0
{K}	0	0	0	0	0	0	1	1	0	0
{Z}	0	0	0	0	0	1	1	0	1	0
{W}	0	0	0	0	0	0	0	1	1	0
{W,K}	0	0	0	0	0	0	0	1	0	1
{M,Z}	1	0	1	0	0	0	0	0	0	0
{M,Z,K}	0	1	1	0	0	0	0	0	0	0
{M,W,K}	0	1	0	1	1	0	0	0	0	0
{M,W,Z}	0	0	1	1	0	0	0	0	0	0
{M,W,Z,K}	0	0	0	0	1	0	0	0	0	0

Abbildung 10.5 Überfahrt möglich: 1, sonst 0

Abbildung 10.5 hilft jetzt bei der Lösung des Problems. Gesucht ist eine Folge von Überfahrten, die im Zustand {M,W,Z,K} beginnt und im Zustand {} endet. Also starten wir in der ersten Spalte der Abbildung ganz unten mit {M,W,Z,K}. Offenbar gibt es von diesem Zustand aus nur eine mögliche Kante. Das sehen Sie, wenn Sie die letzte Zeile nach rechts entlang schauen. Dort finden Sie genau eine 1, nämlich unter dem Zustand {W,K}. Blicken Sie von dieser 1 nach oben. Dort finden Sie eine 1, die zum Zustand {M,W,K} gehört. Jetzt wird es etwas komplizierter, denn wenn Sie nach links blicken, sehen Sie zwei Einsen. Die eine gehört zum Zustand {K}, die andere zum Zustand {W}. Unsere Folge von Kanten verzweigt sich hier. Suchen Sie sich eine der beiden Möglichkeiten aus und verfolgen Sie weiter das Ziel, in {} anzukommen.

In Abbildung 10.6 können Sie sehen, wie es weitergeht.

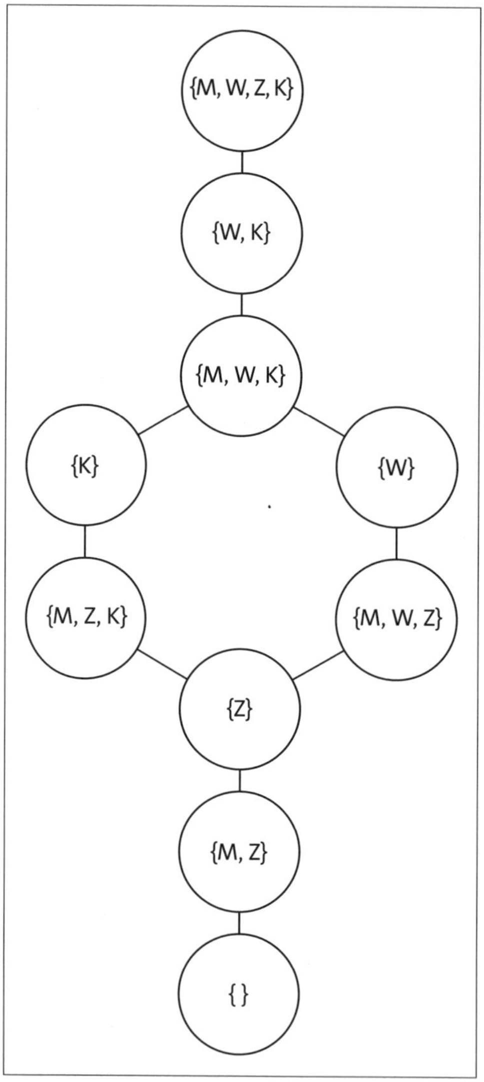

Abbildung 10.6 Mögliche Pfade von {M,W,Z,K} nach {}

Diesem Graphen – so nennt man das Gebilde aus Knoten und Kanten – lässt sich jetzt entnehmen, dass es zwei Lösungen für das Überfahrtsproblem gibt. Der in der Draufsicht nach links abbiegende Pfad stimmt mit der in der Spielanleitung angegebenen Lösung des Problems überein. Der nach rechts abbiegende Pfad stellt eine weitere Lösung dar. Es lassen sich weitere Lösungen konstruieren, wenn man im mittleren Teil des Graphen Rundfahrten einlegt, jedoch haben diese alle eine größere Länge als die beiden zuvor angegebenen Lösungen. Sucht man im Internet nach dem Problem der Überfahrt, dann stößt man auf viele Vorlesungsskripte, in denen das Beispiel der Überfahrt zur Einführung in die Automatentheorie genutzt wird.

10.4 Wie weit kann man mit *n* Stellen zählen?

Sie haben zuvor gesehen, dass uns das Zweiersystem dabei geholfen hat, sämtliche Zustände ausfindig zu machen. Hier und im nächsten Abschnitt finden Sie weitere Informationen zum Zweiersystem.

Im Zehnersystem kann man mit einer Stelle von 0 bis $9 = 10^1 - 1$ zählen, mit zwei Stellen von 0 bis $99 = 10^2 - 1$ zählen, ..., mit n Stellen von 0 bis $10^n - 1$ zählen.

Entsprechend gilt im Zweiersystem:

Mit einer Stelle kann man von 0 bis $2^1 - 1 = 1$ zählen, nämlich 0, 1.

Mit zwei Stellen kann man von 0 bis $2^2 - 1 = 3$ zählen, nämlich 00, 01, 10, 11.

...

Mit n Stellen kann man von 0 bis $2^n - 1$ zählen.

Daraus können Sie folgern, dass es 2^n verschiedene Zahlen mit n Stellen im Zweiersystem gibt. Das können Sie sich auch anders klarmachen: Auf die 1. Stelle der n-stelligen Zahl können Sie 0 oder 1 schreiben. Das sind 2 Möglichkeiten. Dies gilt auch für die zweite Stelle usw.

Es gibt also $2 \cdot 2 \cdot \ldots \cdot 2 = 2^n$ mögliche Zahlen aus n Stellen im Zweiersystem.

10.5 Vom Zweier- ins Zehnersystem und umgekehrt

Bekannt ist Ihnen die Bedeutung einer Zahl wie z. B. 1234 im Zehnersystem. Wie man schon in der Grundschule lernt, handelt es sich dabei um 4 Einer, 3 Zehner, 2 Hunderter und einen Tausender. Anders geschrieben ist $1234 = 1 \cdot 10^3 + 2 \cdot 10^2 + 3 \cdot 10^1 + 4 \cdot 10^0$.

Während im Zehnersystem die sogenannten *Stufenzahlen* die Potenzen der Zahl 10 sind, gibt es im Zweiersystem die Stufenzahlen $2^0, 2^1, 2^2, 2^3, \ldots$

Im Zehnersystem gibt es die Ziffern 0, 1, 2, ... ,9. Im *Zweiersystem* hat man es nur mit den Ziffern 0 und 1 zu tun.

Im Zweiersystem bedeutet 1001 also $1 \cdot 2^3 + 0 \cdot 2^2 + 0 \cdot 2^1 + 1 \cdot 2^0$. Rechnet man diese Summe aus, so erhält man 8 + 0 + 0 + 1 = 9. 1001 stellt also die Zahl 9 im Zweiersystem dar. Damit können Sie vom Zweiersystem ins Zehnersystem umrechnen. Aber wie rechnet man vom Zehnersystem ins Zweiersystem um?

Dazu schauen wir uns zunächst ein Beispiel aus dem Zehnersystem an. Wir betrachten wieder die Zahl 1234 und fragen uns, wie man die zweite Ziffer von rechts erhält. Zu ihr gehört die Zehnerpotenz 10^1. Man berechnet zunächst $1234 / 10^1 = 123{,}4$.

Wenn man an die Ziffer zum Stellenwert 10^1 kommen will, muss die 4 hinter dem Komma beseitigt werden. Dies gelingt dadurch, dass man die Ganzzahl von 123,4 bildet. Diese entsorgt den Nachkommateil für uns: Ganzzahl(123,4) = 123

Damit sind wir unserem Ziel schon nähergekommen. Wenn wir jetzt 123 durch 10 teilen und vom Ergebnis den Rest nehmen, dann ergibt sich die gewünschte 3:

123 / 10 = 12 Rest 3.

Diese Methode lässt sich entsprechend auf das Zweiersystem übertragen.

Wie lautet die 3. Ziffer von rechts für die Zahl 13 im Zweiersystem? Zu dieser Ziffer gehört die Stufenzahl 2^2. Also rechnet man $13 / 2^2 = 3{,}25$. Anschließend kommt die Ganzzahl ins Spiel:

Ganzzahl(3,25) = 3

3 / 2 = 1 Rest 1.

Die Zahl 13 hat die Darstellung 1101 im Zweiersystem, und tatsächlich ist die 3. Ziffer von rechts gleich 1.

Auf diese Weise können Sie jede Ziffer der Zahl im Zweiersystem berechnen. Um nicht nur die 3. Ziffer von rechts, sondern alle Ziffern zu berechnen, gehen Sie wie folgt vor:

Umwandlung der Zahl 13 ins Zweiersystem

1. Suchen Sie die nächste Zweierpotenz, die kleiner oder gleich 13 ist. In unserem Beispiel ist das $2^3 = 8$. Im Zweiersystem hat 8 die Darstellung 1000. Also hat 13 im Zweiersystem $n = 4$ Stellen.
2. Berechnen Sie die von links betrachtet 1. Ziffer. Zu dieser Ziffer gehört die Stufenzahl $2^{n-1} = 2^3$. Bilden Sie deshalb $13 / 2^3 = 13 / 8 = 1{,}625$. Beseitigen Sie den Nachkommateil: Ganzzahl(1,625) = 1. Berechnen Sie den Rest bei Division durch 2: 1 / 2 = 0,5 = 0 Rest 1. Die gesuchte erste Ziffer ist gleich dem Rest, das heißt gleich 1.
3. Wiederholen Sie den Schritt 2 für die 2. Stelle von links und so weiter, bis Sie bei der letzten Stelle angelangt sind.

Das hier beschriebene Vorgehen können Sie leicht in ein Tabellenblatt umsetzen, was im nächsten Abschnitt beschrieben wird.

10.6 Zum Mitmachen: Eine Tabelle für die Zahlen des Zweiersystems

Was Sie im letzten Abschnitt gelesen haben, können Sie nun ausprobieren. Erstellen Sie ein Tabellenblatt, mit dem Sie die Zahlen 0 bis 15 im Zweiersystem darstellen können. Tragen Sie dazu zuerst die Hochzahlen der Zweierpotenzen 3, 2, 1 und 0 in der ersten Zeile ein. Erzeugen Sie in der Spalte A die Zahlen 0 bis 15. Dann füllen Sie die Zelle C2 wie in Abbildung 10.7 aus. Was in dieser Zelle steht, entspricht dem im vorigen Abschnitt geschilderten Verfahren. Füllen Sie anschließend nach rechts und nach unten aus.

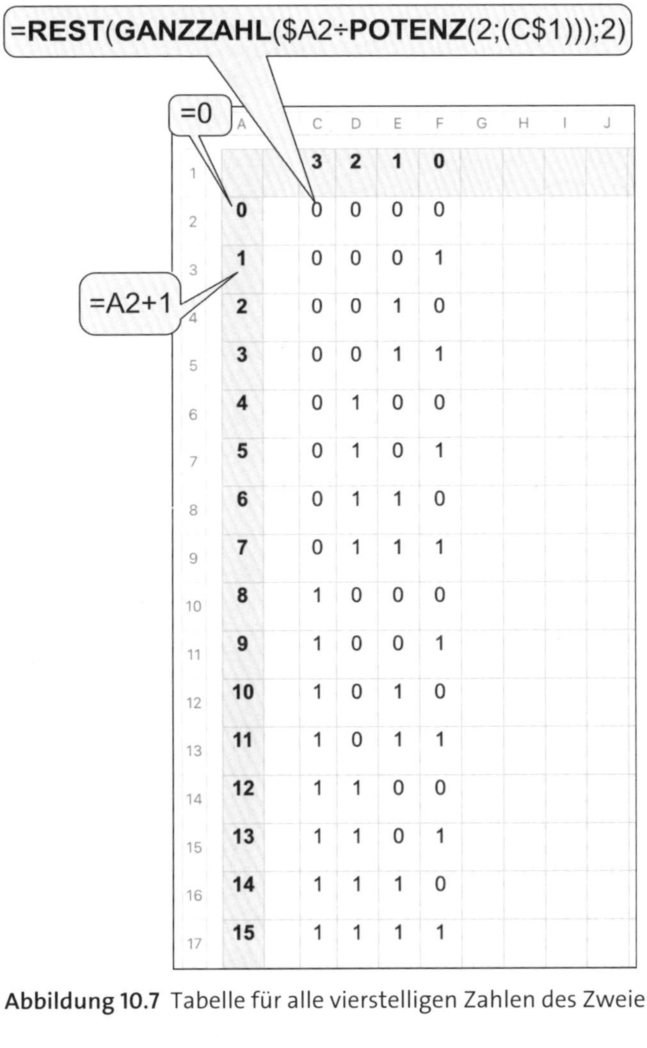

	A	C	D	E	F	G	H	I	J
1		3	2	1	0				
2	0	0	0	0	0				
3	1	0	0	0	1				
4	2	0	0	1	0				
5	3	0	0	1	1				
6	4	0	1	0	0				
7	5	0	1	0	1				
8	6	0	1	1	0				
9	7	0	1	1	1				
10	8	1	0	0	0				
11	9	1	0	0	1				
12	10	1	0	1	0				
13	11	1	0	1	1				
14	12	1	1	0	0				
15	13	1	1	0	1				
16	14	1	1	1	0				
17	15	1	1	1	1				

Abbildung 10.7 Tabelle für alle vierstelligen Zahlen des Zweiersystems

Wenn Sie in der ersten Zeile statt 3, 2, 1, 0 die Zahlen 4, 3, 2, 1, 0 eintragen, können Sie alle fünfstelligen Dualzahlen erzeugen.

Kapitel 11
Schach 960

Kennen Sie Schach 960? Das ist eine Schachvariante, die Bobby Fischer erfunden hat mit dem Ziel, die üblichen, meist auswendig gelernten Eröffnungen im Schachspiel bedeutungslos werden zu lassen. Wie die 960 entsteht, erfahren Sie mit etwas Mathematik.

11.1 Eine bekannte Anekdote

Die Ursprünge des Schachspiels liegen zwischen dem 3. und 6. Jahrhundert, wahrscheinlich in Indien. Bekannt ist in diesem Zusammenhang eine mathematische Geschichte.

Ein indischer Herrscher war von dem Schachspiel so angetan, dass er dessen Erfinder zu sich kommen ließ. Dieser durfte als Belohnung einen Wunsch äußern. Der Erfinder wollte Weizenkörner bekommen, und zwar ein Korn auf dem ersten Feld eines Schachbretts, zwei Körner auf dem zweiten Feld, 4 Körner auf dem dritten Feld und so weiter. Die Zahl der Körner sollte sich von Feld zu Feld verdoppeln. Der Herrscher war verwundert, weil er glaubte, dass dieser Wunsch sehr bescheiden war und deshalb leicht zu erfüllen. Nach einiger Zeit aber kamen die Hofmathematiker zum Herrscher und erklärten, dass der Wunsch des Erfinders unmöglich zu erfüllen wäre. Insgesamt würden auf dem Schachbrett

$$1 + 2 + 2^2 + 2^3 + \ldots + 2^{62} + 2^{63} = 18\,446\,744\,073\,709\,551\,615$$

Körner zu liegen kommen, mehr als in ganz Indien verfügbar.

Wie man zu dieser riesigen Zahl kommt, finden Sie in Abschnitt 11.2 über die Anzahl aller Körner heraus. Die hier geschilderte Geschichte wird im Schulunterricht oft verwendet, um exponentielles Wachstum zu verdeutlichen. Abbildung 11.1 zeigt, wie viele Körner auf den einzelnen Feldern des Schachbretts liegen müssten und vermittelt eindrucksvoll das exponentielle Wachstum. In der linken Spalte steht die Nummer des Schachfeldes, rechts daneben die Körneranzahl auf diesem Feld. Die Nummerierung der Felder beginnt mit 0. Das Ergebnis ist, dass auf dem k. Feld 2^k Körner liegen.

0	1	8	256	16	65536	24	16777216	32	4294967296
1	2	9	512	17	131072	25	33554432	33	8589934592
2	4	10	1024	18	262144	26	67108864	34	17179869184
3	8	11	2048	19	524288	27	134217728	35	34359738368
4	16	12	4096	20	1048576	28	268435456	36	68719476736
5	32	13	8192	21	2097152	29	536870912	37	137438953472
6	64	14	16384	22	4194304	30	1073741824	38	274877906944
7	128	15	32768	23	8388608	31	2147483648	39	549755813888

40	1099511627776	48	281474976710656	56	72057594037927936
41	2199023255552	49	562949953421312	57	144115188075855872
42	4398046511104	50	1125899906842624	58	288230376151711744
43	8796093022208	51	2251799813685248	59	576460752303423488
44	17592186044416	52	4503599627370496	60	1152921504606846976
45	35184372088832	53	9007199254740992	61	2305843009213693952
46	70368744177664	54	18014398509481984	62	4611686018427387904
47	140737488355328	55	36028797018963968	63	9223372036854775808

Abbildung 11.1 Anzahl der Körner auf den einzelnen Feldern

Die Anzahlen in Abbildung 11.1 wurden mit einem Computer-Algebrasystem errechnet. In Abschnitt 11.4, »Zum Mitmachen: Die Körner auf dem Schachbrett«, können Sie das mit Ihrer Tabellenkalkulation auch selbst versuchen und eine Überraschung erleben.

11.2 Die Anzahl aller Körner auf dem Schachbrett

Ein Schachbrett hat insgesamt 64 Felder. Welche Zahl erhält man, wenn man alle Körnerzahlen auf dem Schachbrett der Abbildung 11.1 zusammenzählt, wie kann man also den Wert der Summe $1 + 2 + 2^2 + 2^3 + \ldots + 2^{62} + 2^{63}$ berechnen?

Das geht ganz einfach. Man nennt den Wert der gesuchten Summe s. Dann gilt:

$$s = 1 + 2 + 2^2 + 2^3 + \ldots + 2^{62} + 2^{63}.$$

Auf beiden Seiten dieser Gleichung multipliziert man mit 2. Das liefert:

$$2s = 2 + 2^2 + 2^3 + \ldots + 2^{63} + 2^{64}$$

Jetzt zieht man von der zweiten Gleichung die erste ab. Dadurch ergibt sich:

$$2s - s = 2^{64} - 1$$

Also ist $s = 2^{64} - 1$.

Diese Zahl kann man problemlos mit einem Computer-Algebrasystem berechnen lassen. Man erhält 18 446 744 073 709 551 615.

11.3 Die Regeln für Schach 960

Im Laufe der Jahrhunderte wurden die Regeln des Schachspiels geändert, bis sich die heutigen Regeln ergaben. Die Entwicklung geht aber noch weiter. Der Schachgroßmeister Bobby Fischer (1943–2008) erfand die Schachvariante *Schach 960*. Abweichend vom klassischen Schachspiel werden die Figuren der Grundlinie mehr oder weniger zufällig positioniert. Dadurch lassen sich die üblichen und von den Spielerinnen und Spielern auswendig gelernten Eröffnungspartien des klassischen Schachs nicht mehr anwenden. Kreativ Spielende bekommen damit einen Vorteil. Aus gutem Grund wird das Fischer-Random-Schach auch *Chess 960* genannt, denn nach den Regeln gibt es 960 verschiedene Ausgangsstellungen auf dem Schachbrett. Den Grund dafür versteht man allerdings erst, wenn man diese Regeln kennt:

Die Regeln für Schach 960

1. Die Bauern stehen auf ihren üblichen Positionen, also auf den Feldern A2 bis H2.
2. Ein Läufer steht auf einem weißen, der andere auf einem schwarzen Feld.
3. Der König steht zwischen den beiden Türmen, wobei zwischen König und Türmen weitere Felder sein dürfen.
4. Die Figuren der anderen Farbe, also auf der anderen Seite des Schachbretts, werden spiegelsymmetrisch positioniert.

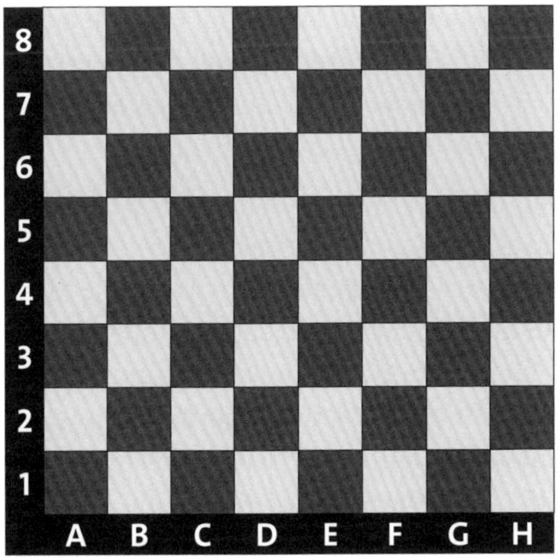

Abbildung 11.2 Schachbrett mit Beschriftung

Unter Anwendung der Regeln 1 bis 4 werden nun zuerst die weißen Figuren auf das Spielbrett gesetzt. Nach Regel Nr. 2 wählt man zunächst ein Feld für den schwarzen Läufer aus.

Dafür gibt es 4 Möglichkeiten, nämlich A1, C1, E1 und G1. Unabhängig von dieser Wahl gibt es 4 Möglichkeiten, den weißen Läufer auf ein Feld zu setzen. Für den weißen Läufer stehen die Felder B1, D1, F1 und H1 zur Verfügung. Das Baumdiagramm in Abbildung 11.3 veranschaulicht diese Auswahlen. Die obere Ebene zeigt die Möglichkeiten für die Auswahl des schwarzen Läufers. Darunter finden sich zu jeder dieser Möglichkeiten die erlaubten Auswahlen für den weißen Läufer.

Da es zu jeder der möglichen vier Auswahlen für den schwarzen Läufer vier Möglichkeiten für den weißen Läufer gibt, kann man auf $4 \cdot 4 = 16$ verschiedene Weisen die beiden Läufer aufs Brett setzen. Das verdeutlicht die unterste Ebene in Abbildung 11.3.

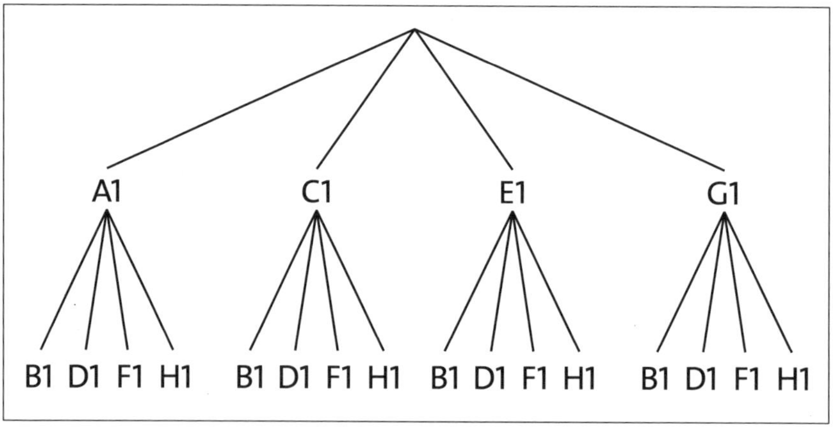

Abbildung 11.3 16 Möglichkeiten für die beiden Läufer

Als Nächstes wird die Dame aufs Brett gesetzt. In den Regeln 1 bis 4 gibt es dafür keine Einschränkungen. Nachdem die beiden Läufer aufs Brett gesetzt wurden, sind noch 6 Felder frei. Auf eines dieser 6 Felder wird die Dame gesetzt. Das heißt, dass es für die Positionierung der beiden Läufer und der Dame $16 \cdot 6$ Möglichkeiten gibt.

Jetzt sind noch 5 Felder unbesetzt. Aus diesen Feldern muss man zwei für die beiden Springer auswählen. Im Gegensatz zu den Läufern sind die Springer ununterscheidbar, das heißt, sie sind nicht an weiße oder schwarze Felder gebunden. Wie viele Möglichkeiten gibt es, um die beiden Springer auf die 5 Felder zu verteilen? Zur Beantwortung dieser Frage nummeriert man die 5 Felder mit den Zahlen 1, 2, 3, 4 und 5 durch und stellt diese durch Punkte wie in Abbildung 11.4 dar. Dann verbindet man jeden einzelnen Punkt durch eine Linie mit allen anderen. Dadurch entsteht ein Fünfeck, in dem alle Diagonalen eingezeichnet sind. So bedeutet die Strecke 1–5, dass die Springer auf die Felder 1 und 5 gesetzt wurden. Zählt man die Anzahl der eingezeichneten Strecken ab, dann ergibt sich 10.

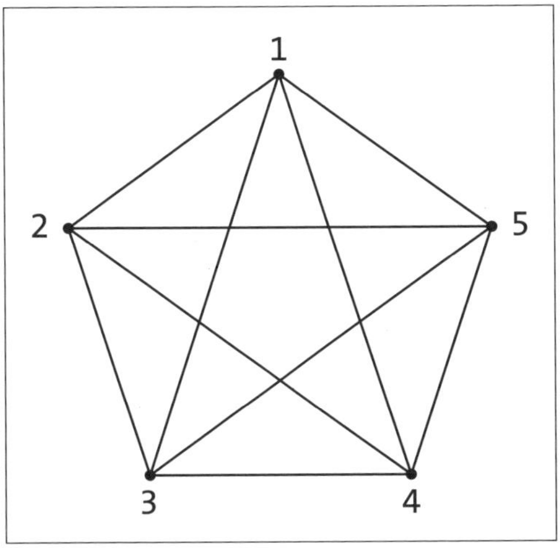

Abbildung 11.4 Mögliche Positionen für die beiden Springer

Wenn Sie Kenntnisse in der Kombinatorik haben, können Sie das Problem der beiden Springer durch die einfache Rechnung $\binom{5}{2} = \frac{5 \cdot 4}{1 \cdot 2} = 10$ lösen.

Falls Ihnen diese Art der Rechnung bisher noch nicht geläufig ist, können Sie sich in Abschnitt 25.6, »Selbstbezug in der Mathematik: Rekursion«, in Beispiel 2 weitere Informationen dazu ansehen.

Um die zwei Springer zu positionieren, gibt es also 10 Möglichkeiten. Durch diese Tatsache hat sich die bisherige Zahl der Möglichkeiten auf $16 \cdot 6 \cdot 10$ erhöht.

Jetzt sind nur noch drei Felder unbesetzt. Weil der König nach der Regel 3 zwischen den beiden Türmen stehen muss, werden diese drei Felder in der Reihenfolge Turm, König, Turm belegt. Das ist allerdings nur eine Möglichkeit.

Die gesamte Anzahl der Positionierungsmöglichkeiten ist dann $4 \cdot 4 \cdot 6 \cdot 10 \cdot 1 = 960$. Ein Beispiel für eine dieser Startpositionen sieht man in Abbildung 11.5.

Abbildung 11.5 Mögliche Startposition im Schach 960

Die Startpositionen sind nach einem bestimmten Schema von 0 bis 959 nummeriert. Eine vollständige Liste finden Sie in den Quellenangaben – zum Beispiel in [CHE]. Die Startposition der Abbildung 11.5 hat die Nummer 200. Das klassische Schachspiel ist natürlich als einer der Fälle in der Liste enthalten und trägt die Nummer 518. Um eine Partie Schach 960 zu spielen, kann man eine der diversen Apps für iOS und Android verwenden, die auf Knopfdruck eine Startposition liefern.

11.4 Zum Mitmachen: Die Körner auf dem Schachbrett

Erzeugen Sie die Zahlen aus Abbildung 11.1 sowie die Summen der Anzahlen der Körner auf den Feldern 0 bis *n*. Betrachten Sie dazu Abbildung 11.6.

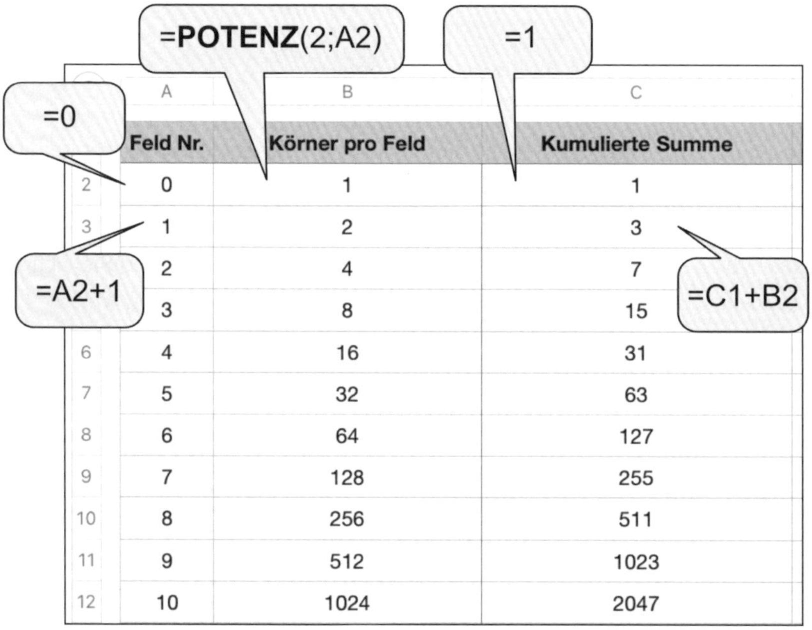

	A	B	C
	Feld Nr.	Körner pro Feld	Kumulierte Summe
2	0	1	1
3	1	2	3
	2	4	7
	3	8	15
6	4	16	31
7	5	32	63
8	6	64	127
9	7	128	255
10	8	256	511
11	9	512	1023
12	10	1024	2047

Abbildung 11.6 Körner pro Feld und Summen

In Spalte A des Tabellenblatts werden die Nummern der Felder eingetragen. In Spalte B stehen die Zahlen 2^n, wobei *n* die Nummer des jeweiligen Feldes ist. Die Potenzierung wird in der Tabellenkalkulation durch die Funktion `POTENZ(Basis;Hochzahl)` durchgeführt.

In Spalte C stehen die Summen der Anzahlen der Körner.

Überraschend ist, dass ab dem 50. Feld die Anzahl der Körner auf dem Feld nicht mehr exakt angegeben wird. Vergleichen Sie dazu die Zahlen Ihrer Tabelle mit den Zahlen aus Abbildung 11.1. Natürlich sind dann auch die Summen in der Spalte C nicht genau.

Der Grund für diese Ungenauigkeiten liegt darin, dass Tabellenkalkulationsprogramme bei Zahlen, die mehr als 15 Stellen haben, alle Ziffern nach dem 15. Platz in Nullen umwandeln.

Kapitel 12
Wurstmarkt-Mathematik

Haben Sie, wenn auf Ihrem Teller ein Stück Fleischwurst liegt, schon einmal an Mathematik gedacht? Nach der Lektüre dieses Kapitels werden Sie dies bestimmt tun.

12.1 Wo überall Ellipsen auftreten

Traditionell ist ein beim Metzger erstandenes Stück Wurst schräg angeschnitten. In Abbildung 12.1 sehen Sie ein Stück Fleischwurst. Der Anblick erfreut den mathematisch geschulten Menschen, denn in der Umrandung der Schnittfläche erkennt dieser eine Ellipse. 12

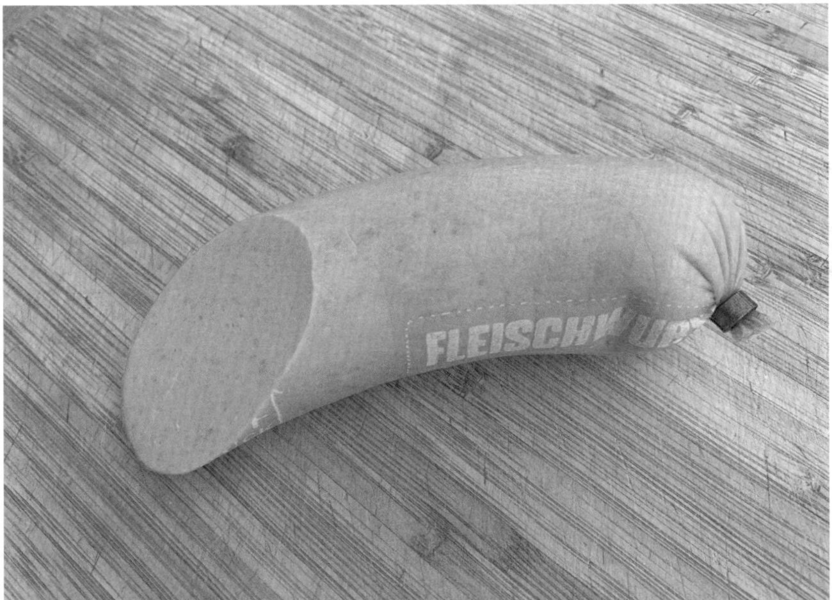

Abbildung 12.1 Ein Stück Fleischwurst

Tatsächlich können Mathematiker beweisen, dass beim schrägen Schnitt durch einen zylindrischen Körper (hier der Wurst) eine Ellipse entsteht. Die Zuordnung des Wortes »Ellipse« zu dieser Kurve stammt vom griechischen Mathematiker Apollonios von Perge (ca. 265–190 v. Chr.). Der griechische Begriff *élleipsis* bedeutet *Mangel*. Apollonios sah den Mangel der Kurve in ihrer Abweichung von der Idealgestalt des Kreises. Der Kreis ist nämlich ein Sonderfall der Ellipse. Das kann man leicht sehen, wenn man die Wurst so abschneidet, dass die Schnittfläche senkrecht zur Zylinderachse steht. In diesem Fall entsteht dann ein Kreis.

Beim Verspeisen eines Wurststücks wird natürlich gerne auch etwas getrunken. In Vollendung gelingt beides auf dem Wurstmarkt, der jährlich im pfälzischen Bad Dürkheim stattfindet. Hier ist das angesagteste Getränk der Wein, der aus großen zylinderförmigen Schoppengläsern getrunken wird. Beim Trinken hält man das Glas selbstverständlich schräg, und siehe da, man erblickt in der Weinoberfläche eine Ellipse (Abbildung 12.2).

Abbildung 12.2 Die Ellipse im Schoppenglas

Damit nicht der Eindruck entsteht, dass Ellipsen nur beim Essen und Trinken eine Rolle spielen, sei auf Johannes Kepler (1571–1630) verwiesen, der erkannt hat, dass die Planetenbahnen Ellipsen sind. Während wir also Wurst und Wein genießen, bewegen wir uns in rasender Geschwindigkeit auf einer elliptischen Bahn um die Sonne.

Wer zu viel Fleischwurst und tierische Eiweiße sowie salzreiche Nahrung zu sich nimmt, für den erhöht sich das Risiko, an Nierensteinen zu erkranken. Abhilfe schaffen dann Rotationsellipsoide, also Körper, die durch Rotation einer Ellipse um eine ihrer Achsen entstehen. Mit ihrer Hilfe lassen sich Schallwellen so bündeln, dass man damit gezielt die Nierensteine zertrümmern kann.

Ellipsen begegnet man auch in der Architektur. Ein Beispiel dafür findet sich in Neustadt an der Weinstraße (Abbildung 12.3).

Abbildung 12.3 Ellipse als Dach

Bahn- und Autofahrer und -fahrerinnen kennen die zylinderförmigen Tunnelröhren, die vorne schräg abgeschnitten sind, deren Einfahrt also eine Ellipsenform aufweist. Abbildung 12.4 zeigt solche Tunnelröhren auf der Schnellfahrstrecke von Nürnberg nach Erfurt.

Abbildung 12.4 Schräg abgeschnittene Tunnelröhren [STO]

Etwas Wichtiges wurde allerdings bisher vergessen. Bevor man nämlich die Wurst genießen kann, muss man diese selbstverständlich pellen, also die Haut abziehen. Führt man dies sorgfältig durch und zerreißt nicht in purer Gier das dünne Gespinst, dann liegt das nächste mathematische Highlight auf dem Teller: die Abwicklung der Ellipse vom Zylindermantel (so nennen Mathematiker den Vorgang des Pellens). Diese Abwicklung zeigt einen wellenförmigen Verlauf (Abbildung 12.5).

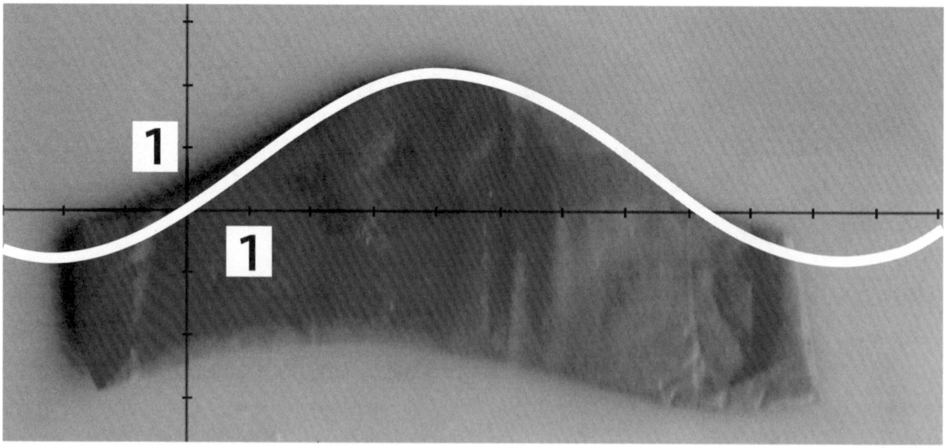

Abbildung 12.5 Die Abwicklung der Ellipse

Der Mathematiker kann diese Feststellung noch weiter präzisieren: Was sich am Rande der Wursthaut wellt, ist eine Sinuskurve. Neben der Wursthautberandung spielt die *Sinusfunktion* in der Geometrie der Dreiecke eine wichtige Rolle. Des Weiteren können viele periodische Vorgänge durch eine Sinusfunktion beschrieben werden. Das reicht von Schwingungen und Schallwellen über den Verlauf des Wechselstroms bis hin zur Höhe des Tidenhubs und zur Änderung der Tageslänge übers Jahr hinweg. Wer Rollläden besitzt, die sich am Tagesende automatisch senken, sollte wissen, dass in deren Steuerung die Werte einer Sinusfunktion abgelegt sind.

12.2 Die Definition der Ellipse

Ein Kreis ist die Menge aller Punkte P, die von einem festen Punkt M (Mittelpunkt) denselben Abstand *r* (Radius) haben (Abbildung 12.6).

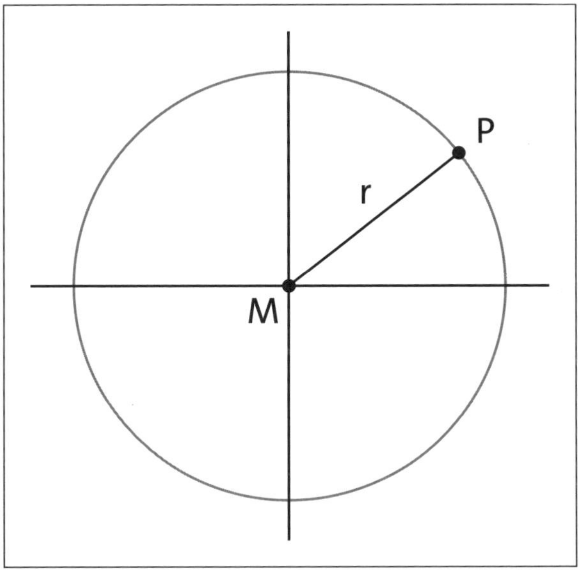

Abbildung 12.6 Der Kreis als geometrischer Ort

Auf diese Weise wird auch die Ellipse definiert:

Die Ellipse als geometrischer Ort

Eine Ellipse ist die Menge aller Punkte P, deren Abstandssumme $PF_1 + PF_2$ zu zwei festen Punkten F_1 und F_2 (Brennpunkte) denselben Wert hat. Wenn die Punkte F_1 und F_2 zusammenfallen, dann entsteht der Kreis – als Spezialfall der Ellipse.

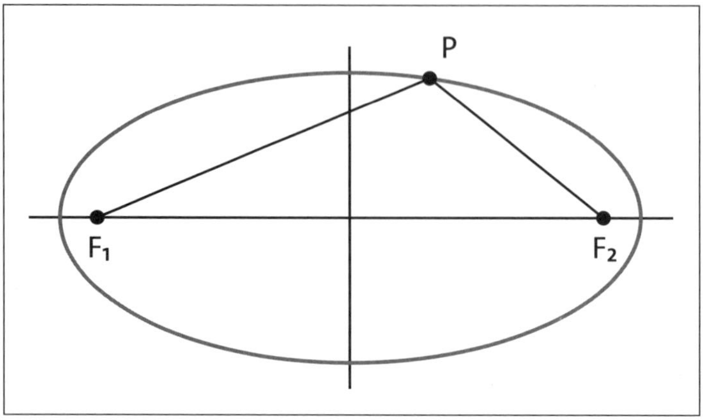

Abbildung 12.7 Definition der Ellipse

Aus dieser Definition folgt sofort eine Konstruktionsmethode, die sogenannte *Gärtnerkonstruktion*, die genutzt wird, um im Garten ein Beet von elliptischer Form anzulegen. Ein Seil, das mit den Enden an zwei Pflöcken befestigt ist, wird gespannt und – wie in Abbildung 12.8 angedeutet – bewegt. Aufgrund der zuvor angegebenen Definition entsteht eine Ellipse.

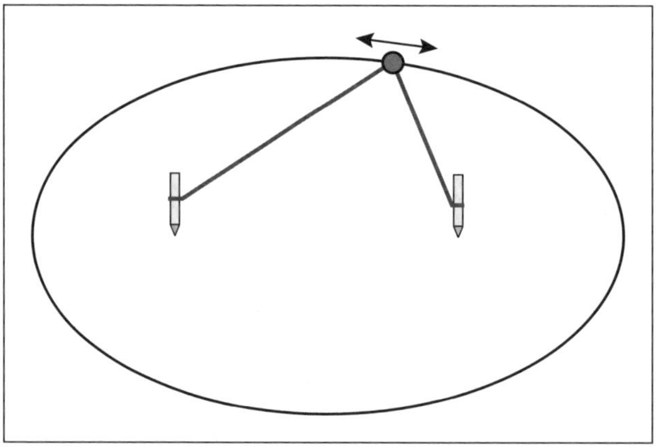

Abbildung 12.8 Gärtnerkonstruktion der Ellipse

12.3 Die Gleichung der Ellipse

Die Koordinaten der Brennpunkte F_1 und F_2 werden mit $(-e|0)$ und $(e|0)$ bezeichnet. Die konstante Abstandssumme wird $2a$ genannt, das heißt, es gilt $r_1 + r_2 = 2a$. Vergleichen Sie dazu Abbildung 12.9.

Fällt Punkt P mit Punkt A zusammen, dann ist $\overline{F_1A} = r_1$ und $\overline{F_2A} = r_2$. Aus Symmetrie ist dann $\overline{BF_1} = r_1$.

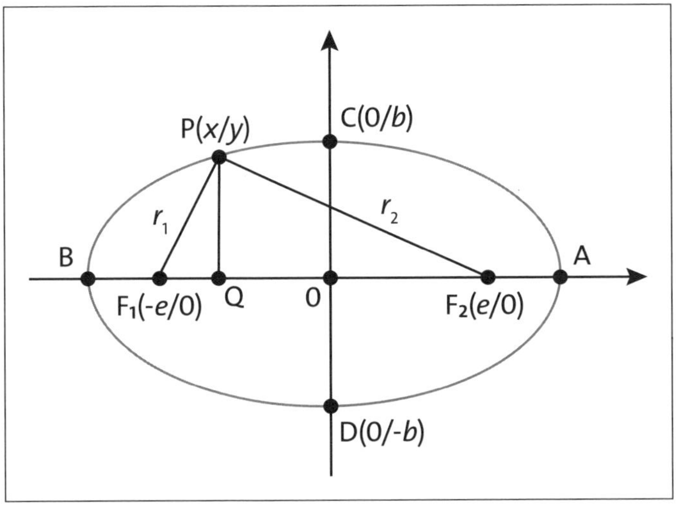

Abbildung 12.9 Ellipse mit Brennpunkten

Also ist $\overline{BF_1} + \overline{F_1A} = r_1 + r_2 = 2a$. Wieder aus Gründen der Symmetrie ergibt sich damit auch $\overline{OA} = a$ und $\overline{OB} = a$, das heißt, die Punkte A und B haben die Koordinaten $A(a|0)$ und $B(-a|/0)$.

Die Strecke OA mit der Länge a wird als *große Halbachse* der Ellipse bezeichnet. Die Strecke OC mit der Länge b nennt man *kleine Halbachse*. Es ist $a \geq b$.

Es gibt einen einfachen Zusammenhang zwischen den Größen a, b und e. Diesen sieht man dann, wenn der Punkt P mit dem Punkt C zusammenfällt (Abbildung 12.10).

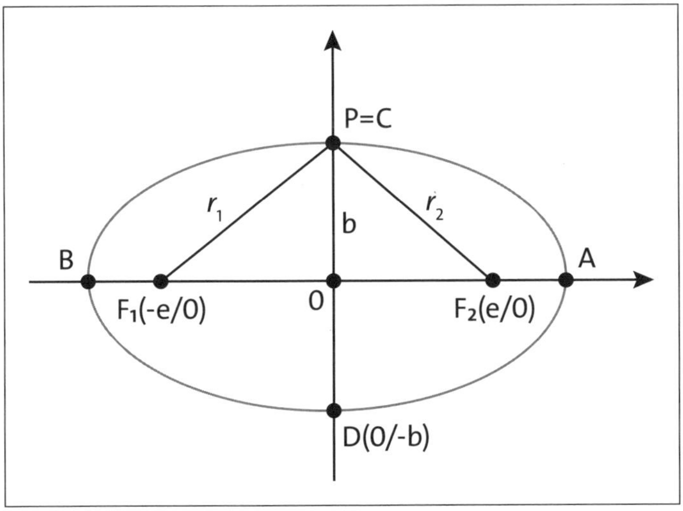

Abbildung 12.10 Herleitung der Beziehung $e^2 = a^2 - b^2$

In diesem Fall ist $r_1 = r_2$, das heißt r_1 = a. Aus dem rechtwinkligen Dreieck *F1OC* ergibt sich mit dem Satz des Pythagoras:

$e^2 + b^2 = r_1^2$ bzw. $e^2 + b^2 = a^2$ oder $e^2 = a^2 - b^2$.

Betrachten wir noch einmal Abbildung 12.9 und dort die rechtwinkligen Dreiecke *F1QP* und *F2PQ*. Auf diese Dreiecke wenden wir nun den Satz des Pythagoras an:

$r_1^2 = y^2 + (e-x)^2$ bzw. $r_1 = \sqrt{y^2 + (x-e)^2}$ und

$r_2^2 = y^2 + (x+e)^2$ bzw. $r_2 = \sqrt{y^2 + (x+e)^2}$

Wegen $r_1 + r_2 = 2a$ ergibt sich:

$$2a = \sqrt{y^2 + (x-e)^2} + \sqrt{y^2 + (x+e)^2}$$

$$2a - \sqrt{y^2 + (x-e)^2} = \sqrt{y^2 + (x+e)^2}$$

Quadrieren dieser Gleichung:

$$4a^2 - 4a\sqrt{y^2 + (x-e)^2} + y^2 + (x-e)^2 = y^2 + (x+e)^2$$

$$4a^2 + y^2 + (x-e)^2 - y^2 - (x+e)^2 = 4a\sqrt{y^2 + (x-e)^2}$$

$$4a^2 - 4ex = 4a\sqrt{y^2 + (x-e)^2}$$

$$a - \frac{e \cdot x}{a} = \sqrt{y^2 + (x-e)^2}$$

Quadrieren und Zusammenfassen liefert dann:

$$a^2 - e^2 = x^2\left(1 - \frac{e^2}{a^2}\right) + y^2$$

$$a^2 - e^2 = x^2\frac{a^2 - e^2}{a^2} + y^2$$

$$1 = \frac{x^2}{a^2} + \frac{y^2}{a^2 - e^2}$$

Weil $a^2 - e^2 = b^2$ gilt, folgt als Gleichung für die Ellipse:

$$\frac{x^2}{a^2} + \frac{y^2}{b^2} = 1$$

12.4 Zum Mitmachen: Zeichnen Sie Ellipsen

Erstellen Sie ein Tabellenblatt, mit dem man Ellipsen mit verschiedenen Werten für die große und die kleine Halbachse zeichnen kann.

Dazu muss man die Ellipsengleichung nach y auflösen:

$$\frac{x^2}{a^2} + \frac{y^2}{b^2} = 1$$

$$\frac{y^2}{b^2} = 1 - \frac{x^2}{a^2}$$

$$y^2 = b^2\left(1 - \frac{x^2}{a^2}\right)$$

Wurzelziehen liefert dann:

$y_1 = \sqrt{b^2\left(1 - \frac{x^2}{a^2}\right)}$ und

$$y_2 = -\sqrt{b^2\left(1 - \frac{x^2}{a^2}\right)}$$

In der Tabellenkalkulation werden die große und die kleine Halbachse in die Zellen B2 und B3 eingegeben. Die x-Werte für die Ellipse stehen in der Spalte C. Startwert ist $-a$ und Endwert ist a. Das erreicht man durch Eingabe von

`= -B2` in Zelle C2 und `=WENN(ODER(C2="";C2=$B$2);"";C2+0,05)` in Zelle C3.

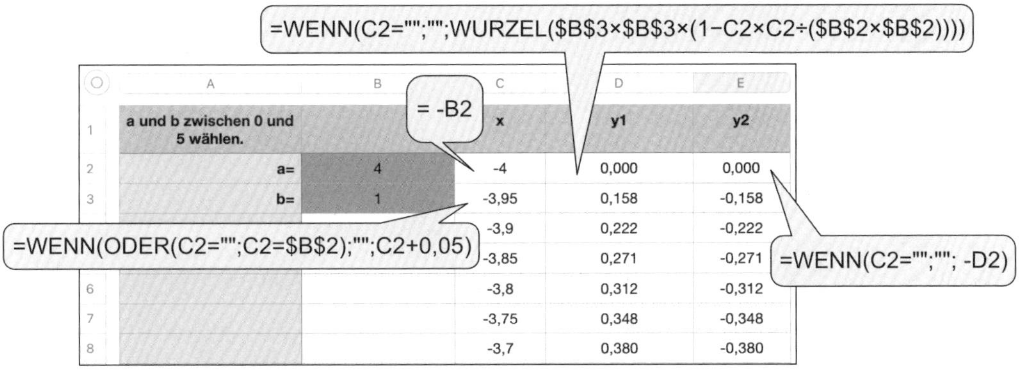

	A	B	C	D	E
1	a und b zwischen 0 und 5 wählen.		x	y1	y2
2	a=	4	-4	0,000	0,000
3	b=	1	-3,95	0,158	-0,158
4			-3,9	0,222	-0,222
5			-3,85	0,271	-0,271
6			-3,8	0,312	-0,312
7			-3,75	0,348	-0,348
8			-3,7	0,380	-0,380

Abbildung 12.11 Tabellenblatt zum Zeichnen von Ellipsen

In Zelle D2 wird die Formel für y_1 eingegeben, in Zelle E2 die Formel für y_2. Die Zellen C2, D2 und E2 werden nach unten ausgefüllt.

Abbildung 12.12 zeigt eine Ellipse, die mit diesem Tabellenblatt für $a = 4$ und $b = 1$ gezeichnet wurde.

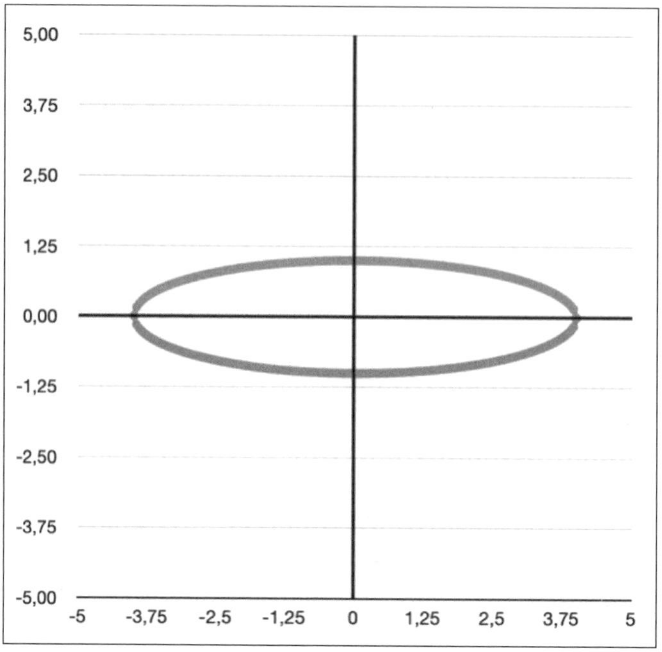

Abbildung 12.12 Ellipse für $a = 4$ und $b = 1$

Wählt man für a und b den gleichen Wert, erhält man einen Kreis. Dies zeigt Abbildung 12.13 für $a = 4$ und $b = 4$.

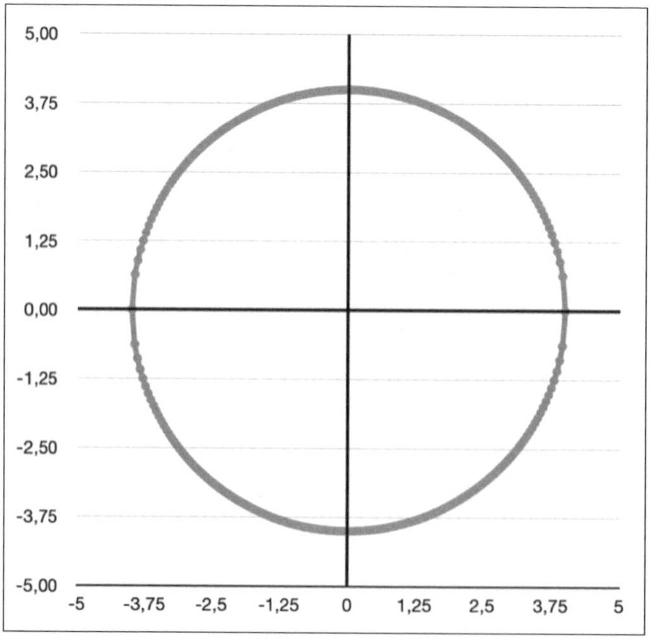

Abbildung 12.13 Ellipse für $a = 4$ und $b = 4$

Kapitel 13

Wie lange dauert das Glück?

Haben Sie schon einmal eine Glückssträhne gehabt? Damit meint man eine Aneinanderreihung von als positiv empfundenen Ereignissen. Aber wie lange währen Glückssträhnen? In der Antike glaubten die Menschen, dass Nemesis, die griechische Göttin des rechten Maßes, für die richtige Verteilung des Glücks sorgt. Heute glaubt man an den Zufall. Wie sehen also heute Glückssträhnen aus?

13.1 Pfade in einfachen Zufallsprozessen

Die Redensart »Das Glück beim Schopf packen« bezieht sich auf die griechische Mythologie. Kairos, der jüngste Sohn von Zeus, ist der Gott der günstigen Gelegenheit und des rechten Augenblicks. Man muss ihn der Mythologie nach von vorne packen, denn dort hat er im Gegensatz zum kahl geschorenen Hinterkopf eine Locke, an der man das Glück ergreifen und festhalten kann. Daher kommt die Redewendung »Die Gelegenheit beim Schopf packen«.

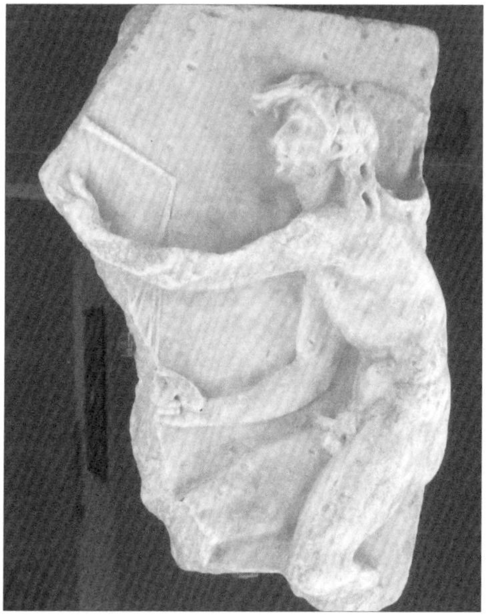

Abbildung 13.1 Relief mit Kairos, 3. vorchristliches Jahrhundert, Benediktiner-Nonnenkloster in Trogir (Kroatien)

Passend dazu bezeichnet man in der Psychologie mit *Kairophobie* die Angst, eine Entscheidung zu fällen.

Nun stellt sich die Frage: Ist das Glück erst einmal ergriffen, wie lange kann man es dann festhalten? Natürlich lässt sich dies für das persönliche Glück nicht beantworten. Wie sieht es aber mit Glücks- und Pechsträhnen in Zufallsprozessen aus?

Es gibt mathematische Modelle, welche die Entwicklung von Aktienkursen als einen Zufallsprozess darstellen (zum Beispiel im Cox-Ross-Rubinstein-Finanzmarktmodell). In diesem Sinn kann man den in Abbildung 13.2 dargestellten Verlauf eines Aktienkurses als Zufallsprozess sehen. Es fällt auf, dass während eines ganzen Jahres der Kurs der Aktie über dem Wert liegt, den die Aktie im Januar hatte.

Kann dies aber sein, wenn man einen Zufallsprozess zugrunde legt? Müssten dann nicht Schwankungen nach oben oder unten um den Ausgabekurs herum zu beobachten sein?

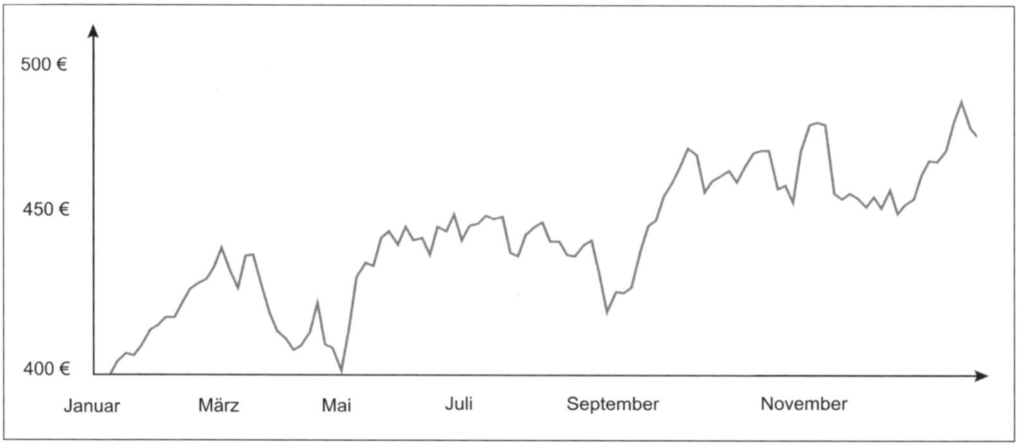

Abbildung 13.2 Verlauf eines Börsenkurses während eines Jahres

Genau dieser Meinung sind Menschen, die einige Zeit lang kontinuierlich Geld beim Roulette oder an der Börse verloren haben und sich damit in einer Pechsträhne befinden. Sie glauben oft, dass es sinnvoll ist, dann weiterzuspielen. Wie bei einem Münzwurf, der einige Zeit das Ergebnis *Zahl* liefert und dann wieder *Wappen*, muss sich doch auch gefühlt das Pech in Glück verwandeln, so dass man nach einiger Zeit wieder in die Gewinnzone kommt.

Diese Meinung ist weit verbreitet und für die meisten Menschen ist es überraschend, dass genau das Gegenteil wahr ist. Hat man eine Zeitlang Verlust (oder Gewinn) in einem fairen Glücksspiel gemacht, ist es eher unwahrscheinlich, dass sich dieser Zustand wieder ändert.

Um diese Aussage zu präzisieren, wird ein Spiel betrachtet, das sich aus einer Serie von Einzelspielen zusammensetzt. In jedem der Einzelspiele wird mit der Wahrscheinlichkeit $\frac{1}{2}$ der Gewinn 1 € bzw. der Verlust –1 € erzielt. Da man sich für den Ausgleich von Gewinn und Verlust interessiert und dieser nur bei einer geraden Anzahl von Spielen möglich ist, wird eine gerade Anzahl von Einzelspielen betrachtet. Zu jedem Zeitpunkt wird der bis dahin erzielte Gesamtgewinn bestimmt. Zum genaueren Verständnis dient das folgende Beispiel.

Beispiel

Die Gewinnentwicklung für 6 Spiele wird in Tabelle 13.1 dargestellt:

Spiel Nr.	1	2	3	4	5	6
Gewinn	–1	1	1	–1	1	–1
Gesamtgewinn	–1	0	1	0	1	0

Tabelle 13.1 Sechs Zufallspiele

Geometrisch kann die Situation durch einen Pfad in einem Koordinatensystem dargestellt werden. Über der Nummer des Spiels wird der aktuelle Gesamtgewinn aufgetragen. Die einzelnen Punkte werden verbunden. Abbildung 13.3 zeigt die graphische Darstellung der zuvor betrachteten sechs Spiele.

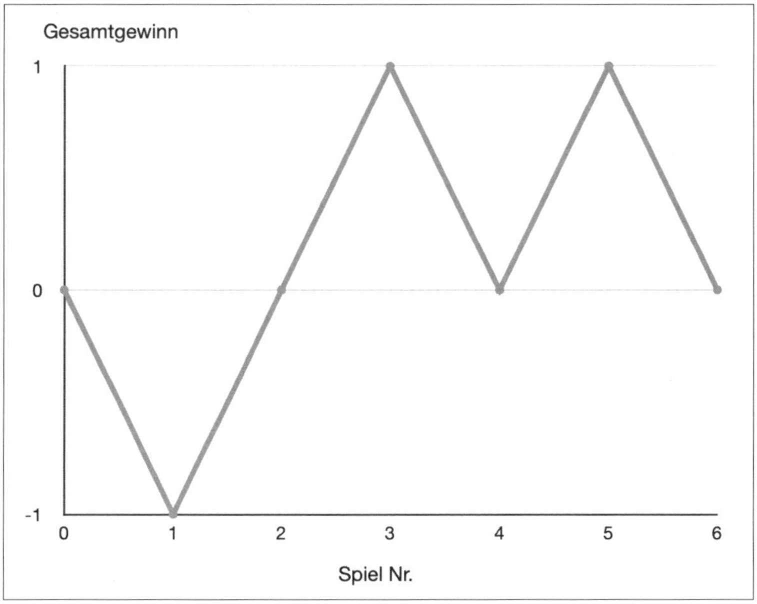

Abbildung 13.3 Graphische Darstellung der Abbildung 13.3

Wie lassen sich solche Abläufe genauer untersuchen?

Bestimmung des Gesamtgewinns in Zufallsprozessen

1. Zu Beginn startet man mit dem Gesamtgewinn 0.
2. Für jedes Einzelspiel wird dann mit gleicher Wahrscheinlichkeit eine der Zahlen –1 oder 1 gebildet. Dies erreicht man auf folgende Weise: Mit dem Zufallszahlengenerator eines Computers erzeugt man eine Zufallszahl z aus dem Intervall [0;1]. Ist $z < 0{,}5$, dann ist der Gewinn in diesem Spiel gleich –1, ansonsten gleich 1.
3. Dieser Gewinn wird zum bisherigen Gesamtgewinn addiert.

Dieser Ablaufplan ist in der Tabellenkalkulation der Abbildung 13.4 verwirklicht.

In Spalte A ist die Nummer des Spiels angegeben. In Spalte B werden –1 und 1 mit gleicher Wahrscheinlichkeit erzeugt. In Spalte C wird der Gesamtgewinn berechnet.

	A	B	C	D
1	Nr.	Gewinn	Gesamt	
2	0	0	0	
3	1	1	1	
4	2	1	2	
5	3	1	3	
6	4	-1	2	
7	5	-1	1	
8	6	-1	0	
9	7	1	1	
10	8	1	2	
11	9	-1	1	
12	10	1	2	

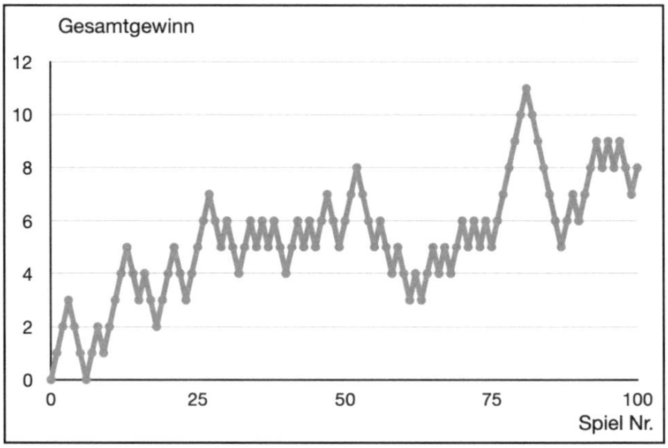

Abbildung 13.4 Verlauf des Gesamtgewinns in einer Serie von 100 Spielen

In der Graphik dieser Abbildung ist die Durchführung von 100 Spielen dargestellt. Es zeigt sich – auf den ersten Blick sicher überraschend –, dass im Verlauf der 100 Spiele der Gesamtgewinn niemals im negativen Bereich war. Aktualisiert man das Blatt und beobachtet dabei die entstehenden Graphen (auch *Pfade* genannt), dann zeigt sich, dass Führungswechsel zwischen Glück und Pech erstaunlich selten vorkommen.

Intuitiv erwartet man jedoch, dass die x-Achse häufig geschnitten wird, das heißt, man erwartet häufige Führungswechsel zwischen Glück und Pech. Hier führt uns die Intuition in die Irre. Wie sich beim Experimentieren zeigt, haben Glück und Pech gute Chancen immer vorne zu liegen, wenn ihnen dies einmal gelungen ist. Warum dem so ist, ist leicht nachzuvollziehen. Dazu listet man für eine feste Anzahl von Spielen alle möglichen Pfade auf, die sich überhaupt ergeben können.

In Abbildung 13.5 sieht man alle möglichen Pfade, die sich bei 4 Spielen ergeben können. Weil es bei jedem Spiel 2 mögliche Ausgänge gibt, sind dies $2^4 = 16$ Pfade.

Einen Wechsel von einer Seite der x-Achse zur anderen erkennt man an einer Null, neben der links und rechts Einsen mit unterschiedlichem Vorzeichen stehen. Das sind in Abbildung 13.5 gerade einmal 4 Pfade. Bei den restlichen 12 Pfaden findet kein Führungswechsel statt. Das heißt, in 75 % der Fälle bleibt ein Pfad auf einer Seite der x-Achse.

Wählt man Pfade der Länge 6, wovon es $2^6 = 64$ Stück gibt, dann bleiben davon 40 Pfade auf einer Seite der x-Achse. Das sind 62,5 %.

Bei Pfaden der Länge 8, wovon es $2^8 = 256$ Stück gibt, sind es 140 Pfade, die auf einer Seite der x-Achse bleiben. Das sind 55 %.

Bei Pfaden der Länge 10, wovon es $2^{10} = 1024$ Stück gibt, sind es 504 Pfade, die auf einer Seite der x-Achse bleiben. Das sind 49 %.

0	-1	-2	-3	-4
0	-1	-2	-3	-2
0	-1	-2	-1	-2
0	-1	-2	-1	0
0	-1	0	-1	-2
0	-1	0	-1	0
0	-1	0	1	0
0	-1	0	1	2
0	1	0	-1	-2
0	1	0	-1	0
0	1	0	1	0
0	1	0	1	2
0	1	2	1	0
0	1	2	1	2
0	1	2	3	2
0	1	2	3	4

Abbildung 13.5 Alle möglichen Pfade für den Verlauf von 4 Spielen

Hier wird klar, warum Pfade mit häufigen Führungswechseln so selten zu beobachten sind. Die Mehrzahl der Pfade hat die Eigenschaft, dass keine oder nur wenige Führungswechsel stattfinden. Die Auswirkungen dieser Eigenschaften sind enorm. Das zeigt folgendes Beispiel:

Betrachtet man zwei gleichrangige Politiker, die für ein Präsidentenamt kandidieren, dann kann man die Führung in der Wählergunst von Kandidat A gegenüber Kandidat B mit dem betrachteten Modell deuten. Ständig wirken zufallsabhängige Prozesse auf die Beurteilung der Politiker durch die Wähler ein. Gelingt es einem der Kandidaten, einen Vorsprung zu erreichen, dann stehen seine Chancen gut, dass er diesen immer behält.

13.2 Pfade und das Zweiersystem

Vielleicht haben Sie sich beim Anschauen der Abbildung 13.5 gefragt, wie man die Liste der Pfade erstellen kann, ohne dabei ein paar Pfade zu vergessen. Wie gelingt es, alle möglichen Pfade für eine bestimmte feste Pfadlänge geordnet aufzuschreiben?

Dazu ist zuerst die Feststellung wichtig, dass es 2^n Pfade der Pfadlänge n gibt. Dies ist deshalb der Fall, weil es bei jedem Einzelspiel genau 2 Entscheidungen gibt, 1 oder –1. Das erinnert deshalb sofort an das Zweiersystem (Dualsystem), also das Zahlensystem mit der Basis 2, das uns in Abschnitt 10.5, »Vom Zweier- ins Zehnersystem und umgekehrt«, schon einmal begegnet ist. In diesem Zahlensystem steht z. B. die Zahl 1101 für $1 \cdot 2^3 + 1 \cdot 2^2 + 0 \cdot 2^1 + 1 \cdot 2^0 = 13$.

Das entspricht dem gewohnten Zehnersystem, in dem die Zahl 1234 die Bedeutung $1 \cdot 10^3 + 2 \cdot 10^2 + 3 \cdot 10^1 + 4 \cdot 10^0$ hat. Während es im Zehnersystem die Ziffern 0, 1, 2, ..., 9 gibt, kommt das Zweiersystem mit den beiden Ziffern 0 und 1 aus.

Im Zehnersystem gibt es 10^4 Zahlen mit 4 Ziffern, nämlich 0000 = 0; 0001 = 1; ... ; 9999. Im Zweiersystem gibt es 2^4 Zahlen mit 4 Ziffern, 0000 = 0; 0001 = 1; ... ; 1111 = 15.

Es gibt also im Zweiersystem 2^n Zahlen die aus n Ziffern bestehen, und damit ist der Zusammenhang zu den Pfaden hergestellt. Jeder Dualzahl entspricht eine Abfolge von 1 und –1, wenn man die Nullen der Dualzahl durch –1 ersetzt (Abbildung 13.6, mittlere Spalte). Stellt man schließlich eine Null voran und summiert die Zahlen der mittleren Spalte nacheinander auf, dann erhält man die gesuchten Pfade (Abbildung 13.6, rechte Spalte).

0	0	0	0	↔	-1	-1	-1	-1	↔	0	-1	-2	-3	-4
0	0	0	1	↔	-1	-1	-1	1	↔	0	-1	-2	-3	-2
0	0	1	0	↔	-1	-1	1	-1	↔	0	-1	-2	-1	-2
0	0	1	1	↔	-1	-1	1	1	↔	0	-1	-2	-1	0
0	1	0	0	↔	-1	1	-1	-1	↔	0	-1	0	-1	-2
0	1	0	1	↔	-1	1	-1	1	↔	0	-1	0	-1	0
0	1	1	0	↔	-1	1	1	-1	↔	0	-1	0	1	0
0	1	1	1	↔	-1	1	1	1	↔	0	-1	0	1	2
1	0	0	0	↔	1	-1	-1	-1	↔	0	1	0	-1	-2
1	0	0	1	↔	1	-1	-1	1	↔	0	1	0	-1	0
1	0	1	0	↔	1	-1	1	-1	↔	0	1	0	1	0
1	0	1	1	↔	1	-1	1	1	↔	0	1	0	1	2
1	1	0	0	↔	1	1	-1	-1	↔	0	1	2	1	0
1	1	0	1	↔	1	1	-1	1	↔	0	1	2	1	2
1	1	1	0	↔	1	1	1	-1	↔	0	1	2	3	2
1	1	1	1	↔	1	1	1	1	↔	0	1	2	3	4

Abbildung 13.6 Erzeugung der Pfade der Länge 4

13.3 Zum Mitmachen: Simulieren Sie in 100 Spielen den Gesamtgewinn

Stellen Sie ein Tabellenblatt her, das wie in Abbildung 13.4 100 Spiele simuliert und den Gesamtgewinn zu jeder Zeit graphisch darstellt. In Abbildung 13.7 finden Sie dazu eine Hilfestellung. Die Zellen A3, B3 und C3 sind nach unten auszufüllen, bis in Spalte A die 99 auftaucht. Weil die Nummerierung mit 0 beginnt, sind dann 100 Spiele simuliert worden.

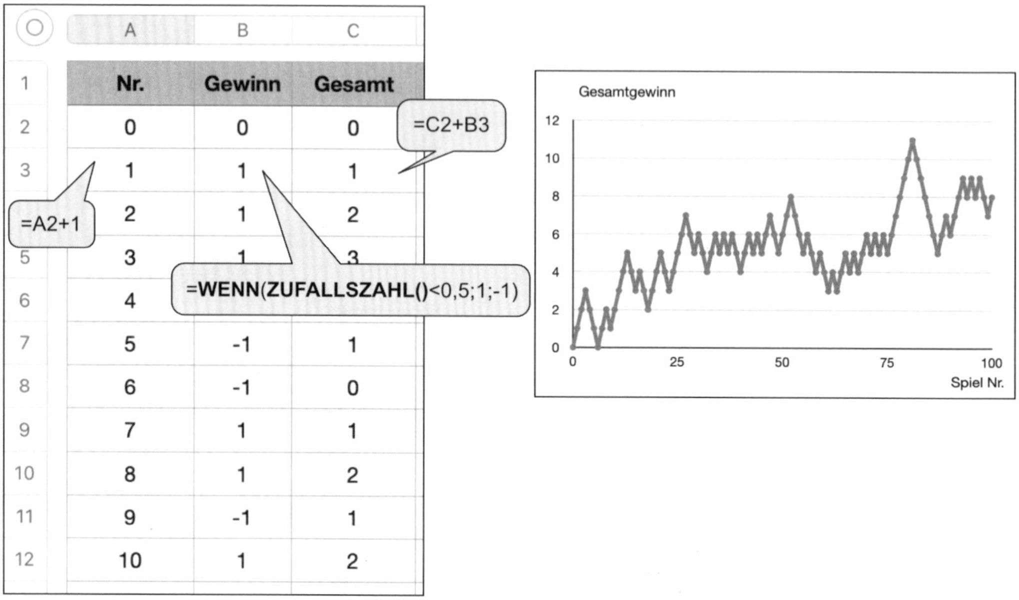

Abbildung 13.7 Simulation für den Gesamtgewinn in 100 Spielen

Kapitel 14
Zu viel Geld im Beutel?

Zahlen Sie mit Karte oder ist Ihnen bar lieber? Es gibt Länder, in denen nur noch mit Karte gezahlt werden kann. Obwohl die Deutschen Bargeld lieben, nehmen auch hier die Kartenzahlungen zu. Bei einer Kartenzahlung erspart man sich lästiges Wechselgeld. Um dieses geht es in diesem Kapitel.

14.1 Lästiges Wechselgeld

Was mir in letzter Zeit immer unangenehmer auffällt, ist mein dick angeschwollener Geldbeutel. Nicht dass sich darin große Reichtümer verbergen würden, vielmehr ist es die Unmenge von Münzen mit kleinem Nennwert, die meinen Geldbeutel füllen. Um diesen etwas zu entlasten, habe ich zu Hause eine Box aufgestellt, in die ich regelmäßig den überbordenden Schwall an kleinerem Münzgeld entleere. Geht Ihnen das auch so?

Hier stellt sich natürlich die Frage, warum man dieses Geld nicht durch Bezahlen, z. B. im Supermarkt, loswerden kann. Die folgenden Beobachtungen in einem solchen Markt sind ein einfacher Indikator:

Da kann man z. B. eine jüngere Frau mit Kind beobachten, die gerade beim Bezahlen ist. Sie will die Tüte Milch und das Bündel Bananen mit der Karte bezahlen, anstatt Bargeld zu verwenden. Wie es das Schicksal will, stimmt etwas mit der Karte nicht, oder die Geheimnummer wurde falsch eingetippt. Jedenfalls dauert die Angelegenheit ungebührlich lange.

Der ältere Herr, der als Nächster an der Reihe ist, macht es da schon besser, so scheint es zumindest zunächst. Er öffnet den Geldbeutel und zählt selbstsicher, wenn auch etwas langsam, eine Münze nach der anderen auf das Laufband. Man denkt sich schon, dass der Herr mit Geld umgehen kann, aber ach, das Kleingeld reicht doch nicht. Sämtliche ausgezählten Münzen nehmen nun den umgekehrten Weg und werden, vom leisen Aufstöhnen der ungeduldig Wartenden begleitet, langsam zurück in den Geldbeutel verfrachtet. Der ältere Herr zückt schließlich einen Geldschein und nimmt das Wechselgeld entgegen.

Nach geraumer Wartezeit kommt man selbst zum Bezahlen. Natürlich möchte man nicht den Unmut der hinter einem wartenden Personen auf sich ziehen. Um einen schnellen Einkauf hinzulegen, wofür alle Wartenden dankbar sein werden, zückt man sofort einen Geldschein. Diese altruistische Verhaltensweise wird schnöde mit einem Haufen von Wechselgeld bestraft, den man in den Geldbeutel zu schon reichlich vorhandenem Münzgeld schaufeln muss.

Ist die Menge an Wechselgeld, die sich im Geldbeutel anhäuft, der Fluch des Euros? Wie viele Münzen bekommt man beim Geldwechsel durchschnittlich zurück?

Zur Beantwortung dieser Fragen muss man zunächst sehen, dass die Rückgabe von z. B. 65 Cent Wechselgeld auf die verschiedensten Weisen möglich ist. Um 65 Cent zu bekommen, ist es möglich, sechs 10-Cent-Münzen und eine 5-Cent-Münze zu erhalten oder aber ein 50-Cent-Stück, ein 10-Cent-Stück und ein 5-Cent-Stück, ganz zu schweigen von der Möglichkeit, 65 einzelne 1-Cent-Stücke zu erhalten, was man schon als einen Akt sozialer Diskriminierung empfinden würde.

14.2 Der Greedy-Algorithmus

Wie funktioniert die Wechselgeldrückgabe an der Supermarktkasse? Üblich ist ein Verfahren, das man in der Informatik als *gierigen (greedy) Algorithmus* bezeichnet. Dieses Vorgehen wird an einem Beispiel beschrieben:

Angenommen, es sollen 49 Cent Wechselgeld herausgegeben werden. Dazu wählt man zuerst die größte Münze, die einen Wert kleiner als 49 Cent hat. Dies ist das 20-Cent-Stück. Von diesem 20-Cent-Stück versucht man nun möglichst viele Exemplare zusammenzukratzen, so dass deren Summe kleiner oder gleich 49 Cent ist, und das sind in diesem Fall genau zwei Stück. Der freundliche Kassierer an der Supermarktkasse wird also zunächst zwei 20-Cent-Stücke auf das Band zählen. Weil er damit dem Wechselbetrag 49 Cent am nächsten gekommen ist, hat er bis dahin das »gierige Verfahren« verwendet.

Wie geht es nun weiter? Von den 49 Cent Wechselgeld liegen 40 Cent bereits auf dem Band. Deshalb müssen noch 9 Cent herausgegeben werden. Wieder wird Herr Müller den »gierigen Algorithmus« verwenden und die größte mögliche Münze, nämlich ein 5-Cent-Stück, auf das Band legen. Dieses Mal wird nur eine Münze gewählt, denn zwei 5-Cent-Stücke wären mehr als 9 Cent. Das Restwechselgeld beträgt jetzt noch 4 Cent. Eine weitere Anwendung der »gierigen Methode« liefert dann noch zwei 2-Cent-Stücke als Wechselgeld.

Das eben beschriebene Verfahren ist jedem bekannt, der einmal beim Einkaufen war und bei dem die für das Verfahren erforderlichen Geldstücke in der Kasse vorhanden waren. Tabelle 14.1 zeigt an drei Beispielen, wie viele Münzen von den einzelnen in der Eurostückelung vorhandenen Werten für das gierige Verfahren verwendet werden müssen.

Zu wechselnder Betrag	1 Cent	2 Cent	5 Cent	10 Cent	20 Cent	50 Cent	100 Cent	200 Cent	
65 Cent	0	0	1	1	0	1	0	0	65 Cent = 1 · 5 Cent + 1 · 10 Cent + 1 · 50 Cent
173 Cent	1	1	0	0	1	1	1	0	173 Cent = 1 · 1 Cent + 1 · 2 Cent + 1 · 20 Cent + 1 · 50 Cent + 1 · 100 Cent
499 Cent	0	2	1	0	2	1	0	2	499 Cent = 2 · 2 Cent + 1 · 5 Cent + 2 · 20 Cent + 1 · 50 Cent + 2 · 200 Cent

Tabelle 14.1 Drei Beispiele für den gierigen Algorithmus

Aber liefert das gierige Verfahren immer ein optimales Wechselgeld in dem Sinn, dass dieses mit möglichst wenigen Münzen ausgezahlt wird? Die Antwort darauf ist komplizierter als zunächst gedacht. Ob das gierige Verfahren immer ein optimales Wechselgeld liefert, hängt nämlich von der Stückelung der Münzen ab.

Angenommen, es gäbe nur 1-Cent-, 10-Cent- und 25-Cent-Stücke (Abbildung 14.1) und es sollen 30 Cent herausgegeben werden.

Abbildung 14.1 1 Cent, 10 Cent und 25 Cent

Nach dem gierigen Verfahren ergibt sich dann die Umwechslung 30 Cent = 1 · 25 Cent + 5 · 1 Cent, das heißt, man erhält 6 Münzen zurück (Abbildung 14.2).

Abbildung 14.2 Wechselgeld für 30 Cent bei Stückelung 1 Cent, 10 Cent und 25 Cent

Wesentlich einfacher ist dagegen die Lösung 30 Cent = 3 · 10 Cent, die mit nur 3 Münzen auskommt (Abbildung 14.3). Also versagt das gierige Verfahren in diesem Beispiel.

Abbildung 14.3 Wechselgeld für 30 Cent in der üblichen Stückelung

Die Stückelung der Eurowährung ist bekanntlich durch die 8 Münzen 1 Cent, 2 Cent, 5 Cent, 10 Cent, 20 Cent, 50 Cent, 100 Cent und 200 Cent gegeben (Abbildung 14.4).

Abbildung 14.4 Stückelung der Eurowährung

Ist für diese Stückelung das gierige Verfahren stets optimal? Um dies zu überprüfen, müsste man im Prinzip für jeden möglichen Münzbetrag von 1 Cent bis 499 Cent (größter Münzbetrag unterhalb des Fünfeuroscheins) alle Möglichkeiten auflisten, wie man diesen Betrag durch die vorgegebene Stückelung darstellen kann. Sodann ist nachzusehen, ob es unter diesen Möglichkeiten eine gibt, die mit weniger Münzen als das gierige Verfahren auskommt.

Für kleine Münzbeträge sind alle Möglichkeiten schnell ermittelt.

Betrachtet man beispielsweise 7 Cent, dann gibt es die folgenden 8 Möglichkeiten, um die 1-Cent-Münze zu verwenden:

Keine 1-Cent-Münze, genau eine 1-Cent-Münze, zwei, drei usw. bis hin zu sieben 1-Cent-Münzen. Entsprechend gibt es 4 Möglichkeiten für die 2-Cent-Münze und 2 Möglichkeiten für die 5-Cent-Münze.

Für die 10-Cent-, 20-Cent-, 50-Cent-, 100-Cent- und 200-Cent-Münze gibt es in diesem Fall nur eine Möglichkeit der Verwendung, nämlich keinmal.

Damit ergeben sich also $8 \cdot 4 \cdot 2 \cdot 1 \cdot 1 \cdot 1 \cdot 1 \cdot 1 = 64$ Möglichkeiten. Diese sind zuerst darauf zu untersuchen, ob sie überhaupt eine gültige Darstellung für 7 Cent liefern, also ob die Summe der verwendeten Münzen gleich 7 Cent ist. Nach dieser Analyse bleiben von den 64 Möglichkeiten noch die folgenden 6 übrig:

$5 + 2 = 7$

$5 + 1 + 1 = 7$

$2 + 2 + 2 + 1 = 7$

$2 + 2 + 1 + 1 + 1 = 7$

$2 + 1 + 1 + 1 + 1 + 1 = 7$

$1 + 1 + 1 + 1 + 1 + 1 + 1 = 7$

Die optimale Lösung, die mit den wenigsten Münzen auskommt, ist 5 + 2. Diese Möglichkeit liefert auch das gierige Verfahren.

Damit sieht es auf den ersten Blick so aus, als könne jeder Computerbesitzer, der etwas Programmiererfahrung besitzt, dieses Problem auf dem heimischen Computer lösen. Man muss ja nur alle Möglichkeiten durchprobieren, das sollte sich schnell bewerkstelligen lassen. Aber auch nach vielen Stunden rechnet die Maschine immer noch stumpf vor sich hin, und es ist kein Ende abzusehen. Woran liegt das?

Betrachtet man z. B. 4 € = 400 Cent, dann ergeben sich ganz andere Dimensionen. Entsprechend zum vorigen Beispiel kann man sich überlegen, dass es $401 \cdot 201 \cdot 81 \cdot 41 \cdot 21 \cdot 9 \cdot 5 \cdot 3 = 758\,861\,236\,035$ Möglichkeiten zu untersuchen gibt.

Filtert man diese gigantische Anzahl danach aus, ob jeweils eine gültige Darstellung für 4 € vorliegt, dann bleiben immerhin noch 1 960 497 Möglichkeiten übrig. Diese knapp 2 Millionen Möglichkeiten müssen noch dahingehend analysiert werden, ob sich unter ihnen Darstellungen befinden, die günstiger als das gierige Verfahren sind.

Es gibt kein anderes vernünftiges Verfahren, das die ganze Angelegenheit beschleunigt, weil es sich hier um ein sogenanntes *NP-schweres Problem* handelt. Damit bezeichnen Informatikerinnen und Informatiker eine Klasse von Problemen, für die man, um es einfach auszudrücken, keinen effizienten Algorithmus zur Lösung kennt.

Damit ist es verständlich, dass das Problem der optimalen Lösung beim Geldwechsel vom heimischen PC aus nicht zu bewältigen ist. Zum Glück kann man die Frage, ob für eine vorgegebene Stückelung das gierige Verfahren stets zur optimalen Lösung führt, auf andere Weise beantworten. 1994 veröffentlichte der Mathematiker Pearson [PEA] ein Verfahren, welches das kleinste Gegenbeispiel findet, für das die gierige Methode nicht optimal ist.

14.3 Die durchschnittliche Anzahl der Münzen im Wechselgeld

Pearsons Methode ist leicht zu programmieren und liefert auf dem heimischen Rechner in Sekunden als Ergebnis, dass es für die Eurowährung kein Gegenbeispiel gibt, bei dem die gierige Wechselmethode versagt. Das gierige Verfahren ist für die Stückelung der Eurowährung immer das optimale Verfahren.

Weil man das gierige Verfahren schnell programmieren kann, lässt sich jetzt auch die durchschnittliche Anzahl der Münzen bestimmen, die man bei einem Geldwechsel bekommt. Dazu addiert man für jeden Betrag zwischen 0 Cent und 499 Cent die Zahl der Münzen, die man nach dem gierigen Verfahren als Wechselgeld erhält und teilt diese Summe dann durch 500. Diese Methode liefert 4,6 als Ergebnis. Pro Wechselvorgang fallen demnach durchschnittlich 4,6 Münzen in den Geldbeutel. (Bei dieser Berechnung ist allerdings stillschweigend vorausgesetzt, dass alle zu wechselnden Geldbeträge mit gleicher Wahrscheinlichkeit auftreten. Dem widerspricht die Alltagserfahrung im Supermarkt, in dem die Preise häufig auf 95 Cent oder 99 Cent enden.)

Der amerikanische Mathematiker Jeffrey Shallit [SHA] hat darüber nachgedacht, ob sich die durchschnittliche Münzanzahl beim Wechselvorgang verringern lässt. Für die Eurowährung schlägt Shallit die Hinzunahme einer 1,33-€-Münze vor. Dies würde die durchschnittliche Anzahl der Münzen pro Wechselvorgang auf 3,92 verringern. Die 1,33-€-Münze erscheint auf den ersten Blick absurd, doch hatte man sich auch eine Zeitlang an ein Briefporto von 0,62 € gewöhnt. Der eigentliche Haken bei Shallits Vorschlag zeigt sich aber beim Wechselvorgang selbst. Die von Shallit vorgeschlagenen Stückelungen führen dazu, dass der gierige Algorithmus nicht immer das beste Resultat liefert.

Ein Gegenbeispiel für die von Shallit vorgeschlagene Stückelung der Eurowährung ist der Wechselgeldbetrag von 150 Cent. Die Anwendung des gierigen Algorithmus liefert 150 Cent = 1,33 Cent + 10 Cent + 5 Cent + 2 Cent, das heißt vier Münzen. Die optimale Lösung ist dagegen 150 Cent = 100 Cent + 50 Cent. Die optimale Lösung kommt also mit nur zwei Münzen aus.

Um eine Reduktion der Anzahl der Münzen beim Wechselgeld zu erreichen, müssten die Servicekräfte an der Supermarktkasse die Fälle kennen, in denen sie das gierige

Verfahren besser nicht anwenden, weil dieses nicht die optimale Lösung liefert. Außerdem haben die von Shallit vorgeschlagenen zusätzlichen Geldstücke das Problem, dass ihr Betrag kein Teiler der Stufenzahlen 10, 100, 1000 usw. unseres Zehnersystems ist. Gerade diese Münzbeträge im Zehnersystem machen das Geldwechseln aber einfach.

Nach aller Theorie kommt damit die Ernüchterung. So wie es aussieht, bleiben unsere Geldbeutel auch in Zukunft mit Münzen prall gefüllt, zumindest so lange, bis eines Tages nur noch elektronisches Geld verwendet wird.

14.4 Ein Pseudo-Programmiercode für den gierigen Algorithmus

Im vorigen Abschnitt haben wir die greedy-Methode für das Geldwechselproblem besprochen. Dies bereiten wir nun so auf, dass Sie den sich ergebenden Algorithmus direkt selbst programmieren können. Dabei werden folgende Variablen verwendet:

1. Für die Liste der Geldeinheiten: $E = \{e_1, \ldots, e_n\}$ (Für das Euro-Münzsystem ist $E = \{0{,}01; 0{,}02; 0{,}05; 0{,}1; 0{,}2; 0{,}5; 1; 2\}$.)
2. Der größte Index in der Liste E wird mit n bezeichnet.
3. Mit x wird der zu wechselnde Geldbetrag bezeichnet.
4. Für x wird eine Darstellung in der Form $x = r_1 \cdot e_1 + r_2 \cdot e_2 + \ldots + r_n \cdot e_n$ gesucht.

   Die Zahlen $r_1, \ldots, r_n$ werden in einer Liste S gesammelt. Zu Beginn ist S die leere Liste.
5. Die Zahlen, die in S gesammelt werden, sind zuvor in einer Variablen r berechnet worden.
6. Schließlich wird eine Variable *index* verwendet, um die Indizes der Liste E zu nummerieren. Zu Beginn erhält *index* den Wert n.

Der Algorithmus läuft dann auf folgende Weise ab:

Die Variable *index* bekommt den Wert von n zugewiesen. Es wird x durch e_{index} geteilt. Von dem Ergebnis wird der ganzzahlige Anteil genommen und der Variablen r zugewiesen. Der Wert von r stellt die gesuchte Zahl r_n dar und wird anschließend in die Liste S aufgenommen.

Die Variable x bekommt den Wert $x - r_n \cdot e_n$ zugewiesen.

Der Wert der Variablen *index* wird um 1 verringert.

Mit dem neuen Wert von x und dem neuen Wert von *index* werden dieselben Schritte wie zuvor durchgeführt. Dies wiederholt sich so lange, bis *index* den Wert 0 hat.

Die eben beschriebenen Aktionen werden hier in einem Pseudo-Programmiercode dargestellt, mit dem alle mit etwas Programmiererfahrung den Algorithmus in ihr System implementieren können.

Funktion greedy(E,x)

Variablen index, r, S, n

Beginn

```
n:=dimension(liste)
index:=n
S:=[ ]
solange index > 0
     r:=ganzzahl(x / E[index])
     x:=x-r · E[index]
     S:= S U {r}
     index:=index - 1
```

Ende von solange

Rückgabe S

Ende der Funktion

14.5 Zum Mitmachen: Der gierige Algorithmus in der Tabellenkalkulation

Schreiben Sie ein Tabellenblatt, mit dem Sie in der Tabellenkalkulation den gierigen Algorithmus durchführen können. Abbildung 14.5 leistet Ihnen Hilfe. In Spalte A wird die gewünschte Stückelung eingegeben. Im Beispiel ist dies die Stückelung der Eurowährung. In Zelle B2 wird der Betrag eingetragen, der zurückgegeben werden soll. Der Algorithmus, den wir uns in Abschnitt 14.3, »Die durchschnittliche Anzahl der Münzen im Wechselgeld«, erarbeitet haben, steckt in den in der Abbildung dargestellten Anweisungen.

	A	B	C	D
1	**Stückelung E**	**Betrag x**		r_i
2	**500**	1796,79	1796,79	3
3	**200**		296,79	1
4	**100**		96,79	0
5	**50**		96,79	1
6	**20**		46,79	2
7	**10**		6,79	0
8	**5**		6,79	1
9	**2**		1,79	0
10	**1**		1,79	1
11	**0,5**		0,79	1
12	**0,2**		0,29	1
13	**0,1**		0,09	0
14	**0,05**		0,09	1
15	**0,02**		0,04	2
16	**0,01**		0	0

=B2

=**RUNDEN**(C2-D2·A2;2)

=**GANZZAHL**(C2/A2)

Abbildung 14.5 Tabellenblatt für den gierigen Algorithmus

Kapitel 15
Mathematik beim Laufen

Beim 400-m-Lauf bleiben die Läuferinnen und Läufer nach dem Start auf ihren Bahnen. Wegen der Kurven der Laufbahn müssen die einzelnen Läufer eine sogenannte Kurvenvorgabe erhalten, damit alle dieselbe Weglänge zurücklegen. Wie ermittelt man diese Startpositionen und wie lassen sich diese mathematisch beschreiben?

15.1 Die Geometrie der Laufbahnen

In Griechenland, auf dem Peloponnes, liegt der Ort Olympia. Von 776 v. Chr. bis 393 n. Chr. wurden dort die Olympischen Spiele ausgetragen. Die älteste Disziplin bei diesen Spielen ist das Laufen. In Olympia kann man die Bahnen der Laufwettbewerbe besichtigen (Abbildung 15.1), die in der Form wiederaufgebaut wurden, die sie im 4. Jahrhundert v. Chr. hatten.

Abbildung 15.1 Die Laufbahnen von Olympia

Links und rechts der Bahnen befinden sich Wälle, auf denen früher 45000 Zuschauerinnen und Zuschauer Platz fanden. Die Länge der Bahnen beträgt ein *Stadion*, ein regional unterschiedliches Längenmaß der Antike. In Olympia beträgt diese Länge ca. 192 Meter. Unter anderem wurde über zwei Längen gelaufen, was beinahe einem heutigen 400-m-Lauf entspricht.

Beim Laufen auf den geraden Bahnen war weniger Mathematik erforderlich als auf den Bahnen unserer heutigen Stadien. Bei einen 400-m-Lauf in einem heutigen Stadion müssen die Athleten auf ihren Bahnen bleiben. Da außen liegende Laufbahnen einen größeren Radius als die inneren Bahnen haben, muss beim Start eine Kurvenvorgabe erfolgen, damit alle Läuferinnen und Läufer die gleiche Strecke zu durchlaufen haben – es wird also nicht auf einer Höhe gestartet, sondern leicht versetzt zueinander. An welchen Stellen soll man die Läufer starten lassen, damit diese Bedingung erfüllt ist?

Dazu muss man natürlich wissen, wie die 400-m-Bahn nach den Vorgaben des Deutschen Leichtathletik-Verbandes festgelegt ist. Die Bahn besteht aus zwei parallelen geraden Stücken sowie aus zwei Halbkreisen. Die geraden Stücke haben jeweils die Länge 84,39 m, die Halbkreise haben den Radius 36,5 m. Dabei ist dieser Radius der innere Radius der Laufbahnen (Abbildung 15.2).

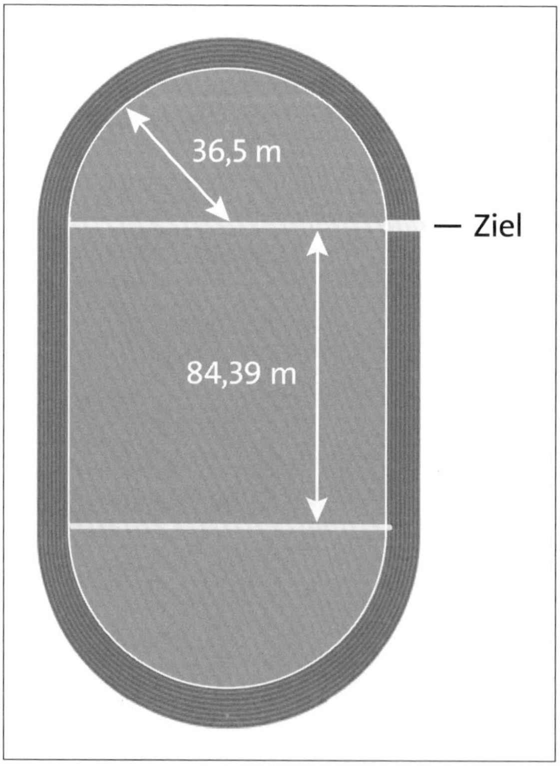

Abbildung 15.2 Laufbahnen nach Vorgabe des Deutschen Leichtathletik-Verbandes

Aus diesen Angaben kann man jetzt die Länge der Laufbahn ermitteln.

Die beiden geraden Stücke ergeben zusammen 84,39 m + 84,39 m = 168,78 m.

Die beiden Halbkreise ergeben zusammen einen ganzen Kreis, dessen Umfang sich mit der bekannten Formel $U = 2r\pi$ berechnen lässt. Für die Zahl π wird hier 3,1415 als Näherung benutzt. Das liefert dann den Umfang U des Kreises:

$U \approx 2 \cdot 36{,}5\ \text{m} \cdot 3{,}1415 \approx 229{,}33\ \text{m}$

Die gesamte Länge erhält man dann zu 168,78 m + 229,33 m = 398,11 m.

Das Ergebnis ist überraschenderweise um etwa 2 m zu klein. Woran liegt dies?

Die Erklärung ist einfach. Was eben berechnet wurde, ist die Länge der Laufbahneinfassung. Auf dieser kann der Athlet aber nicht laufen, zumal sie auch noch etwas erhöht ist. Deshalb muss er etwa 30 cm Abstand von der Laufbahneinfassung lassen, das heißt, auf den kreisförmigen Abschnitten läuft er mit einem Radius von 36,8 m.

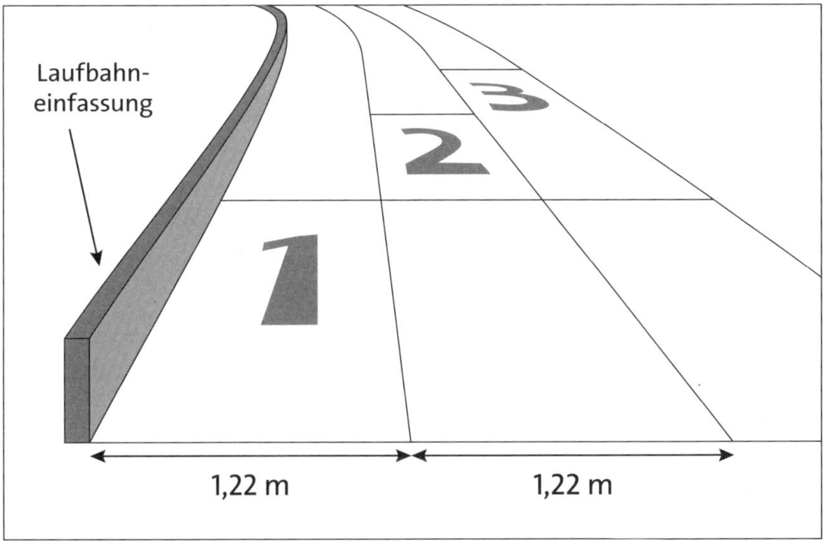

Abbildung 15.3 Laufbahnen mit Laufbahneinfassung

Führt man die letzte Rechnung mit dem Radius 36,8 m durch, ergibt sich 400 m als Länge der Lauflinie:

$U \approx 2 \cdot 36{,}8\ \text{m} \cdot 3{,}1415 \approx 231{,}214\ \text{m}$

168,78 m + 231,214 m = 399,994 m

Insgesamt ist die Laufbahn in 8 Einzelbahnen der Breite 1,22 m eingeteilt. Da die Läufer ab Bahn 2 dichter an die Linien herantreten können als an die Innenkante der 1. Bahn, ist der Spielraum auf 20 cm Messabstand vermindert. Für die Bahnen 2 bis 8 wird also angenommen, dass der Läufer einen Abstand von nur 20 cm von der Nachbarbahn halten muss.

Die Lauflinien der Bahnen 1 bis 8 haben in den kreisförmigen Teilen der Laufbahn die folgenden Radien r_i in Metern:

$r_i = 36{,}8$

$r_i = 36{,}5 + (i - 1) \cdot 1{,}22 + 0{,}2$, für $i = 2, \ldots, 8$.

Die Tabelle 15.1 zeigt die auf diese Weise berechneten Radien.

Bahn Nummer	r_i
1	36,8
2	37,92
3	39,14
4	40,36
5	41,58
6	42,8
7	44,02
8	45,24

Tabelle 15.1 Radien der Laufbahnen

Damit die Läuferinnen und Läufer auf den Außenbahnen bis zum gemeinsamen Ziel auch nur 400 Meter zurückzulegen haben, muss ein Längenausgleich in Form einer *Kurvenvorgabe V* erfolgen. Für die Bahn 1 ist die Startlinie gleich der Ziellinie, das heißt, die Kurvenvorgabe V ist gleich 0. Für die anderen Bahnen kann man sich Folgendes überlegen:

Mit L bezeichnet man die gesamte Länge der Lauflinie, beginnend an der Ziellinie, einmal rundherum auf der Laufbahn und bei der Ziellinie endend. Für alle Läuferinnen und Läufer, außer der oder dem auf Bahn 1, ist die Länge der Lauflinie größer als 400 m. Um dies zu korrigieren, muss die Kurvenvorgabe V so gewählt werden, dass $L - V = 400$ m gilt.

Also ist die Kurvenvorgabe gleich $V = L - 400$ m. Als Beispiel wird die Kurvenvorgabe für die Läuferin bzw. den Läufer auf der 2. Bahn berechnet. Die Länge der Lauflinie auf der 2. Bahn beträgt $L = 2 \cdot 37{,}92 \cdot \pi + 168{,}78 = 407{,}038$. Also ist die Kurvenvorgabe für diese Bahn gleich 407,038 m – 400 m = 7,038 m.

Entsprechend berechnet man die Kurvenvorgaben V_i für die restlichen Bahnen. Das liefert dann die Werte der Tabelle 15.2.

Bahn Nummer	r_i	V_i
1	36,8	0
2	37,92	7,038
3	39,14	14,704
4	40,36	22,369
5	41,58	30,035
6	42,8	37,700
7	44,02	45,366
8	45,24	53,031

Tabelle 15.2 Kurvenvorgaben für die Laufbahnen

Trägt man die Kurvenvorgaben V_i auf den Laufinien ab, ergibt sich die Abbildung 15.4. Hier sieht man die Startpunkte der Läuferinnen und Läufer.

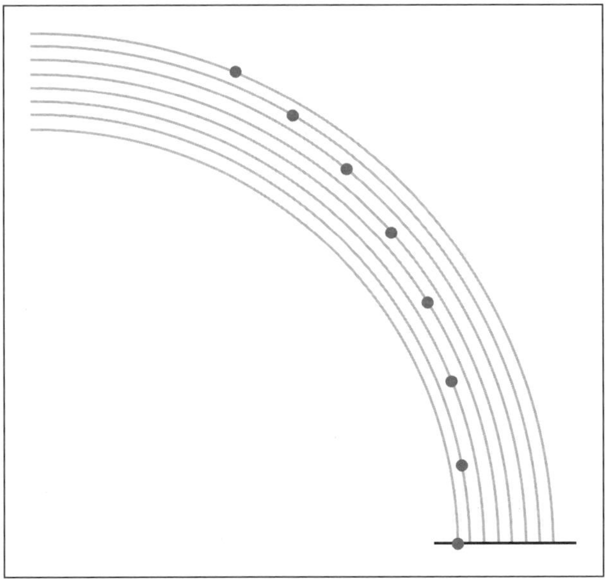

Abbildung 15.4 Lauflinien mit Startpunkten

Damit ist eigentlich die Frage nach den Startpositionen beantwortet. Manch einer wird sich allerdings eine weitergehende Frage stellen: Was ist das für eine Kurve, auf der die Startpositionen liegen? Gemeint ist damit, dass man zwischen den 8 Startpunkten viele weitere Punkte einfügen könnte, die zu weiteren Lauflinien zwischen den Bahnen gehören. Dadurch entsteht dann eine durchgezogene Kurve. Wie man die Gleichung für diese Kurve bestimmen kann, erfahren Sie in Abschnitt 15.4. Es handelt sich dabei um die *hyperbolische Spirale*. Deren Graph ist in Abbildung 15.5 eingezeichnet und verläuft durch sämtliche Startpunkte des 400-m-Laufs.

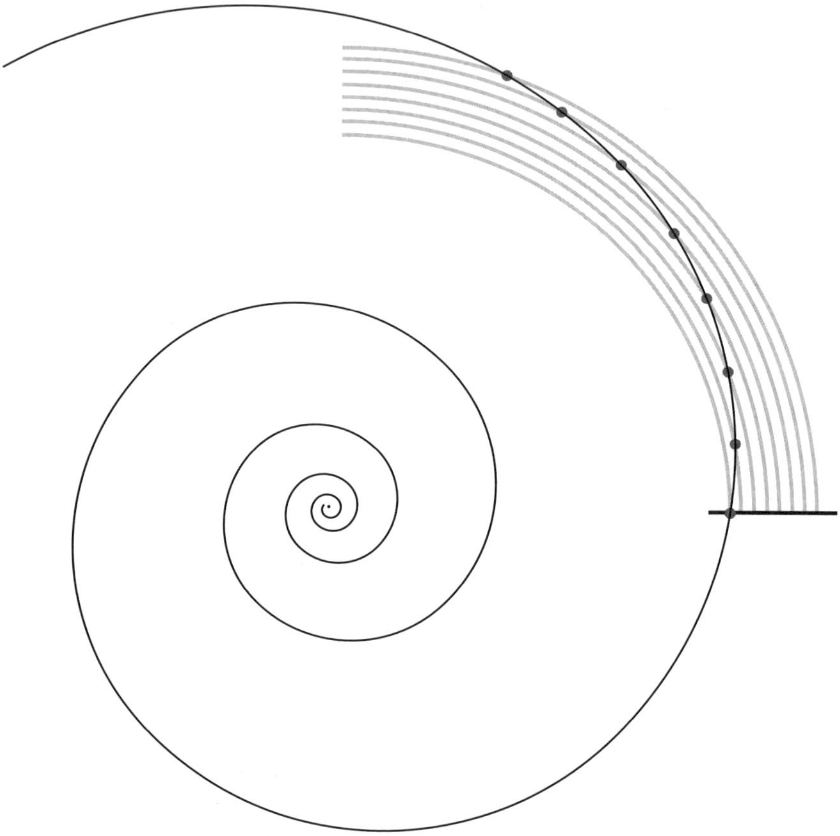

Abbildung 15.5 Startpunkte auf der hyperbolischen Spirale

Um die Gleichung für die hyperbolische Spirale zu finden, sollten Sie sich mit dem Bogenmaß und Polarkoordinaten vertraut machen. Das geschieht in den beiden folgenden Abschnitten.

15.2 Das Bogenmaß

Statt einen Winkel im Gradmaß anzugeben, kann man auch das *Bogenmaß* verwenden. Das Bogenmaß α eines Winkels α^o ist gleich der Länge des zum Winkel α^o gehörenden Bogens am Einheitskreis (Abbildung 15.6).

Der Umfang des Einheitskreises ist gleich $2 \cdot r \cdot \pi = 2 \cdot \pi$. Daraus folgt, dass der Winkel 360° im Bogenmaß gleich 2 π ist. Der Winkel 180° ist im Bogenmaß gleich π.

Für die Umrechnung zwischen Grad- und Bogenmaß gelten die Gleichungen

$\alpha = \alpha^o \cdot \frac{\pi}{180^o}$ und $\alpha^o = \alpha \cdot \frac{180^o}{\pi}$.

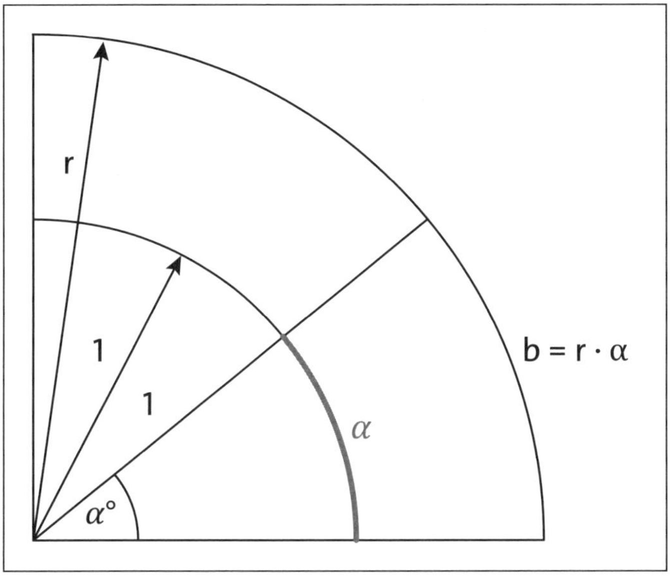

Abbildung 15.6 Zusammenhang Grad- und Bogenmaß

Die erste dieser beiden Gleichungen zeigt, dass der Winkel α im Bogenmaß keine Einheit hat (auf der rechten Seite der Gleichung kürzen sich die Grade), sondern eine reine Zahl ist. Das ist einer der Vorteile, wegen dem das Bogenmaß in der Mathematik verwendet wird.

An Abbildung 15.6 lässt sich auch erkennen, dass für einen entsprechenden Kreisbogen auf einem Kreis mit dem Radius r gilt: $b = r \cdot \alpha$. Dieser Zusammenhang wird im nächsten Abschnitt benötigt.

15.3 Polarkoordinaten

Die Startpunkte der Läuferinnen und Läufer wurden bisher durch die Radien r_i und die Kurvenvorgaben V_i beschrieben. Sinnvoller ist eine Beschreibung durch den Winkel α statt des Bogens V_i. Das lässt sich durch den Zusammenhang Bogen = Radius · Winkel umsetzen, wobei der Winkel im Bogenmaß anzugeben ist. Wenn man den Punkt P_i durch r_i und α_i beschreiben kann, hat man eine Darstellung in Polarkoordinaten. Abbildung 15.7 zeigt, dass $V_i = r_i\, \alpha_i$ gilt.

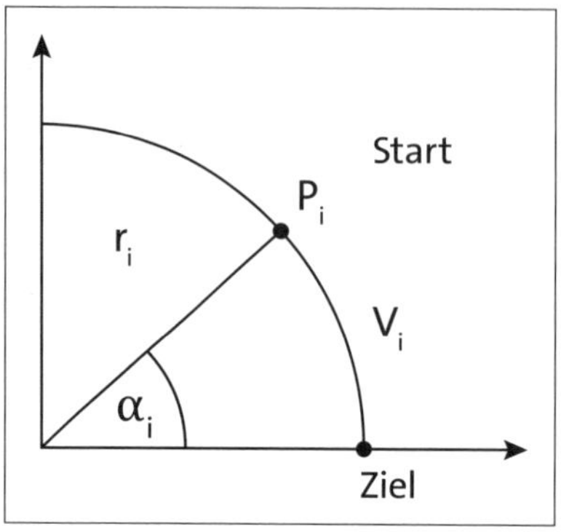

Abbildung 15.7 Startpunkte und Polarkoordinaten

Die Startpunkte P_i lassen sich also durch die Polarkoordinaten r_i und $\alpha_i = \frac{V_i}{r_i}$ beschreiben. Die Winkel α_i finden Sie in Tabelle 15.3. Diese wurden direkt durch $\frac{V_i}{r_i}$ berechnet.

Bahn Nummer	r_i	V_i	α_i
1	36,8	0	0
2	37,92	7,038	0,186
3	39,14	14,704	0,376
4	40,36	22,369	0,554
5	41,58	30,035	0,722
6	42,8	37,700	0,881
7	44,02	45,366	1,031
8	45,24	53,031	1,172

Tabelle 15.3 Die Winkel α_i für die Startpunkte

15.4 Eine Gleichung für die hyperbolische Spirale

Um die Gleichung der hyperbolischen Spirale zu bestimmen, betrachtet man Abbildung 15.8. Dort ist für eine Lauflinie mit dem Radius r die Kurvenvorgabe V (gestrichelt) sowie der Winkel α eingezeichnet.

Der Startpunkt P der Läuferin oder des Läufers ist durch r und durch α eindeutig festgelegt. Zwischen V, r und α besteht der einfache Zusammenhang $V = r \cdot \alpha$. Es wird nun eine Beziehung zwischen r und α gesucht, die für alle Startpunkte der Lauflinien gilt.

Dazu betrachtet man den Weg, den eine Läuferin oder ein Läufer auf den kreisförmigen Anteilen der Bahn zurücklegt. Dieser Weg ist offenbar gleich $2 \cdot r \cdot \pi - V$. Andererseits kann man diesen Weg auch dadurch ausdrücken, dass man von der gesamten Laufstrecke die geraden Anteile abzieht, d. h. $400 - 2 \cdot 84{,}39 = 231{,}22$ (Abbildung 15.2).

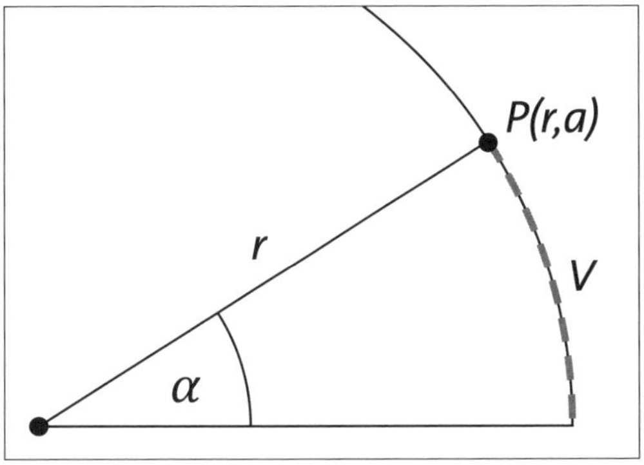

Abbildung 15.8 Zusammenhang zwischen r, α und V

Also gilt: $2 \cdot r \cdot \pi - V = 231{,}22$. Setzt man hier die zuvor erhaltene Bedingung für V ein, dann ergibt sich: $2 \cdot r \cdot \pi - r \cdot \alpha = 231{,}22$.

Ausklammern von r liefert: $r \cdot (2\pi - \alpha) = 231{,}22$.

Jetzt wird noch durch die Klammer geteilt: $r = \frac{231{,}22}{2\pi-\alpha}$

Das ist eine Beziehung zwischen r und α, die für alle Startpunkte gilt. Nimmt man für r und α nicht nur die zu den Startpunkten gehörenden Werte, erhält man die Spirale aus Abbildung 15.5. Weil die Variable α wie bei einer Hyperbel im Nenner steht, nennt man diese Spirale eine hyperbolische Spirale. Eine hyperbolische Spirale kann man auch sehen, wenn man von oben in ein kreisförmiges Treppenhaus blickt.

15.5 Die hyperbolische Spirale in kartesischen Koordinaten

Die Punkte der zuvor beschriebenen hyperbolischen Spirale wurden durch die Größen r und α beschrieben. Dabei gibt r den Abstand von einem festen Punkt, dem Pol, an und α den Winkel, den r mit der sogenannten *Polarachse* einschließt (siehe auch Abbildung 15.9).

Man kann diese beiden Parameter auch in die kartesischen Koordinaten x und y umrechnen. An dem rechtwinkligen Dreieck der Abbildung 15.9 wird klar, dass folgende Zusammenhänge zwischen Polarkoordinaten und kartesischen Koordinaten bestehen:

$x = r \cdot cos(\alpha); y = r \cdot sin(\alpha); r^2 = x^2 + y^2$ und $tan(\alpha) = \frac{y}{x}$.

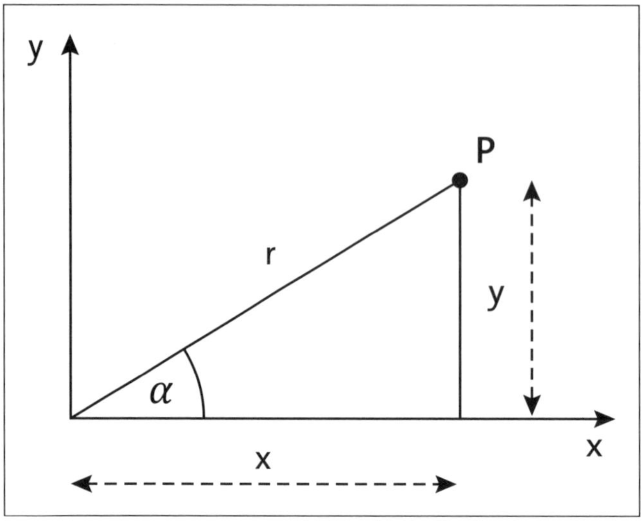

Abbildung 15.9 Zusammenhang zwischen Polar- und kartesischen Koordinaten

Die ersten beiden Gleichungen reichen aus, um eine in Polarkoordinaten gegebene Funktion in übliche xy-Koordinaten umzurechnen, so dass deren Graph in einer Tabellenkalkulation gezeichnet werden kann. Setzt man für *r* die zuvor gewonnene Darstellung der hyperbolischen Spirale ein, dann ergibt sich die hyperbolische Spirale in (x|y)-Koordinaten:

$$x = \frac{231{,}22}{2\pi - \alpha} \cdot cos(\alpha)$$

$$y = \frac{231{,}22}{2\pi - \alpha} \cdot sin(\alpha)$$

15.6 Zum Mitmachen: Zeichnen Sie die hyperbolische Spirale

Schreiben Sie ein Tabellenblatt, mit dem für die einzelnen Laufbahnen die Radien r_i, die Kurvenvorgaben V_i und die Winkel α_i berechnet werden.

Für die r_i gilt:

$r_1 = 36{,}8$

$r_i = 36{,}5 + (i-1) \cdot 1{,}22 + 0{,}2$, für $i = 2, ..., 8$.

Für V_1 trägt man 0 ein, denn auf der ersten Bahn gibt es keine Kurvenvorgabe. Ansonsten berechnet man die V_i durch $2 \cdot r_i \cdot \pi + 168{,}78 - 400$, wie zuvor im Text beschrieben wurde.

Schließlich erhält man die α_i als $\frac{V_i}{r_i}$.

Abbildung 15.10 zeigt, wie einzelne Zellen auszufüllen sind. Anschließend wird alles nach unten ausgefüllt. Die Zahl π ist in der Tabellenkalkulation durch die Funktion `PI()` verfügbar.

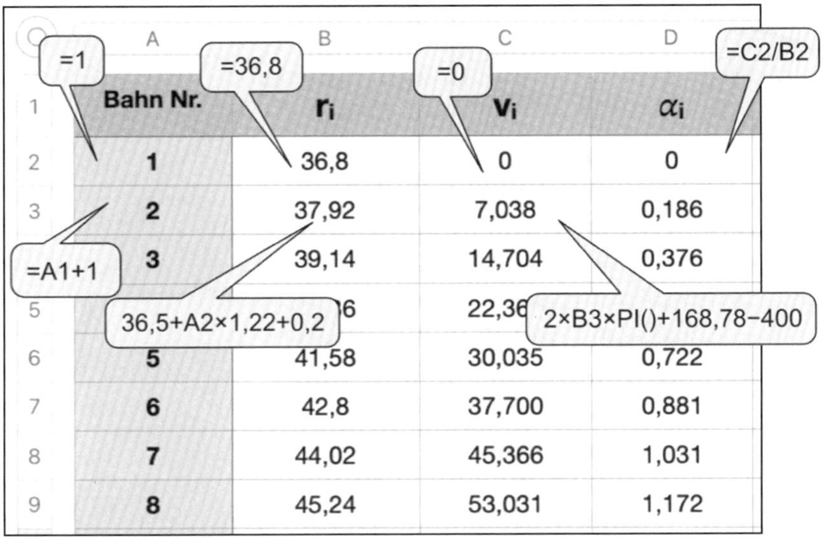

	A	B	C	D
1	Bahn Nr.	r_i	V_i	α_i
2	1	36,8	0	0
3	2	37,92	7,038	0,186
[illegible]	3	39,14	14,704	0,376
5	[illegible]	[illegible]6	22,36[illegible]	[illegible]
6	5	41,58	30,035	0,722
7	6	42,8	37,700	0,881
8	7	44,02	45,366	1,031
9	8	45,24	53,031	1,172

Abbildung 15.10 Tabellenblatt zur Berechnung der r_i, V_i und α_i

Berechnen Sie die Startpositionen der Punkte $P_i(x_i|y_i)$ in kartesischen Koordinaten. Die hier benötigten Funktionen Sinus und Cosinus sind in der Tabellenkalkulation durch `SIN`(α) und `COS`(α) vorhanden. Dabei muss der Winkel α im Bogenmaß eingegeben werden.

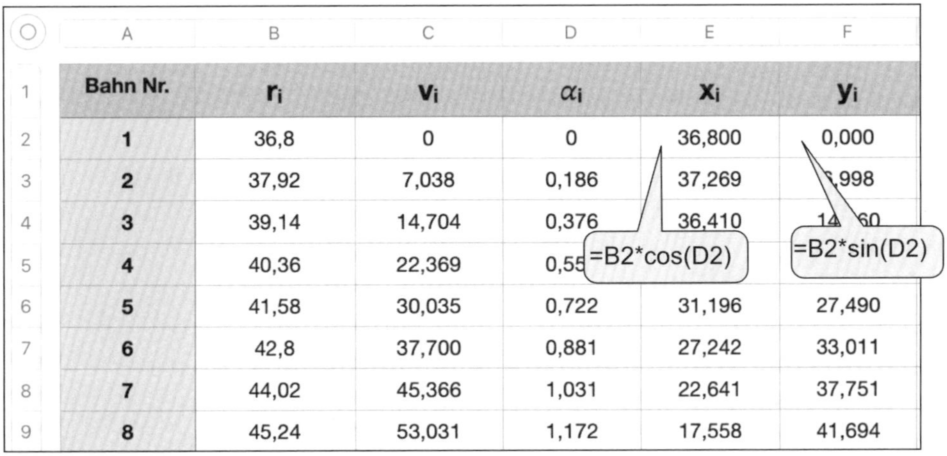

	A	B	C	D	E	F
1	Bahn Nr.	r_i	V_i	α_i	x_i	y_i
2	1	36,8	0	0	36,800	0,000
3	2	37,92	7,038	0,186	37,269	[illegible],998
4	3	39,14	14,704	0,376	36,410	14[illegible]60
5	4	40,36	22,369	0,55[illegible]	[illegible]	[illegible]
6	5	41,58	30,035	0,722	31,196	27,490
7	6	42,8	37,700	0,881	27,242	33,011
8	7	44,02	45,366	1,031	22,641	37,751
9	8	45,24	53,031	1,172	17,558	41,694

Abbildung 15.11 Berechnung der Startpositionen in kartesischen Koordinaten

Fertigen Sie nun eine Zeichnung an, in der die Startpositionen sowie die hyperbolische Spirale wie in Abbildung 15.12 zu erkennen sind.

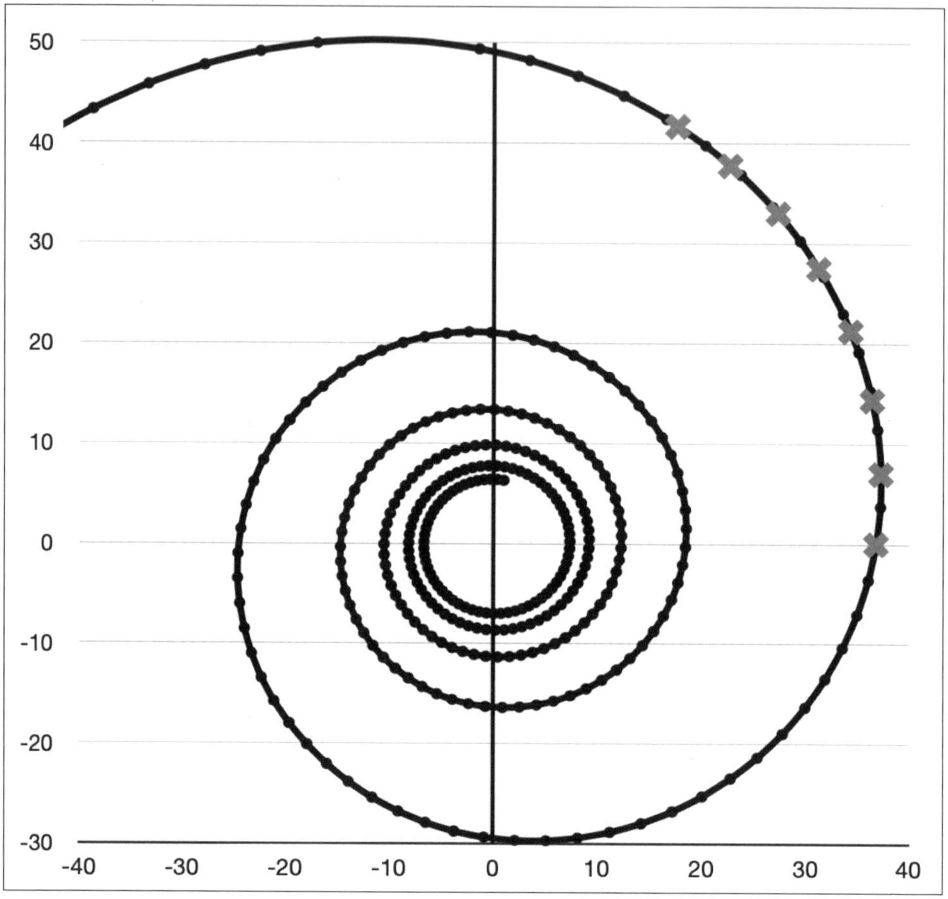

Abbildung 15.12 Startpositionen und hyperbolische Spirale

Abbildung 15.13 zeigt, wie Abbildung 15.12 zustande gekommen ist. Die Zahlen in den Zellen D2 bis D9 und E3 bis E9 wurden den Spalten E und F der Abbildung 15.11 entnommen.

	A	B	C	D	E	F
1	α	r		x	y_start	y_spirale
2				36,800	0,000	
3				37,270	6,990	
4				36,410	14,360	
5				34,320	21,240	
6				31,200	27,490	
7				27,240	33,010	
8				22,640	37,750	
9				17,560	41,690	
10						
11	-30	6,373		0,983		6,297
12	-29,9	6,391		0,350		6,381
13	-29,8	6,409		-0,289		6,402
14	-29,7	6,426		-0,929		6,359
15	-29,6	6,444		-1,564		6,252
16	-29,5	6,462		-2,186		6,081
17	-29,4	6,480		-2,790		5,849
18	-29,3	6,499		-3,370		5,557

Abbildung 15.13 Tabellenblatt zum Zeichnen der Spirale

Kapitel 16
Die goldene Mitte

Bei der Mittelwertbildung denken die meisten Menschen an das arithmetische Mittel. Dabei gibt es eine Reihe von Mittelwerten, die vom arithmetischen Mittel verschieden sind. Einige davon lernen Sie hier kennen.

16.1 Der richtige Mittelwert

»Ab durch die Mitte« oder ganz anders »der Weg zur inneren Mitte«, »China, das Land der Mitte«, »Mittelständische Unternehmer«, »Mittelschicht«, »politische Mitte«, »Mitte der Gesellschaft«, »Mittelpunkt«, »Mittelwert« – den Begriff der »Mitte« findet man in vielen Zusammenhängen.

Von Aristoteles ist bekannt, dass er die Lehre von der »goldenen Mitte« vertrat. Er beschreibt, dass es drei Grundeinstellungen gibt, zwei fehlerhafte und eine richtige. Die beiden fehlerhaften zeichnen sich durch ein Zuwenig bzw. durch ein Zuviel aus. Die richtige Einstellung aber ist die Mitte. So sollte der richtige Weg der Erziehung in der Mitte zwischen »laissez faire« und »übermäßiger Strenge« liegen. Die Tugend der Tapferkeit liegt in der Mitte zwischen Feigheit und Wagemut. Geiz und Verschwendung haben in ihrer Mitte die Freigiebigkeit. Die Lage der goldenen Mitte zwischen den beiden Extrempositionen ist natürlich nicht arithmetisch bestimmbar, sondern hängt von der jeweiligen Person ab, ist also ein individueller Parameter.

Ganz anders, könnte man vielleicht denken, ist es in der Mathematik. Es mag viele erstaunen, aber der *Mittelwert von Zahlen* ist keineswegs eindeutig bestimmt. Es gibt nicht *den* Mittelwert, sondern eine Vielzahl gebräuchlicher Mittelwerte, die je nach Situation verwendet werden.

Angenommen, man fährt mit dem Auto zu einem $s = 100$ km entfernten Ziel, mit der Durchschnittsgeschwindigkeit von $v_1 = 100$ km/h. Für den Rückweg wird nicht die Autobahn, sondern die Landstraße benutzt, auf der die Entfernung ebenfalls $s = 100$ km beträgt. Für diesen Rückweg ist die Durchschnittsgeschwindigkeit 50 km/h. Jetzt betrachtet man die gesamte Fahrt, also Hin- und Rückweg. Wie groß ist die Durchschnittsgeschwindigkeit?

Die naheliegende Antwort ist (100 km/h + 50 km/h) / 2 = 75 km/h, das heißt gleich dem arithmetischen Mittel der Einzelgeschwindigkeiten. Aber diese Antwort kann nicht richtig sein. Die Rückfahrt hat bedeutend länger gedauert als die Hinfahrt, so dass längere Zeit mit den 50 km/h gefahren wurde. Also kann die mittlere Geschwindigkeit nicht gleich dem arithmetischen Mittel der beiden Geschwindigkeiten sein. Die Vorstellung vieler Menschen, dass der Mittelwert zweier Zahlen klar dadurch definiert ist, dass man die zwei Zahlen zusammenzählt und das Ergebnis dann durch 2 teilt (das ist das *arithmetische Mittel*), ist falsch. Im vorliegenden Fall erhält man die mittlere Geschwindigkeit, indem man den gesamten gefahrenen Weg durch die dafür benötigte Zeit teilt. Der Gesamtweg ist $2s$ = 200 km. Die Zeit für den Hinweg betrug $s/v_1 = 1$ h, die für den Rückweg $s/v_2 = 2$ h, das heißt, insgesamt wurde 3 Stunden gefahren. Damit betrug die mittlere Geschwindigkeit 200 km/3h ≈ 66,7 km/h.

Gerechnet wurde hier also $v = \frac{2s}{\frac{s}{v_1}+\frac{s}{v_2}} = \frac{2}{\frac{1}{v_1}+\frac{1}{v_2}}$. Man bildet demnach von den Geschwindigkeiten v_1 und v_2 zuerst die Kehrwerte $\frac{1}{v_1}$ und $\frac{1}{v_2}$. Diese beiden Kehrwerte werden addiert. Dann wird 2 durch die eben erhaltene Summe geteilt. Geht man so vor, hat man aus den Geschwindigkeiten das sogenannte *harmonische Mittel* gebildet.

Eine Firma hat im letzten Jahr ihren Umsatz verdoppelt, dieses Jahr gelang ihr sogar eine Verachtfachung des Umsatzes. Da entsteht die Frage nach der durchschnittlichen Steigerung des Umsatzes in den beiden letzten Jahren. Das arithmetische Mittel würde 5 liefern, aber das ist hier unbrauchbar. Eine Verdopplung mit einer anschließenden Verachtfachung bedeutet insgesamt eine Versechzehnfachung im Laufe der beiden Jahre. Da nach dem durchschnittlichen Wachstum in den letzten beiden Jahren gefragt ist, sucht man eine Zahl, die mit sich selbst multipliziert 16 ergibt. Das ist die Zahl 4, also die Wurzel aus 16. Den auf diese Weise gebildeten Mittelwert, das heißt die Wurzel aus dem Produkt der beiden Zahlen, nennt man das *geometrische Mittel*.

Dem geometrischen Mittel begegnet man im Alltag öfter, als man denkt. Ein Paradebeispiel sind die Sparpläne, die von Banken angeboten werden und bei denen sich der Zinssatz von Jahr zu Jahr ändert. Für den Verbraucher ist es dann interessant festzustellen, wie groß der durchschnittliche Zinssatz über die gesamte Laufzeit ist. Angenommen, eine Bank bietet einen Sparplan über zwei Jahre an. Im 1. Jahr beträgt der Zinssatz $p_1 = 1$ %, im 2. Jahr ist er $p_2 = 3$ %. Wie groß ist der durchschnittliche Zinssatz?

Zuerst ist man geneigt, das arithmetische Mittel zu bilden, was uns zu 2 % führen würde. Das ist aber falsch. Das Kapital wächst im 1. Jahr auf das 1,01-Fache, im 2. Jahr auf das 1,03-Fache. Wie im letzten Beispiel ergibt sich als durchschnittlicher Wachstumsfaktor $\sqrt{1{,}01 \cdot 1{,}03} \approx 1{,}019$, das heißt, der durchschnittliche Zinssatz ist 1,02 % und nicht etwa 2 %, wie man bei flüchtigem Hinsehen glauben könnte.

Von besonderem Interesse ist für die meisten Menschen die Frage, wie viel Geld sie im Vergleich zu anderen Menschen verdienen. In diesem Zusammenhang ist die Frage nach dem mittleren Einkommen pro Person interessant. Dieses betrug im Jahr 2016 rund 1869 € für eine alleinlebende Person. Dazu muss man wissen, dass dies nicht das durchschnittliche Einkommen ist, das man als arithmetisches Mittel erhalten würde. Das arithmetische Mittel besitzt nämlich die unangenehme Eigenschaft, äußert empfindlich gegenüber Ausreißern zu sein.

Betrachtet man einmal eine Firma, die aus einem Chef und 4 Angestellten besteht. Jeder Angestellte verdient im Monat 3000 €. Wegen seiner besonderen Verantwortung gönnt sich der Chef einen besseren Verdienst. 28000 € ist das für ihn angemessene Salär. Der Chef ist daran interessiert, die Arbeitsbedingungen in der Firma möglichst gut darzustellen. Wenn es dabei um den Verdienst geht, könnte er natürlich angeben, dass jeder der Angestellten 3000 € verdient. Er will aber, dass die Firma besser dasteht. Aus diesem Grund berechnet er das mittlere Einkommen aller in der Firma beschäftigten Personen auf folgende Weise:

$(4 \cdot 3000\ € + 28\,000\ €) / 5 = 40\,000\ € / 5 = 8000\ €$. Es klingt natürlich gut, wenn man sagen kann, dass der durchschnittliche Verdienst in der Firma 8000 € beträgt. Das ist aber weit von der Wirklichkeit entfernt. Aus diesem Grund wird für die Angabe des mittleren Einkommens der *Median (Zentralwert)* verwendet. Dazu sortiert man alle Einkommen in einer Liste aufsteigend und sucht dann den Wert, unterhalb dessen und oberhalb dessen gleich viele Listenelemente liegen. Das ist der Median, und dieser Mittelwert wird verwendet, wenn die Rede vom mittleren Einkommen ist. Im vorliegenden Beispiel ist die geordnete Datenliste gleich 3000 €, 3000 €, 3000 €, 3000 €, 28000 €, und der Median ist deshalb gleich 3000 €.

In dieser Situation könnte man auch einen anderen Mittelwert verwenden, den *Modus*. Der Modus gibt den häufigsten Wert einer Verteilung von Daten an, und liefert im vorliegenden Fall ebenfalls 3000 €.

Außer den hier betrachteten Mittelwerten gibt es in der Mathematik weiter gebräuchliche Mittelwerte wie z. B. das *Höldersche Mittel*, das *Lehmersche Mittel* oder das *Stolarskysche Mittel*. Um eine Situation, in der Mittelwerte eine Rolle spielen, kompetent beurteilen zu können, ist es erforderlich, sich klarzumachen, welcher der vielen Mittelwerte hier verwendet wird und ob dies auch angebracht ist

Um Mittelwerte geht es auch bei dem Problem im folgenden Abschnitt.

16.2 Zwei Runden auf der Rennbahn

Ein Rennfahrer soll zwei Runden auf einer Rennstrecke fahren. Die erste Runde fährt er mit einer Geschwindigkeit von $v_1 = 50$ km/h. Wie schnell muss der Fahrer die zweite Runde fahren, damit sich für beide Runden eine Durchschnittsgeschwindigkeit von 80 km/h ergibt? Wie schnell muss er die zweite Runde fahren, damit sich für beide Runden eine Durchschnittsgeschwindigkeit von 100 km/h ergibt?

Wollen Sie Ihre Kompetenz im Umgang mit Mittelwerten nachweisen, dann versuchen Sie sich an der Lösung, bevor Sie weiterlesen.

Für die mittlere Geschwindigkeit der beiden Runden gilt $v_{mittel} = \frac{2}{\frac{1}{v_1}+\frac{1}{v_2}}$, wobei v_1 und v_2 die Geschwindigkeiten in Runde 1 und Runde 2 sind. Ist z. B. $v_1 = 50$ km/h, dann liefert die Auflösung der Gleichung $v_{mittel} = \frac{2}{\frac{1}{50km/h}+\frac{1}{v_2}}$ und die nach v_2 den Ausdruck $v_2 = \frac{50\,km/h \cdot v_{mittel}}{100km/h - v_{mittel}}$.

Setzt man z. B. v_{mittel} gleich 80 km/h, so erhält man daraus $v_2 = 200$ km/h. Soll wie gefordert v_{mittel} gleich 100 km/h gelten, so würde der Nenner des Bruchs für v_2 null ergeben, was offensichtlich nicht sein darf. Nähert sich v_{mittel} dem Wert 100 km/h, dann wird v_2 unendlich groß. Weil dies auch der schnellste Rennwagen nicht leisten kann, folgt, dass es unmöglich ist, die mittlere Geschwindigkeit von 100 km/h zu erzielen.

Das Problem kann auch auf andere Weise gelöst werden, wenn man die bekannte Beziehung Geschwindigkeit = Weg / Zeit verwendet. Wenn man mit s die Länge einer Runde bezeichnet, so ergibt sich die Zeit für das Durchfahren der 1. Runde zu s / 50 km/h.

Die Zeit für das Durchfahren beider Runden ist dann $2s$ / 100 km/h = s / 50 km/h. Daraus folgt, dass die Zeit für das Durchfahren der 2. Runde gleich 0 sein müsste, was offensichtlich nicht zu machen ist.

16.3 Zum Mitmachen: Erstellen Sie eine Tabelle zu dem Problem aus Abschnitt 16.2

Abbildung 16.1 zeigt, wie Sie vorgehen können.

=A2+5

=50×A2÷(100−A2)

	A	B
1	v_mittel	v2
2	0	0,00
3	5	2,63
4	10	5,56
5	15	8,82
6	20	12,50
7	25	16,67
8	30	21,43
9	35	26,92
10	40	33,33
11	45	40,91
12	50	50,00
13	55	61,11
14	60	75,00
15	65	92,86
16	70	116,67
17	75	150,00
18	80	200,00
19	85	283,33
20	90	450,00
21	95	950,00

Abbildung 16.1 Geschwindigkeiten für die 2. Runde

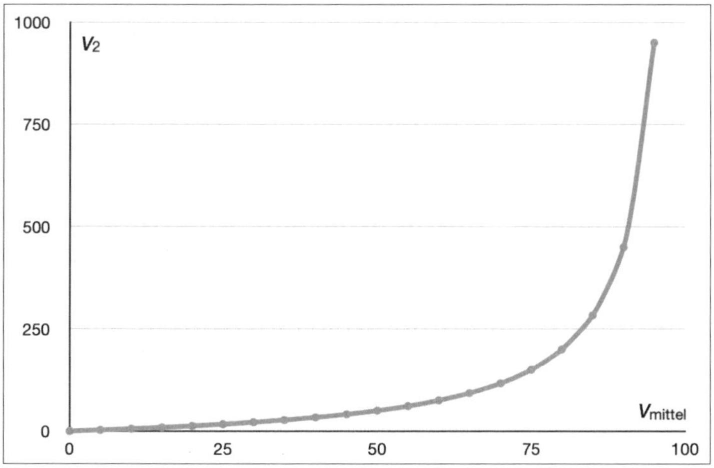

Abbildung 16.2 Graphische Darstellung für v_2

Kapitel 17
Rollende Räder

Können Sie sich vorstellen, welche Bahn ein Punkt beschreibt, wenn er sich gleichzeitig vorwärts und auf einer Kreisbahn bewegt? Im Folgenden können Sie dies selbst ausprobieren.

17.1 Reflektoren an Fahrrädern

Wer im Dunkeln mit dem Fahrrad unterwegs ist, kann leicht übersehen werden, wenn er eine Straße senkrecht kreuzt. Um das zu verhindern, müssen in die Speichen Reflektoren geklemmt werden, die einfallendes Licht reflektieren. Wer nachts ein querendes Rad beobachtet, dem fällt auf, dass sich die Reflektoren auf einer unerwarteten Bahn bewegen.

Abbildung 17.1 Der mitfahrende Beobachter sieht eine kreisförmige Bewegung.

Würde man selbst auf einem Fahrrad sitzen und neben dem Radfahrer herfahren, würde man sehen, dass sich der Reflektor auf einer Kreisbahn bewegt.

Für einen am Straßenrand stehenden Beobachter setzt sich die Bewegung aus der geradlinigen Bewegung des Fahrrades und der kreisförmigen Bewegung des rotierenden Reifens zusammen.

Abbildung 17.2 Der stehende Beobachter sieht eine Überlagerung von Kreis- und Vorwärtsbewegung.

17.2 Bewegung eines Punktes auf dem Reifenrand

Sie benötigen jetzt ein Blatt, ein Lineal, einen Bleistift und einen Bierdeckel. Markieren Sie einen Punkt P am Rande des Bierdeckels, legen Sie den Bierdeckel flach auf das Papier, und rollen Sie ihn dann an dem Lineal entlang. Ab und zu markieren Sie die Lage des Punktes P auf dem Blatt Papier (Abbildung 17.3).

Das Ergebnis Ihrer Bemühungen sollte ähnlich der Abbildung 17.4 sein. Die Kurve, die sichtbar wird, heißt *Zykloide*. Während sich der Punkt P auf der Zykloide bewegt, ändert sich seine Geschwindigkeit in Vorwärtsrichtung, obwohl das Rad mit konstanter Geschwindigkeit rollt. So ist z. B. die Geschwindigkeit des Punktes P an der Stelle x_2 gleich 0.

Abbildung 17.3 Abrollen eines Bierdeckels

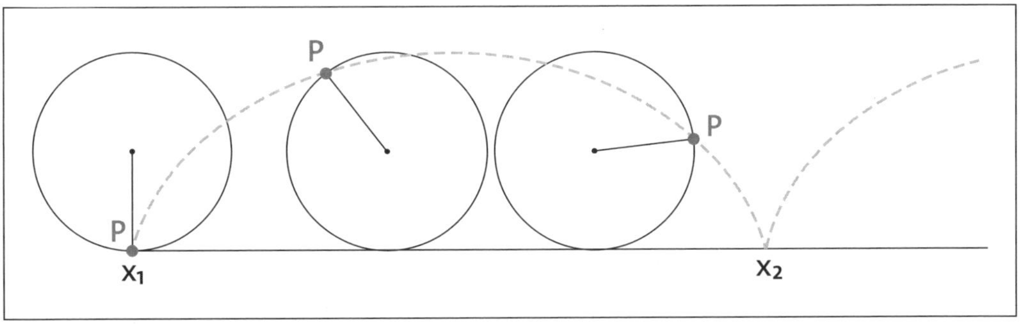

Abbildung 17.4 Bewegung eines Punktes auf dem Reifenrand

17.3 Weitere Zykloiden

Bisher wurde die Bewegung eines Punktes auf dem Kreisrand betrachtet. Beobachtet man die Bahn eines Punktes, der innerhalb des Kreises liegt, das heißt an der zuvor betrachteten Stelle des Reflektors, dann ändert sich die Form der Bahnkurve. Es entsteht eine *verkürzte Zykloide* (Abbildung 17.5). Die in die Speichen eines Fahrrades geklemmten Reflektoren bewegen sich also auf verkürzten Zykloiden.

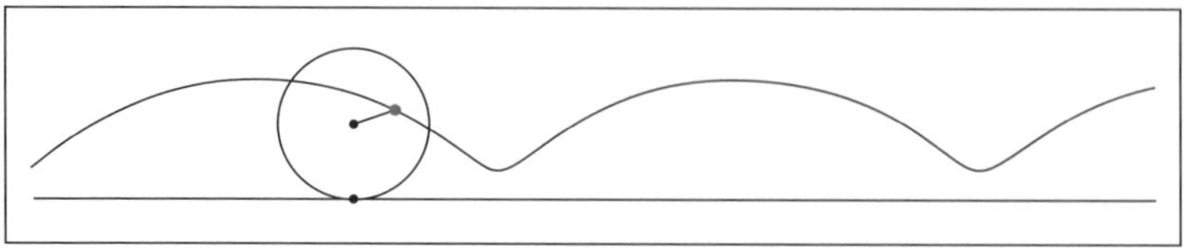

Abbildung 17.5 Verkürzte Zykloide

Betrachtet man die Bahnkurve eines Punktes, der sich außerhalb des Kreises befindet, so sieht man eine *verlängerte Zykloide* (Abbildung 17.6). Hier bewegt sich der Punkt teilweise rückwärts. Eine solche Situation tritt z. B. bei Punkten des Spurkranzes eines Eisenbahnradsatzes auf (Abbildung 17.7).

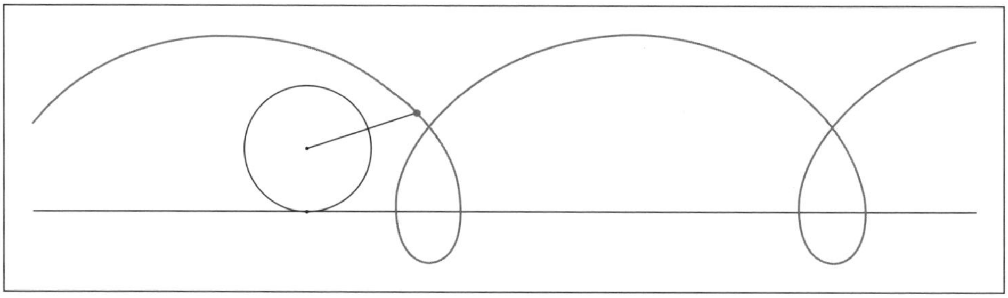

Abbildung 17.6 Verlängerte Zykloide

Bei einem Eisenbahnradsatz befindet sich auf der Radinnenseite ein Spurkranz, der ein Abgleiten des Rades von der Schiene nach außen verhindert. Das allein genügt aber nicht, den Zug vor dem Entgleisen zu bewahren. Die Räder haben die Form eines Kegelstumpfes. Dabei sind die gegenüberliegenden Räder entgegengesetzt konisch ausgeprägt. Würde der Zug nach links abdriften, liefe das linke Rad auf einem größeren Durchmesser als das rechte Rad. Das linke Rad legt damit einen größeren Weg zurück, während das rechte Rad zurückbleibt. Das erzeugt eine Rechtskurve, die den Zug wieder in die Mitte zurückführt.

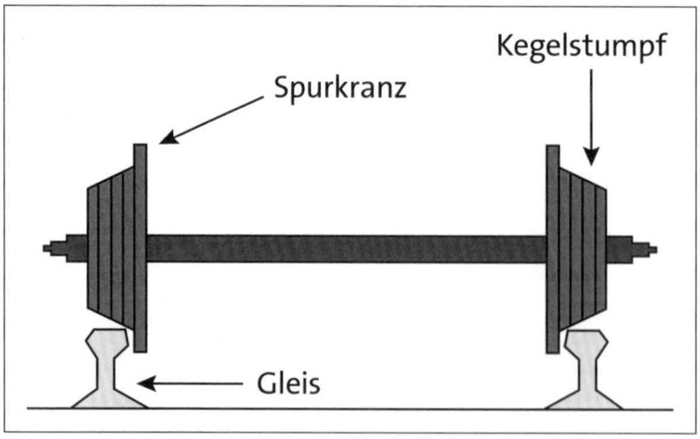

Abbildung 17.7 Ein Eisenbahnradsatz

Ein Punkt am Rande des Spurkranzes befindet sich außerhalb des auf dem Gleis abrollenden Rades und hat als Bahnkurve deshalb eine verlängerte Zykloide. Er bewegt sich deshalb manchmal rückwärts, obwohl der Zug vorwärtsfährt.

17.4 Herleitung der Zykloidengleichung

Betrachten Sie Abbildung 17.8. Dort ist MQ = r der Kreisradius, MP = a ist die Entfernung des Punktes P vom Kreismittelpunkt. Die Koordinaten von P sind x und y.

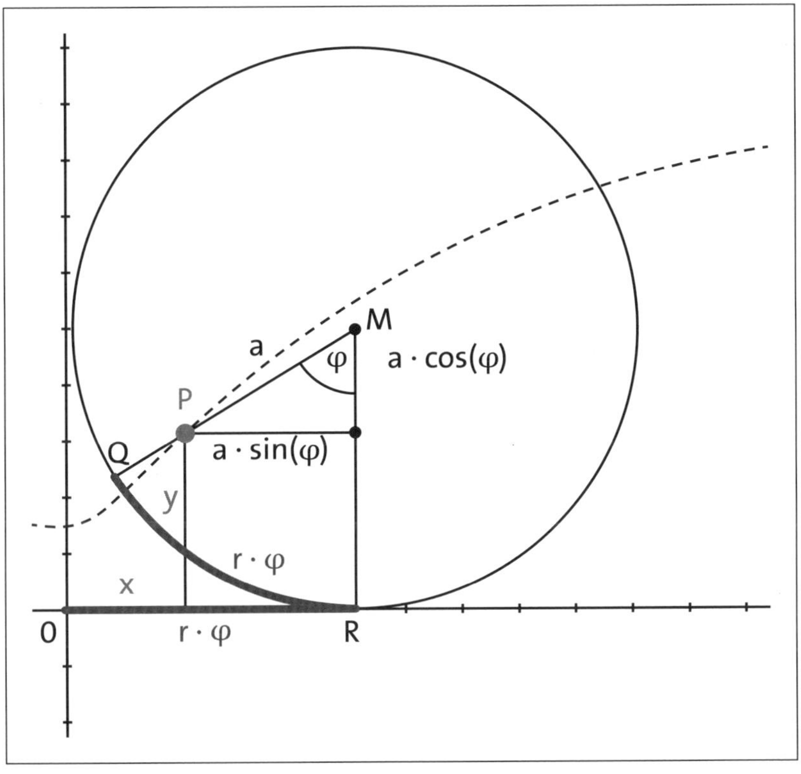

Abbildung 17.8 Herleitung der Zykloidengleichung

Zu Beginn der Bewegung fallen die Punkte Q, R und O zusammen. Der Winkel φ hat den Wert 0. Wenn der Kreis, ohne zu rutschen, auf der x-Achse abrollt, dann hat der abgerollte Kreisbogen QR dieselbe Länge wie OR. Der Kreisbogen QR ist gleich $r \cdot \varphi$ und damit ist OR = $r \cdot \varphi$. Der Zeichnung kann man die Gleichung der Zykloide in Parameterform entnehmen:

$x = r \cdot \varphi - a \cdot \sin(\varphi)$

$y = r - a \cdot \cos(\varphi)$

Für $a < r$ hat man eine verkürzte Zykloide, für $a > r$ eine verlängerte Zykloide.

17.5 Zum Mitmachen: Zeichnen Sie verschiedene Zykloiden

Erstellen Sie ein Tabellenblatt, mit dem man für verschiedene Werte von *r* und *a* eine Zykloide zeichnen kann.

Verwenden Sie dazu die Gleichungen $x = r \cdot \varphi - a \cdot \sin(\varphi)$ und $y = r - a \cdot \cos(\varphi)$ aus Abschnitt 17.3, »Weitere Zykloiden«. Die Werte für *r* und *a* werden in den Zellen A2 und B2 eingegeben. Für Abbildung 17.9 wurde der Winkel φ von 0 bis 22 tabelliert. Wenn Sie die Zelle B2 als Schieberegler formatieren, können Sie sehen, wie sich die Form der Zykloide verändert.

=$A$2×C2−$B$2×SIN(C2)

=$A$2−$B$2×COS(C2)

	A	B	C	D	E
1	r	a	φ	x	y
2	1	2,3	0	0	-1,3000
3			0,1	-0,1296	-1,2885
4			0,2	-0,2569	-1,2542
5			0,3	-0,3797	-1,1973
6			0,4	-0,4957	-1,1184
7			0,5	-0,6027	-1,0184
8			0,6	-0,6987	-0,8983
9			0,7	-0,7817	-0,7591
10			0,8	-0,8499	-0,6024
11			0,9	-0,9017	-0,4297
12			1	-0,9354	-0,2427

Abbildung 17.9 Tabellenblatt zum Zeichnen von Zykloiden

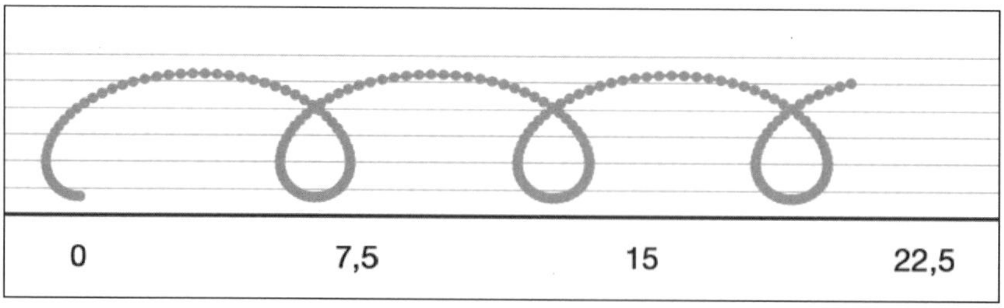

Abbildung 17.10 Zykloide für $r = 1$ und $a = 2{,}3$

Kapitel 18

Gulliver bei den Liliputanern

Jonathan Swift (1667–1745) war ein irischer Theologe und Schriftsteller. Mit »Gullivers Reisen« hat er einen Klassiker der Weltliteratur verfasst. Swift erzählt hier von den abenteuerlichen Reisen Gullivers. Unter anderem besucht Gulliver das Land Liliput mit seinen daumengroßen Bewohnern, den Liliputanern.

18.1 Die geheimnisvolle Zahl 1728

> *»Der Leser möge beachten, dass der Kaiser mir in dem letzten Artikel des Vertrags, durch den ich meine Freiheit wiedererlangte, eine Menge von Speise und Trank auswirft, wie sie für den Unterhalt von 1728 Liliputanern genügt hätte. Als ich eine Weile darauf einen Freund bei Hofe fragte, wie sie dazu gekommen seien, gerade diese bestimmte Zahl festzusetzen, sagte er mir, Seiner Majestät Mathematiker hätten mit Hilfe eines Quadranten die Höhe des Körpers gemessen, und da sie fanden, dass er zu dem ihren im Verhältnis von zwölf zu eins stehe, so hätten sie aus dem ähnlichen Körperbau geschlossen, dass mein Körper mindestens 1728 ihrer Körper enthalten müsse und also so viel Nahrung verlange, wie für eben diese Anzahl von Liliputanern erforderlich sei. Danach kann sich der Leser eine Vorstellung vom Scharfsinn jenes Volkes und von der klugen und genauen Wirtschaftlichkeit eines so großen Fürsten machen.« [SWI]*

Beim Lesen dieses Zitats fällt auf, dass unvermittelt die Zahl 1728 auftaucht. Gulliver soll so viel zu seiner Ernährung erhalten, wie 1728 Liliputaner verspeisen. Die Frage ist, wo die Zahl 1728 ihren Ursprung hat. Offenbar muss das wohl etwas mit dem angegebenen Verhältnis von 12:1 zu tun haben.

Die Hofmathematiker haben wahrscheinlich aus der 12-fachen Größe Gullivers dessen Volumen bestimmt. Da Volumen und Masse proportional sind, hatten sie danach auch die Masse von Gulliver, und diese ist zum Stoffwechselumsatz und damit der erforderlichen Nahrungsmenge proportional.

Wie erhält man aus Gullivers 12-facher Körpergröße sein Volumen?

Dazu betrachtet man zuerst einmal einen Würfel mit der Seitenlänge 1 cm und streckt diesen in alle Richtungen mit dem Streckfaktor 2. Dadurch entsteht ein Würfel mit der Seitenlänge 2 cm (Abbildung 18.1).

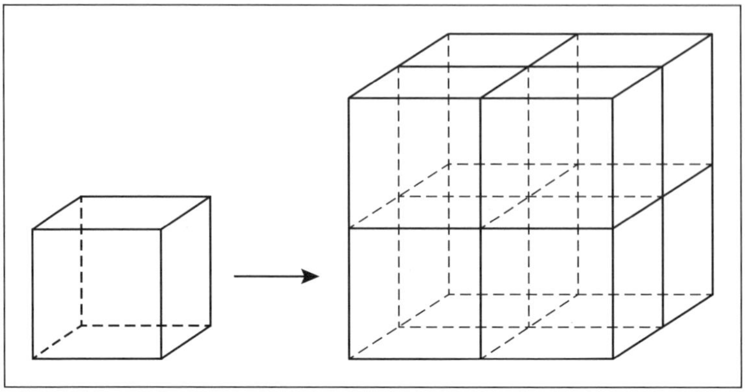

Abbildung 18.1 Streckung eines Würfels mit dem Streckfaktor 2

Der gestreckte Würfel besteht aus 8 der ursprünglichen Würfel, das heißt, sein Rauminhalt ist achtmal so groß wie der des Ausgangswürfels.

Jetzt macht man dasselbe noch einmal, nur dieses Mal mit dem Streckfaktor 3 (Abbildung 18.2):

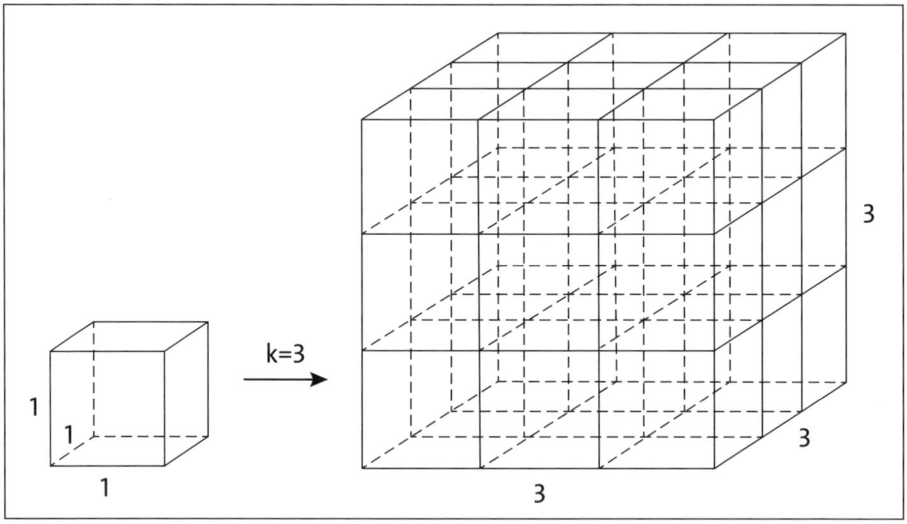

Abbildung 18.2 Streckung eines Würfels mit dem Streckfaktor 3

Wie man sieht, ist das Volumen jetzt 27-mal so groß.

Im Fall des Streckfaktors 2 gibt es $2 \cdot 2$ Würfel im unteren Stockwerk des gestreckten Würfels. Da dieser aus zwei Stockwerken besteht, sind es insgesamt $2 \cdot 2 \cdot 2 = 8$ Würfel. Für den Streckfaktor 3 entsprechend $3 \cdot 3 \cdot 3 = 27$. Für den Streckfaktor 12 ist dann das Volumen des gestreckten Würfels $12 \cdot 12 \cdot 12 = 1728$-mal so groß wie das des Ausgangswürfels. Das wussten offenbar auch die Mathematiker der Liliputaner. Weiter war ihnen klar, dass auch die Masse von Gulliver 1728-mal so groß wie ihre eigene sein musste, denn Volumen und Masse sind einander proportional. Wenn aber die Masse 1728-mal so groß wie die eines Liliputaners ist, dann muss dies auch für den Nahrungsumsatz gelten, so glaubten sie.

Man kann jetzt natürlich entgegnen, dass Gulliver kein Würfel ist, so dass die Argumentation mit dem Volumen nicht stimmen kann. Dem kann man Folgendes entgegenhalten:

In Legoland sieht man lebensgroße Figuren, die aus quaderförmigen Steinen zusammengebaut sind. Wenn man die Steine nur klein genug macht, dann kann man damit jede beliebige Form modellieren. Streckt man eine solche Figur dann mit dem Faktor 12, vergrößert jedes einzelne Teilchen sein Volumen um das 1728-Fache und somit auch die ganze gestreckte Figur.

18.2 Masse und Nahrungsumsatz

Etwas hatten die Liliputaner nicht gewusst. Sie glaubten, dass der Nahrungsumsatz N eines Lebewesens proportional zu dessen Masse m ist. Heute weiß man aber, dass dies nicht stimmt. Tabelle 18.1 zeigt den Nahrungsumsatz einiger Tiere (inklusive des Menschen) in Abhängigkeit von deren Masse:

Tier	Masse m in kg	Nahrungsumsatz N in W	N/m
Ratte	0,282	1,36	4,82
Meerschweinchen	0,41	1,7	4,15
Katze	3,0	7,38	2,46
Hund	6,6	13,93	2,11
Schimpanse	38,0	52,82	1,39
Schaf	46,4	60,78	1,31
Mensch	70,0	80,0	1,14
Kuh	600	384,0	0,64

Tabelle 18.1 Masse und Nahrungsumsatz nach [KLE]

Um zu untersuchen, ob zwischen dem Nahrungsumsatz N und der Masse m eine Proportionalität besteht, bildet man für jedes Wertepaar den Quotienten N/m. Das ist in der letzten Spalte der Tabelle 18.1 geschehen. Weil diese Werte deutlich voneinander verschieden sind, kann man eine Proportionalität ausschließen.

Man weiß heute, dass der Nahrungsumsatz N proportional zur Masse m hoch 0,75 ist, das heißt, es gilt $N = c \cdot m^{0,75}$, wobei c eine Konstante ist. Dieser Zusammenhang kann genutzt werden, um den Nahrungsumsatz von Gulliver zu bestimmen.

Bezeichnet man mit N_G und N_L die Nahrungsumsätze von Gulliver und einem Liliputaner und mit m_G und m_L deren Massen, so ist: $N_G = c \cdot m_G{}^{0,75}$ und $N_L = c \cdot m_L{}^{0,75}$

Durch Division beider Gleichungen ergibt sich:

$N_G / N_L = (m_G{}^{0,75} / m_L{}^{0,75}) = (m_G / m_L)^{0,75} = 1728^{0,75} \approx 268$, das heißt, $N_G = 268 \cdot N_L$

Der Nahrungsumsatz von Gulliver ist nur 268-mal so groß wie der eines Liliputaners. Statt 1728 Liliputaner-Rationen benötigt Gulliver also nur 268 Rationen. Die Liliputaner hätten sich viel sparen können, wenn sie dies gewusst hätten, aber für Gulliver war es sicher sehr angenehm, so viel Essen zu bekommen.

18.3 Nachweis der Beziehung $N = c \cdot m^{0,75}$

Wie ergibt sich der Zusammenhang $N = c \cdot m^{0,75}$ aus Tabelle 18.1? Es bleibt nichts anderes übrig, als einen Zusammenhang zu verschiedenen Funktionenklassen zu untersuchen. Einfache Kandidaten sind z. B. Potenz- und Exponentialfunktionen. Ob eine Potenzfunktion im Spiel ist, sieht man, wenn man statt m und N deren Logarithmen aufträgt. Man spricht dann von einer doppelt logarithmischen Darstellung. Falls eine Potenzfunktion vorliegt, erscheint bei dieser Darstellung eine Gerade. Das hat folgenden Grund:

Aus $y = c \cdot x^k$ folgt durch Logarithmieren: $\log(y) = \log(c \cdot x^k)$.

Wendet man jetzt die bekannten Rechengesetze für Logarithmen an, dann ergibt sich: $\log(y) = \log(c) + k \cdot \log(x)$.

Setzt man nun $x' = \log(x)$, $y' = \log(y)$ und $c' = \log(c)$, dann hat man $y' = k \cdot x' + c'$, und das ist die Gleichung einer Geraden mit der Steigung k und dem y-Achsenabschnitt c'. Aus c' berechnet sich c zu $c = 10^{c'}$.

Tabelle 18.1 wird jetzt ergänzt durch die Spalten mit den Zehnerlogarithmen von m und N.

Tier	Masse m in kg	Nahrungsumsatz N	$\log_{10}(m)$	$\log_{10}(N)$
Ratte	0,282	1,36	−0,55	0,134
Meerschweinchen	0,41	1,7	−0,39	0,230
Katze	3,0	7,38	0,48	0,868
Hund	6,6	13,93	0,82	1,144

Tabelle 18.2 Logarithmen von Masse und Nahrungsumsatz

Tier	Masse *m* in kg	Nahrungsumsatz *N*	$\log_{10}(m)$	$\log_{10}(N)$
Schimpanse	38,0	52,82	1,58	1,723
Schaf	46,4	60,78	1,67	1,784
Mensch	70,0	80,0	1,85	1,903
Kuh	600	384,0	2,78	2,584

Tabelle 18.2 Logarithmen von Masse und Nahrungsumsatz (Forts.)

In Tabelle 18.2 wird $\log_{10}(N)$ über $\log_{10}(m)$ aufgetragen. Wie man sieht, ergibt sich eine Gerade, deren *y*-Achsenabschnitt ungefähr gleich 0,5 ist. Also gilt: $c' = \log(c) = 0{,}5$ bzw. $c = 10^{0{,}5} \approx 3{,}162$.

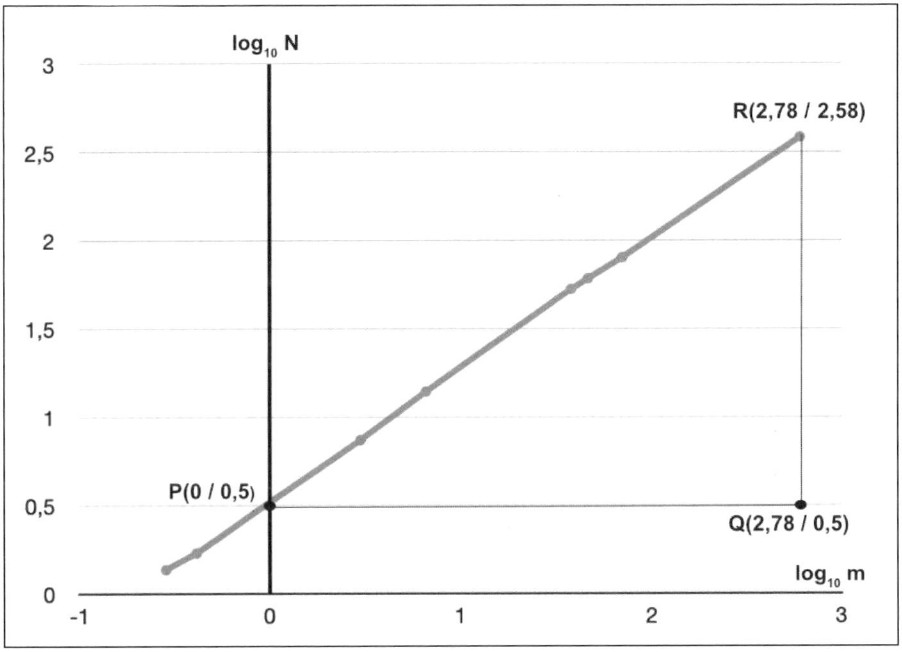

Abbildung 18.3 Doppelt logarithmische Darstellung von *m* und *N*

Die Steigung der Geraden erhält man aus dem eingezeichneten Steigungsdreieck zu $(2{,}58 - 0{,}5) / (2{,}78 - 0) \approx 0{,}748$.

Rundet man den letzten Wert auf, dann liefert dies die Steigung 0,75. Damit ergibt sich $c = 3{,}162$ und $k = 0{,}75$. Der Zusammenhang zwischen der Masse *m* und dem Nahrungsumsatz *N* ist damit gegeben durch $N = 3{,}162 \cdot m^{0{,}75}$.

In Abbildung 18.4 sind der Graph dieser Funktion sowie die Datenpunkte $(m|N)$ eingezeichnet. Bemerkenswert ist die gute Übereinstimmung.

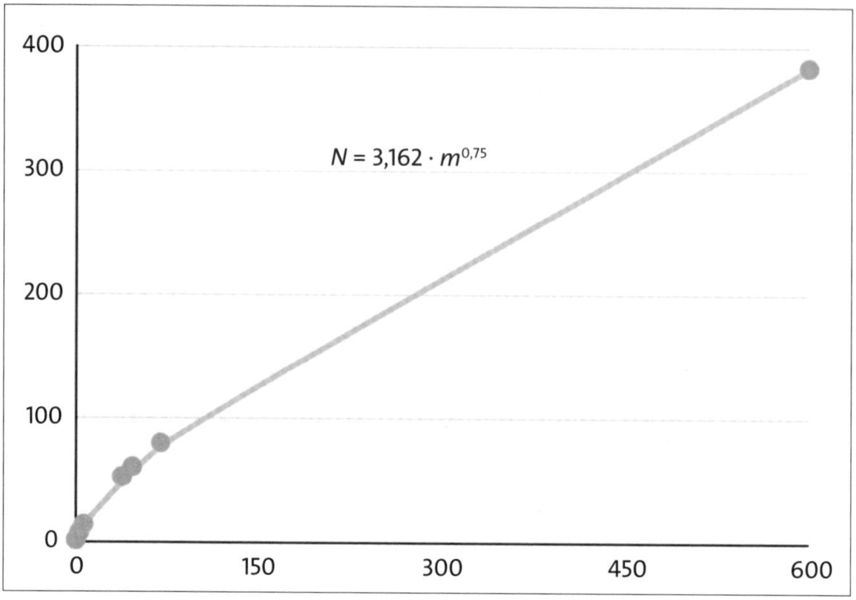

Abbildung 18.4 Datenpunkte und Graph der Theoriefunktion

18.4 Zum Mitmachen: Lassen Sie die Graphen der Abbildung 18.3 und Abbildung 18.4 zeichnen

Erstellen Sie in Ihrer Tabellenkalkulation die Tabelle 18.2. Zeichnen Sie dann die Graphen der Abbildung 18.3 und Abbildung 18.4. Den Zehnerlogarithmus einer Zahl x erhalten Sie in der Tabellenkalkulation durch `log(x;10)`. Wie man die Tabelle 18.2 erzeugen kann, sehen Sie in Abbildung 18.5.

=**log**(B2;10)
=**log**(C2;10)
=3,162***POTENZ**(B2;0,75)

	A	B	C	D	E	F
1	**Tier**	**Masse m**	**Nahrungsumsatz N**	**$\log_{10}(m)$**	**$\log_{10}(N)$**	**$3{,}162 \cdot m^{0{,}75}$**
2	Ratte	0,282	1,36	-0,55	0,134	1,224
3	Meerschweinchen	0,41	1,7	-0,39	0,230	1,620
4	Katze	3,0	7,38	0,48	0,868	7,208
5	Hund	6,6	13,93	0,82	1,144	13,020
6	Schimpanse	38,0	52,82	1,58	1,723	48,395
7	Schaf	46,4	60,78	1,67	1,784	56,215
8	Mensch	70,0	80,0	1,85	1,903	76,522
9	Kuh	600	384,0	2,78	2,584	383,332

Abbildung 18.5 Tabellenblatt zum Erzeugen der Tabelle 18.2

Kapitel 19
Alle 11 Minuten verliebt sich ein Single auf Parship

Wollen Sie sich neu verlieben? Millionen Deutsche vertrauen in dieser Frage auf Dating-Plattformen. Die Frage dabei ist, ob dies von Erfolg gekrönt sein wird. Wie sicher finden Sie einen Idealpartner? Können Sie der Werbung solcher Anbieter vertrauen?

19.1 Der Erfolg von Dating-Plattformen

Das RWI – Leibniz-Institut für Wirtschaftsforschung (*www.rwi-essen.de*) gibt eine »Unstatistik des Monats« heraus, der sich viele Beispiele für den fehlerhaften Umgang mit Wahrscheinlichkeiten und Statistiken entnehmen lassen, so z. B. auch eine Analyse der Parship-Werbung, die viele rosarote Träume platzen lässt. »Alle 11 Minuten verliebt sich ein Single auf Parship«, so lautet eine bekannte Fernsehwerbung. Auf den ersten Blick klingt das für die Liebe suchenden 5 400 000 Nutzer und Nutzerinnen von Parship recht gut. Nimmt man für den Augenblick an, dass es sogar alle 10 Minuten so ein Ereignis gäbe, dann wären dies 6 Ereignisse in der Stunde bzw. $6 \cdot 24 \cdot 365 = 52560$ im Jahr. Pro Jahr verlieben sich damit $52560/5400000 \approx 0{,}0097 \approx 1\,\%$ der Nutzerinnen und Nutzer, bzw. 99 % gehen leer aus. Die so vielversprechend klingende Werbung verkehrt sich beim genaueren Betrachten in eine desaströse Situation für die Nutzenden. Diejenigen, die wegen der Werbung glaubten, dass hier eine äußerst erfolgreiche Partnervermittlung vorliegt, hatten die sogenannte Grundgesamtheit nicht beachtet. Unter der Grundgesamtheit versteht man die Menge der Objekte, über die eine Aussage gemacht werden soll. Würde die Grundgesamtheit im betrachteten Beispiel nur aus 1000 Personen bestehen, würden die 11 Minuten eine hohe Erfolgsquote bedeuten.

19.2 Die Rolle des Stichprobenumfangs

Auch im folgenden von Tversky und Kahneman [TVE] stammenden Beispiel geht es um etwas Ähnliches, den Stichprobenumfang.

In einer Stadt gibt es zwei Krankenhäuser, ein großes und ein kleines. In dem großen Krankenhaus kommen jeden Tag etwa 45 Kinder zur Welt, in dem kleinen Krankenhaus ca. 15. Bekanntlich sind 50 % der Geburten Jungen. Natürlich schwankt der tatsächliche Prozentsatz der Knabengeburten von Tag zu Tag, mal ist er höher, mal niedriger als 50 %. Für die Dauer eines Jahres registriert nun jedes der Krankenhäuser die Tage, an denen mehr als 60 % der Geburten Jungen sind.

Nachdem die Versuchspersonen diese Informationen erhalten hatten, wurde ihnen die folgende Frage gestellt:

Was glauben Sie, in welchem der Krankenhäuser eine größere Anzahl von Tagen mit mehr als 60 % Knabengeburten registriert wird?

Als mögliche Antwort wurden drei Alternativen angeboten. Hinter jeder der Möglichkeiten steht in Klammern, wie viele der Versuchspersonen diese auswählten.

Im großen Krankenhaus (21)

Im kleinen Krankenhaus (21)

In beiden Krankenhäusern etwa gleich (53)

Die meisten Personen glaubten also, dass die Wahrscheinlichkeit, mehr als 60 % Knabengeburten zu erhalten, in beiden Krankenhäusern gleich ist. Dies scheint aus dem Wissen zu folgen, dass die Wahrscheinlichkeiten bezüglich des Geschlechts bei einer Geburt 50:50 sind. Beide Ereignisse, die Zahl der registrierten Tage in dem kleinen und die in dem großen Krankenhaus werden durch dieselbe Statistik beschrieben und deshalb als gleich repräsentativ für die gesamte Population angesehen. Aber dies ist nicht richtig!

Die Geburten in den beiden Krankenhäusern können als Stichproben betrachtet werden, die der Grundgesamtheit aller Geburten entnommen wurden. Die Geburten eines Tages im kleinen Krankenhaus stellen eine Stichprobe von geringem Umfang dar, die im großen Krankenhaus eine Stichprobe von viel größerem Umfang. Stichproben mit großem Umfang enthalten mehr Informationen als Stichproben mit kleinem Umfang. Schätzt man eine Größe, indem man große Stichproben verwendet, dann liegen die einzelnen Ergebnisse näher beieinander, das heißt, sie streuen weniger, als wenn man Stichproben mit kleinem Umfang benutzt. Also ist auch die Streuung der Anzahl der Knabengeburten im kleinen Krankenhaus größer als im großen Krankenhaus. Die Antwort mit der Nummer 2 ist die richtige.

Fehleinschätzungen wie in den beiden letzten Beispielen ließen sich einschränken, wenn im Schulunterricht mehr Wert auf Zufallsgeschehen sowie die Interpretation von Statistiken gelegt würde.

Aber selbst Wissen schützt oftmals nicht vor Fehleinschätzungen. Nach Daniel Kahnemann [KAH], Psychologe und Nobelpreisträger für Wirtschaft, gibt es zwei Denkmodi, in denen wir uns befinden können: das *schnelle Denken* und das *langsame Denken*. Das schnelle Denken läuft automatisch und ohne willentliche Steuerung ab. Das langsame Denken, in dem wir uns z. B. beim Lösen einer Multiplikationsaufgabe befinden, ist anstrengend und bewusst. Das schnelle Denken, das nicht abgeschaltet werden kann, suggeriert uns manchmal Vorstellungen, die nicht zur heutigen Lebenswirklichkeit passen. Das nächste Beispiel zeigt, wie Fehleinschätzungen durch schnelles Denken zustande kommen können.

19.3 Trügerische Folgen von Münzwürfen

Stellen Sie sich vor, eine Münze sechsmal hintereinander zu werfen. Welche der beiden Abfolgen erwarten Sie dann wohl eher?

(Wappen, Zahl, Wappen, Wappen, Zahl, Zahl)

(Zahl, Zahl, Zahl, Zahl, Zahl, Zahl)

Die meisten Menschen glauben, dass die erste Abfolge eine größere Wahrscheinlichkeit besitzt als die zweite. Das aber ist ein Irrtum!

Warum aber täuscht man sich in dieser einfachen Situation so sehr?

Alles, was unser Hirn erreicht, wird mit dem abgeglichen, was wir schon kennen. Auf diese Weise werden Muster in der Umwelt erkannt, ohne dass wir uns dessen bewusst sind. Diese Mustererkennung ist für unser Überleben wichtig. Für den Frühmenschen war die Fähigkeit, aus einem flüchtigen Eindruck das Muster des Säbelzahntigers hinter dem nächsten Busch zu erkennen, wichtig. Heute ist es für uns wichtig, das Muster einer roten Verkehrsampel schnell zu erfassen, und das alles geschieht intuitiv, das heißt, wir müssen nicht erst darüber nachdenken, was die rote Ampel bedeutet. Erkennen wir Regelmäßigkeiten wie im Muster »sechsmal Zahl hintereinander«, dann vermuten wir dahinter eine Kausalität und glauben nicht, dass der Zufall dies hervorgebracht haben könnte.

Tatsächlich ist es aber so, dass die beiden Folgen die gleiche Wahrscheinlichkeit besitzen. Für den einzelnen Münzwurf sind Wappen und Zahl gleich wahrscheinlich. Also könnte man denken, dass sich Wappen und Zahl in einer Serie von Würfen häufig abwechseln und etwa gleich häufig auftreten sollten. Die Natur besitzt aber kein Gedächtnis. Die einzelnen Würfe sind unabhängig voneinander und selbst wenn fünfmal hintereinander Zahl aufgetreten ist, dann ist die Wahrscheinlichkeit für Zahl im sechsten Wurf immer noch gleich 1/2. Es gibt keinen Buchhalter, der im Hintergrund eine Strichliste führt und dafür sorgt, dass Wappen und Zahl gleich häufig auftreten. Von den $2^6 = 64$ möglichen Abfolgen bei 6 Münzwürfen besitzt also jede die gleiche Wahrscheinlichkeit aufzutreten. Das kann man durch eigene Experimente bestätigen, z. B. im Internet mit dem »Coin Flipper« auf der Seite *www.random.org*.

19.4 Was bedeutet Regenwahrscheinlichkeit?

Mit einer Wetter-App lassen sich Freizeitaktivitäten für die nächsten Tage gut planen, denn die Vorhersagen sind recht zuverlässig. Neben den Symbolen für »sonnig« oder »wolkig« sind in der App auch die Regenwahrscheinlichkeiten angegeben. Man glaubt zu verstehen, was damit gemeint ist. Aber Umfragen, die ursprünglich vom heute emeritierten Gerd Gigerenzer, Direktor am Berliner Max-Planck-Institut für Bildungsforschung, durchgeführt wurden, zeigen ein anderes Bild.

Zum Satz »*Die Regenwahrscheinlichkeit morgen beträgt 30 %*« sollten Befragte auswählen, welche der Möglichkeiten ihnen am plausibelsten erschienen:

1. Morgen regnet es auf 30 % der Fläche.
2. Morgen regnet es 30 % der Zeit.
3. Es wird an 30 % der Tage regnen, die durch die gleiche Wetterlage charakterisiert sind wie der morgige Tag.

Außerdem sollten die Befragten mit eigenen Worten die Bedeutung der Sätze beschreiben. Die meisten Personen tippten auf die Auswahl Nummer 2, obwohl die 3. Möglichkeit die richtige ist. Eine Person übersetzte den Satz damit, dass drei von zehn Meteorologen denken, dass es morgen regnet, sieben dagegen nicht. Eine andere glaubte, dass 30 von 100 Wolken am nächsten Tag schwarz sind.

Die Beispiele zeigen, dass viel gewonnen wäre, wenn man vorgegebene Daten kritisch hinterfragt und sich nicht auf den ersten intuitiv gewonnenen Eindruck verlassen würde. Dies zu trainieren ist eine Aufgabe und gleichzeitig auch eine Chance für einen zeitgemäßen Mathematikunterricht.

19.5 Die Standardabweichung für die durchschnittliche Anzahl der Knabengeburten

Das zuvor betrachtete Beispiel für Knabengeburten in einem großen und einem kleinen Krankenhaus wird hier präzisiert.

Mit n bezeichnet man die Zahl der Geburten an einem Tag, also den *Stichprobenumfang*. Eine einzelne Geburt kann durch die *Zufallsgröße* $X_i = \begin{cases} 1 & p = 0{,}5 \\ 0 & q = 0{,}5 \end{cases}$ beschrieben werden, wobei i eine Zahl zwischen 1 und n ist. Dabei bezeichnet p die Wahrscheinlichkeit, dass es sich um eine Knabengeburt handelt. X_i hat den Erwartungswert p und die Varianz $p \cdot q$.

Die durchschnittliche Anzahl der Knabengeburten wird durch die Zufallsgröße $Y = \frac{1}{n}(X_1 + \cdots + X_n)$ beschrieben.

Jetzt werden die Regeln für Erwartungswerte und Varianzen verwendet, um den Erwartungswert E(Y) und die Varianz Var(Y) von Y zu bestimmen:

$$E(Y) = E\left(\frac{1}{n}(X_1 + \cdots + X_n)\right) = \frac{1}{n}\big(E(X_1) + \ \dots \ + E(X_n)\big) = \frac{1}{n}np = p$$

$$Var(Y) = Var\left(\frac{1}{n}(X_1 + \cdots + X_n)\right) = \frac{1}{n^2}\big(Var(X_1) + \ \dots \ + Var(X_n)\big)$$

$$= \frac{1}{n^2} \cdot n \cdot pq = \frac{pq}{n}$$

Man sieht, dass der Erwartungswert des Mittelwertes Y ebenso groß ist wie der Erwartungswert der Zufallsgröße X_i und damit vom Umfang n der Stichprobe nicht abhängig ist. Die Varianz von Y und die Standardabweichung $\sigma(Y) = \sqrt{\frac{pq}{n}}$ von Y hängen dagegen von n ab. Genauer gilt für die Standardabweichung $\sigma(Y) = \sqrt{\frac{pq}{n}} = \frac{1}{\sqrt{n}}\sqrt{\frac{1}{2} \cdot \frac{1}{2}} = \frac{1}{2\sqrt{n}}$.

Damit können für $n = 15$ und $n = 45$ die Standardabweichungen von Y berechnet werden. Es ergeben sich $\sigma(Y) \approx 0{,}129$ für das kleine Krankenhaus und $\sigma(Y) \approx 0{,}075$ für das große Krankenhaus. Daraus lässt sich schlussfolgern: In dem kleinen Krankenhaus weist die durchschnittliche Anzahl der Knabengeburten größere Schwankungen auf als in dem großen Krankenhaus.

19.6 Zum Mitmachen: Simulieren Sie das Beispiel aus Abschnitt 19.1

In Abbildung 19.1 sehen Sie, wie für ein ganzes Jahr die registrierten Tage im kleinen Krankenhaus (abgebildet sind nur die ersten 10 Tage) simuliert werden.

Für das kleine Krankenhaus brauchen Sie, um einen Tag zu simulieren, 15 nebeneinanderliegende Zellen, wobei in jeder Zelle `=ZUFALLSBEREICH(0;1)` steht. 1 steht für eine Knabengeburt, 0 für eine Mädchengeburt. In der Spalte D wird für jeden Tag ermittelt, wie viele Knabengeburten es gab. Ist dieser Wert größer als 0,6 · 15, wird in der Spalte E ein »ja« geschrieben. Die Anzahl der »ja«, die in Spalte E stehen, werden mittels der Funktion `ZÄHLENWENN` in der Zelle F2 summiert.

Jetzt können Sie dieses Blatt kopieren und so anpassen, dass Sie das große Krankenhaus simulieren können. Dazu müssen Sie in die Zelle B2 »45« schreiben und die Zahl der Spalten nach rechts entsprechend vergrößern.

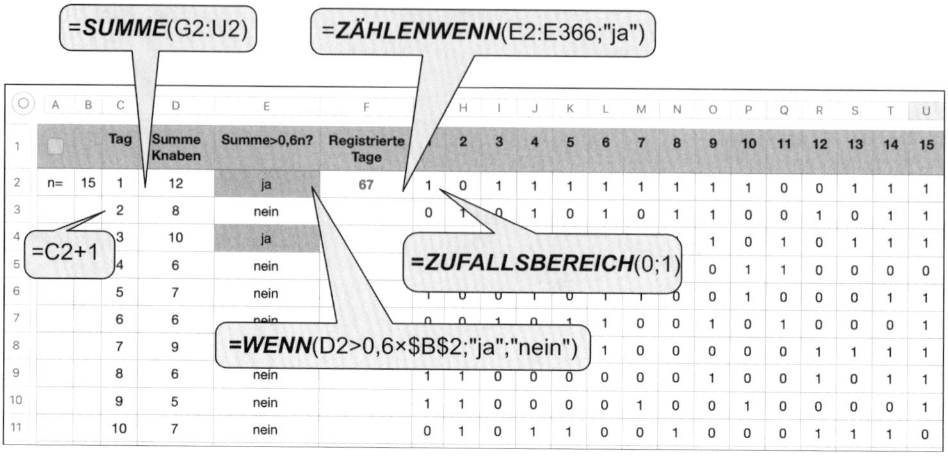

Abbildung 19.1 Simulation für das kleine Krankenhaus

Kapitel 20
Können Mathematiker hellsehen?

Warum können Menschen keine Zufallsfolgen erzeugen? Dieser Frage wird hier mithilfe der Theorie der »runs« nachgegangen.

20.1 Wem die Tyche folgt

Herodot wurde in Halikarnassos, heute Bodrum/Türkei, geboren. Er lebte ca. von 490 bis 425 vor Christus. Auf ausgedehnten Reisen sammelte er Informationen über die von ihm bereisten Länder, ergänzte diese durch Anekdoten und legte sie in seinen Schriften nieder.

Abbildung 20.1 Herodot-Denkmal, Bodrum, Türkei

20

Herodot wird als Vater der Geschichtsschreibung bezeichnet. In der Geschichte von Kroisos und Solon berichtet Herodot, wie Kroisos den Solon als Gast in seine Burg aufnimmt und ihm seine gefüllten Schatzkammern zeigt. Danach will er von Solon wissen, wen dieser für den glücklichsten Menschen hält. Entgegen der Erwartung von Kroisos benennt Solon nicht ihn als den glücklichsten Menschen, sondern versucht zu verdeutlichen, dass großer Reichtum noch lange kein Garant für Glück ist:

> *»Denn der sehr Reiche ist nicht glückseliger als einer, der nur das Tägliche hat, wenn ihm nicht die Tyche folgt«, meint Solon.*

Für den Griechen war Tyche die Macht, die hinter den vom Menschen ungeplanten Ereignissen stand. Neben dem Begriff der Tyche gibt es auch die Personifikation als Göttin: Die Tochter des Zeus ist in der griechischen Mythologie die Göttin des Schicksals, die durch ihre Launen Glück und Unglück bewirkt. In Philadelphia, dem heutigen Amman, wurde Tyche als Stadtgöttin verehrt.

Abbildung 20.2 Haupt der Stadtgöttin Tyche von Philadelphia, Archäologisches Museum auf der Zitadelle in Amman. Die Figur ist mit einer hexagonalen Zitadelle gekrönt. Die Göttin Tyche soll Macht und Wohlergehen der Stadt bewirken. (2. Jh. v. Chr.)

In der Renaissance entsteht ein neues Weltbild, in dem die Tyche keinen Platz mehr hat. Nicht mehr die Schicksalsgöttin, sondern der einem Kalkül unterworfene »Zufall« steuert jetzt die unvorhersehbaren Ereignisse.

Als Pionier auf dem Gebiet der Wahrscheinlichkeitsrechnung kann man Gerolamo Cardano (1501–1576) ansehen, der in seinem Buch »liber de ludo aleae« (*Buch über das Würfelspiel*) das Spiel mit mehreren Würfeln untersuchte. Erst Blaise Pascal (1623–1662) und Pierre de Fermat (1607–1665) begannen mit der Entwicklung einer Theorie zur Wahrscheinlichkeitsrechnung. Weitere entscheidende Fortschritte erzielte dann Jakob Bernoulli (1655–1705). Sein Buch »Ars conjectandi« (Basel 1713) kann als die erste systematische Darstellung der Wahrscheinlichkeitsrechnung angesehen werden.

Schon Jakob Bernoulli berichtete davon, dass »die Intuition, die wir vom Zufall haben, unscharf ist und der Weg, den Zufall zu beschreiben, voller Fallgruben ist«. Was Bernoulli da aufzeigt, wurde auch Gegenstand wissenschaftlicher Untersuchungen. Gezeigt wurde unter anderem, dass Menschen nicht in der Lage sind, Zufallsfolgen zu bilden. Stellt man einem mathematischen Laien die Aufgabe, eine Zufallsfolge aus Nullen und Einsen zu erzeugen, dann wird dieser zu häufig Wechsel zwischen Nullen und Einsen produzieren.

Auf der Webseite *random.org* gibt es die Möglichkeit, Münzwürfe durchführen zu lassen. Dabei kann es durchaus geschehen, dass in einer Serie von 15 Münzwürfen achtmal hintereinander Zahl erscheint.

Abbildung 20.3 Folge mit Münzwürfen mit achtmal hintereinander Zahl

Wie die Webseitenbetreiber mitteilen, haben sich Menschen per E-Mail gemeldet und darauf hingewiesen, dass Serien mit zu vielen Wappen oder Zahl in Folge produziert würden. Dies bestätigt noch einmal die zuvor erwähnten Untersuchungsergebnisse.

20.2 Hellsehen oder nicht?

Die Unfähigkeit von Menschen, Zufallsfolgen zu produzieren, kann in einem kleinen Experiment sichtbar gemacht werden. Eine Person erzeugt »im Kopf« eine Zufallsfolge von z. B. 50 Nullen und Einsen und schreibt diese auf einem Blatt nieder. Eine zweite Person schreibt eine Zufallsfolge aus Nullen und Einsen mithilfe einer Zufallszahlentabelle (z. B. »0, falls die gezogene Zahl gerade ist, sonst 1«) oder mithilfe eines Computers auf. Beide Blätter werden dem mathematischen Experten so übergeben, dass er nicht weiß, wer der jeweilige Urheber ist. Zur allgemeinen Überraschung gelingt es dem Mathematiker fast immer, die Blätter richtig zuzuordnen. Wie kann dies gelingen? Können Mathematiker etwa hellsehen?

Wenn man ohne Zufallszahlentabelle und ohne Computer versucht, eine Zufallsfolge herzustellen, wird man für etwa gleich viele Nullen und Einsen sorgen. Auch wird man lange Ketten (*runs*), z. B. 8 Einsen hintereinander, vermeiden, denn das wäre doch auffällig. Man wird also häufig zwischen Nullen und Einsen wechseln. Um als ratender Experte erfolgreich zu sein, muss man zuerst wissen, wie viele Wechsel zwischen Nullen und Einsen in einer »echten« Zufallsfolge aus 50 Symbolen im Schnitt auftreten. Am schnellsten erhält man durch eine Simulation einen ersten Eindruck.

Mit einem Tabellenblatt wurden 1000 Zufallsfolgen der Länge 50 erstellt, deren run-Anzahl ermittelt und graphisch dargestellt. Es ergibt sich ein fast symmetrisches Bild um die Mitte 25, das heißt, die mittlere Anzahl der runs in einer Zufallsfolge aus 50 Nullen und Einsen ist etwa gleich 25 (Abbildung 20.4).

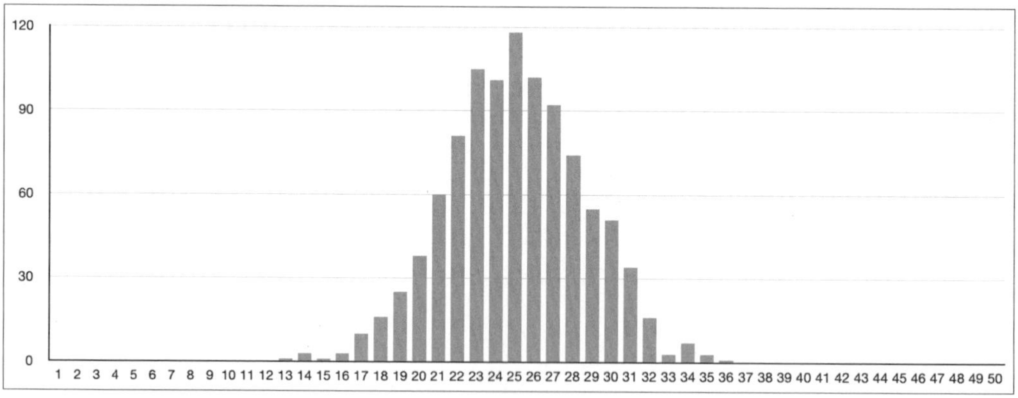

Abbildung 20.4 Simulierte run-Anzahlen

Damit ist die Ratestrategie des mathematischen Experten, der eine Zufallsfolge von einer ausgedachten Folge unterscheiden soll, geklärt: Er zählt die Anzahl der runs in den beiden Folgen und wird diejenige Folge als zufällig erklären, deren run-Anzahl am nächsten bei 25 liegt. Enthalten beide Folgen gleich viele runs, muss der Experte passen. Also doch kein Hellsehen.

20.3 Die Wahrscheinlichkeit für bestimmte run-Anzahlen

Hier soll geklärt werden, mit welcher Wahrscheinlichkeit eine Zufallsfolge aus Nullen und Einsen eine bestimmte Anzahl von runs aufweist. Mit anderen Worten: Welche Wahrscheinlichkeitsverteilung besitzt die Zufallsvariable »Anzahl der runs in einer Folge von n Nullen und Einsen«?

Um dieses Ziel zu erreichen, markiert man in der Zufallsfolge ***...* (jeder Stern steht für eine Null oder eine Eins) den Beginn eines runs jeweils durch eine Fahne ⚐.

Beispiel

⚐**⚐*⚐***

Diese Folge aus $n = 6$ Zeichen besteht aus drei runs und könnte 1 1 0 1 1 1 oder 0 0 1 0 0 0 sein.

Es ist klar, dass die erste Fahne vor der Folge stehen muss, denn hier beginnt in jedem Fall ein run. Im Beispiel sind weitere $k = 2$ Markierungen in der Folge gesetzt. Diese können vor jedem der $n - 1 = 5$ Zeichen stehen, die auf das erste Zeichen folgen. Das kann also auf $\binom{n-1}{k} = \binom{5}{2} = \frac{5 \cdot 4}{1 \cdot 2} = 10$ Arten geschehen, denn bekanntlich bedeutet $\binom{n-1}{k}$ die Anzahl der Möglichkeiten, wie man aus n-1 Elementen, k Elemente ohne Wiederholung auswählen kann.

Weil zu jeder Folge aus Sternen zwei mögliche Folgen aus Nullen und Einsen gehören, gibt es doppelt so viele Möglichkeiten, wie gerade berechnet, das sind
$2 \cdot \binom{n-1}{k} = 2 \cdot \binom{5}{2} = 2 \cdot \frac{5 \cdot 4}{1 \cdot 2} = 20$ Möglichkeiten.
Betrachtet man eine Folge aus n Nullen und Einsen, so kann an jeder Stelle eine Null oder eine Eins stehen. Es gibt also 2^n verschiedene Folgen der Länge n.

Die Wahrscheinlichkeit, dass eine Zufallsfolge aus n Nullen und Einsen genau $k + 1$ (die 1 steht für den ersten feststehenden run) runs hat, ist demnach gleich

$$\frac{2 \cdot \binom{n-1}{k}}{2^n} = \binom{n-1}{k} \cdot \left(\frac{1}{2}\right)^{n-1} \cdot \left(\frac{1}{2}\right)^{k} \cdot \left(\frac{1}{2}\right)^{-k}$$

$$= \binom{n-1}{k} \cdot \left(\frac{1}{2}\right)^{k} \cdot \left(\frac{1}{2}\right)^{(n-1)-k}$$

Damit ist es jetzt möglich, die zuvor nur simulierten Anzahlen (Abbildung 20.4) exakt zu berechnen und darzustellen. Das ist in Abbildung 20.5 geschehen.

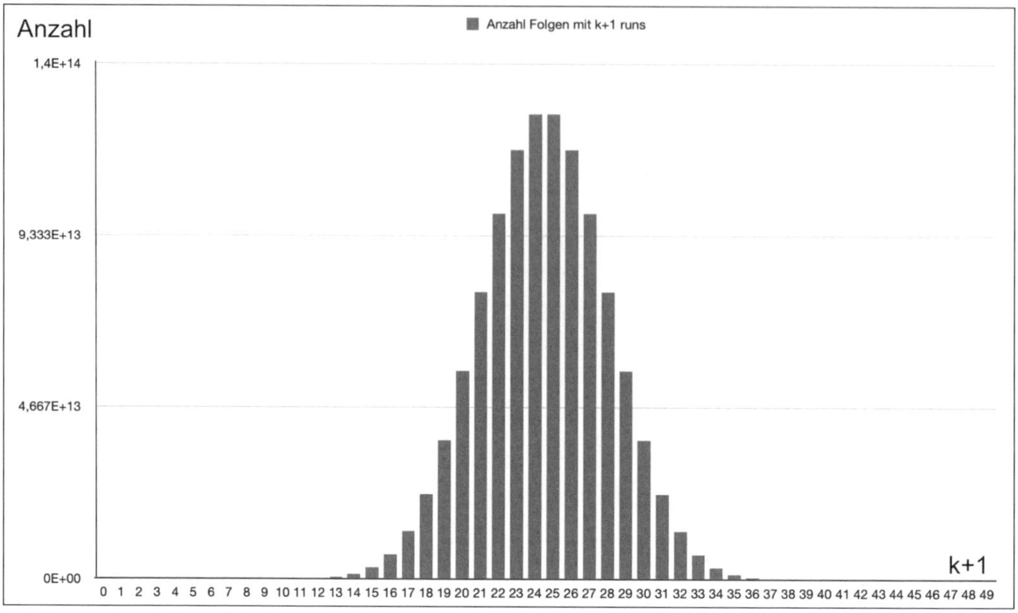

Abbildung 20.5 Verteilung der run-Anzahlen

20.4 Der Erwartungswert der run-Anzahlen

Ein Hinweis zu Beginn: In diesem Abschnitt wird die Kenntnis der Binomialverteilung sowie des Erwartungswerts einer Zufallsvariablen vorausgesetzt.

Die Zufallsvariable R_n bezeichne die Anzahl der runs in einer Zufallsfolge aus n Nullen und Einsen. Aus dem letzten Abschnitt ist bekannt, dass gilt:

$$P(\mathrm{R_n} = k + 1) = \binom{n-1}{k} \cdot \left(\frac{1}{2}\right)^k \cdot \left(\frac{1}{2}\right)^{(n-1)-k}$$

Jetzt betrachtet man die Zufallsvariable $S_n = R_n - 1$. Für diese Zufallsvariable gilt:

$$P(S_n = k) = P(R_n = k + 1) = \binom{n-1}{k} \cdot \left(\frac{1}{2}\right)^k \cdot \left(\frac{1}{2}\right)^{(n-1)-k}$$

Diese Darstellung zeigt, dass S_n binomial-verteilt ist mit den Parametern $n - 1$ und $\frac{1}{2}$. Der Erwartungswert von S_n ist deshalb gleich $E(S_n = (n-1) \cdot \frac{1}{2}$.

Das ermöglicht nun den Erwartungswert von R_n zu bestimmen. Dabei wird die folgende Regel für Erwartungswerte verwendet: $E(X+Y) = E(X) + E(Y)$.

$$E(R_n) = E(S_n + 1) = E(S_n) + 1 = (n-1) \cdot \frac{1}{2} + 1 = \frac{n+1}{2}$$

Der Erwartungswert für die Anzahl der runs in einer Zufallsfolge von 50 Nullen und Einsen ist also gleich $\frac{50+1}{2} = 25{,}5$.

Das ist die endgültige Bestätigung für das Verhalten des Mathematikers beim Erraten der Zufallsfolge.

20.5 Zum Mitmachen: Berechnen Sie die Anzahlen der runs

Erstellen Sie ein Tabellenblatt, mit dem man für einen beliebigen Wert von n die Anzahlen der Folgen mit $k+1$ runs berechnen und graphisch darstellen kann.

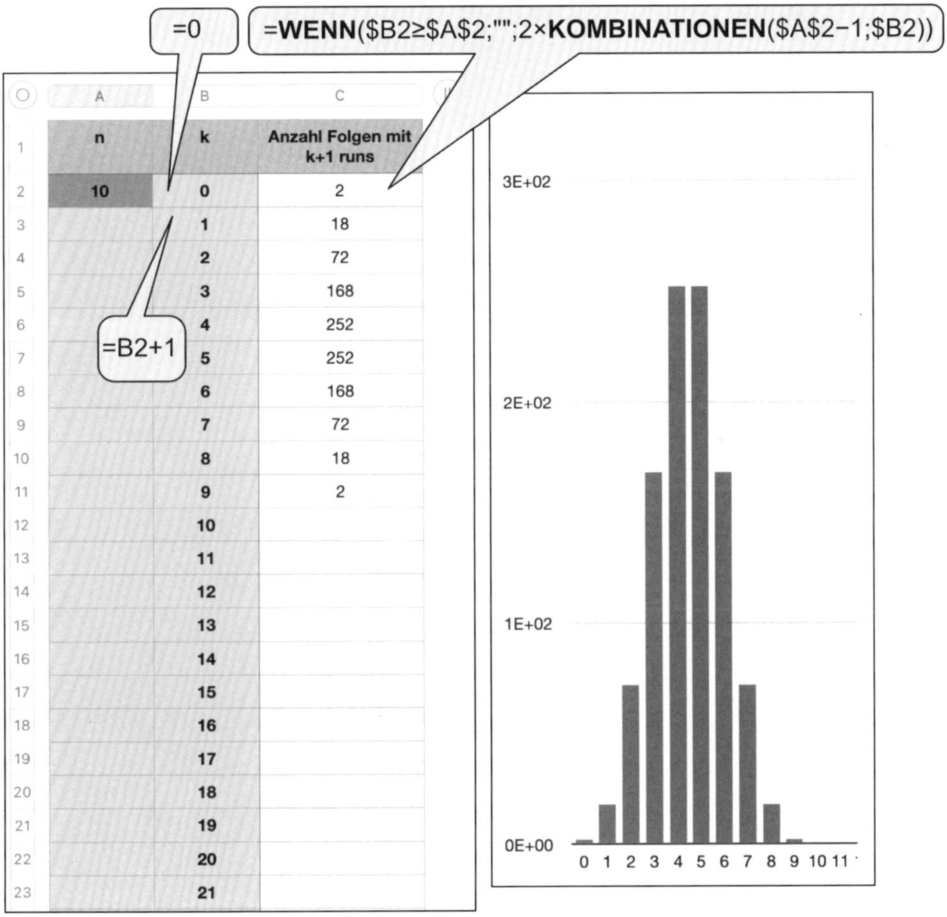

Abbildung 20.6 Verteilung der run-Anzahlen

Kapitel 21
Muster in Zufallsfolgen

Die Wahrscheinlichkeit, mit der Muster, also bestimmte Zeichenfolgen, in Zufallsfolgen auftreten, widerspricht der Intuition. In diesem Kapitel erwarten Sie erstaunliche Resultate.

21.1 Wo überall Muster auftreten

Eine der wichtigsten Eigenschaften des menschlichen Gehirns ist die Fähigkeit, Muster zu erkennen. Mustererkennung schafft eine schnelle Orientierung, die vor allem den Frühmenschen im Laufe der Evolution genutzt hat. Die Fähigkeit, aus einem flüchtigen Eindruck den Säbelzahntiger hinter dem nächsten Busch zu erkennen, stellte einen wichtigen Überlebensvorteil dar. Mustererkennung findet dann statt, wenn dasselbe Objekt in verschiedenen Formen erscheint – wie z. B. die in Abbildung 21.2 gezeigten Bäume – und unsere Wahrnehmung daraus in allen Fällen die Gemeinsamkeit erkennt.

Abbildung 21.1 Musterbildung in einem Kochtopf

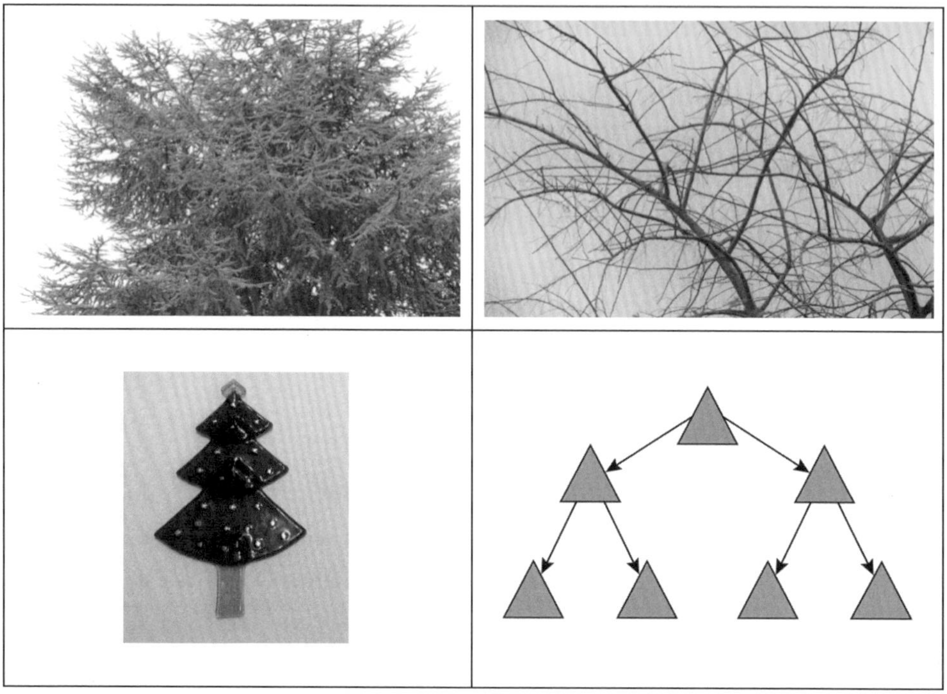

Abbildung 21.2 Muster Baum

Auch wenn ein Musikstück mit anderen Instrumenten, in einem anderen Tempo oder in einer anderen Stimmung gespielt wird, erkennt das menschliche Gehirn sofort den Zusammenhang zu der früher gehörten Version und identifiziert das zugrunde liegende Muster.

Dass unser Wahrnehmungsapparat ständig auf Mustersuche ist, erkennt man auch daran, dass manchmal Zusammenhänge hergestellt werden, wo gar keine sind. Ein Beispiel ist die von jedem schon einmal erlebte Situation des Phantomklingelns des eigenen Handys. In angespannten Situationen filtert unsere Wahrnehmung aus den Geräuschen der Umwelt diejenigen Signale heraus, die annähernd dem eigenen Handyklingeln entsprechen, auch wenn gar kein Anruf erfolgt ist. Ein anderes Beispiel für dieses Phänomen sind Untersuchungen, in denen Versuchspersonen Zufallsmuster gezeigt wurden, und diese dann Nichtvorhandenes, z. B. Gesichter, in den Zufallsmustern wahrzunehmen glaubten.

Mustererkennung spielt mittlerweile in vielen Anwendungen eine Rolle. Ein weiteres Beispiel ist die Gesichtserkennungssoftware zum maschinellen Sehen und deren umstrittener Einsatz. Mit ihr ist es möglich, Videoaufnahmen in Echtzeit danach auszuwerten, ob sich eine bestimmte Person im Bereich der Kamera aufhält. Man verspricht sich Erfolge bei der Fahndung nach Terroristen oder aber auch beim Erkennen gewaltbereiter Fußballfans im Stadion.

In medizinischen Experimenten versucht man, Computer durch Mustererkennung feststellen zu lassen, ob sich bestimmte Zellen in Richtung einer bösartigen Struktur entwickeln könnten.

Ein Standardbeispiel für die Untersuchung von Mustern ist der genetische Code. Die DNA von Lebewesen enthält die für die Vererbung erforderlichen Informationen. Sie besteht aus zwei miteinander gekoppelten Strängen. Jeder Strang ist aus Nukleotiden aufgebaut, die sich in den vier organischen Basen Adenin, Guanin, Cytosin und Thymin unterscheiden. Die gespeicherte Information ist durch die Reihenfolge der Nukleotide festgelegt. Ein Strang der menschlichen DNA enthält dabei mehrere Milliarden Nukleotide. Zur Erforschung genetischer Verwandtschaften versucht man mit einem Sequence Matching, Ähnlichkeiten in der Sequenz der Nukleotide aufzuspüren. Dazu verwendet man Programme, welche die experimentell ermittelte Sequenz mit ähnlichen Stücken aus einer Datenbank vergleichen. In diesem Zusammenhang sind Überlegungen wichtig, die angeben, wie wahrscheinlich Übereinstimmungen wären, wenn die Datenbank zufällige Sequenzen enthalten würde. Die Untersuchung von Mustern in Zufallsfolgen ist in diesem Zusammenhang ein wichtiges Unterfangen.

21.2 Das teuflische Roulette

Eine humorige Variante zum Thema »Muster in Zufallsfolgen« wird von Martin Gardner, dem Meister der mathematischen Unterhaltungsliteratur, in [GAR] beschrieben. Unter dem Titel »Teuflisches Roulette« bietet der Teufel einem Mann eine Wette über das Auftreten von Mustern in der Abfolge von Roulettespielen an. Der Mann darf sich irgendeine Dreierkombination aus Rot (*R*) und Schwarz (*S*) aussuchen, z. B. *RSR*. Daraufhin wählt der Teufel eine davon verschiedene Kombination. Dann werden so lange Roulettespiele durchgeführt, bis eines der beiden Muster auftritt. Dabei werden Zeros nicht berücksichtigt. Der Spieler, dessen Muster als Erstes auf dem Roulettetisch erscheint, hat gewonnen.

Abbildung 21.3 Roulettetisch im Spielcasino

In Gardners Geschichte räsoniert der Mann: »Bei jeder Drehung des Rades ist die Wahrscheinlichkeit für Rot $\frac{1}{2}$ und für Schwarz auch $\frac{1}{2}$. Für jede Dreierfolge ist die Wahrscheinlichkeit gleich $\frac{1}{2}$ mal $\frac{1}{2}$ mal $\frac{1}{2}$, also $\frac{1}{8}$. Also sind alle Kombinationen gleich wahrscheinlich. Keiner von uns hat einen Vorteil.«

Das klingt vernünftig, ist aber falsch, und gerade deshalb ist es sehr lehrreich, dieses Spiel mehrmals selbst durchzuführen.

In einer Zeichenfolge, in der man nach einem Muster sucht, wird die letzte Stelle des Musters als die Stelle bezeichnet, an der das Muster auftritt, das heißt, in der Folge *RRSRRRSR* tritt das Muster *RRR* an 6. Position auf. Muster dürfen sich überlappen – in der angegebenen Folge findet man an der Position 5 das Muster *SRR*.

Als Beispiel wird hier betrachtet, dass der Mann *RRR* und der Teufel daraufhin *SRR* wählt. Ist kein Roulettespiel vorhanden, verwendet man eine vom Zufallszahlengenerator erzeugte Tabelle wie in Abbildung 21.4 aus *R* und *S*, um die Roulettespiele zu simulieren.

	A	B	C	D	E	F	G	H	I	J	K	L	M	N	O	P	Q	R	S	T
1	R	S	R	S	S	S	R	S	S	S	R	R	R	S	R	R	S	R	S	S
2	S	R	R	S	S	R	R	S	R	R	R	R	S	R	R	S	S	S	R	S
3	S	R	S	R	S	S	S	R	R	S	R	R	S	S	S	R	S	R	R	S
4	R	R	R	R	R	R	S	R	R	S	S	S	R	S	R	R	R	R	R	R
5	S	S	S	R	S	S	R	R	R	S	S	S	S	S	S	R	R	R	R	S
6	S	R	S	R	R	R	R	S	R	R	R	R	S	R	S	R	R	R	R	S
7	S	R	R	R	S	R	R	R	S	R	S	R	S	R	S	S	S	R	R	R
8	S	R	R	S	R	S	S	R	S	S	S	S	S	S	R	R	R	S	S	S
9	R	S	S	S	R	S	S	S	S	R	S	R	S	S	S	S	R	R	S	R
10	S	R	R	R	R	R	S	S	S	S	R	R	R	S	S	S	R	S	S	R
11	R	S	R	R	R	R	R	S	S	R	S	R	R	R	R	S	S	S	S	S
12	S	R	S	S	S	S	R	R	R	S	R	R	S	S	S	R	R	S	S	S
13	S	S	S	R	R	R	R	S	S	S	R	R	S	R	S	R	S	S	R	S
14	S	S	S	R	R	S	S	R	R	R	S	R	R	R	R	S	S	S	R	S
15	S	S	R	S	S	R	R	S	S	R	R	S	S	S	S	S	S	S	R	S
16	S	S	R	R	S	R	R	R	R	S	R	S	R	R	S	R	S	S	R	S
17	S	R	R	S	R	S	R	S	R	R	R	S	R	S	R	R	S	R	S	R
18	R	S	S	R	R	S	R	S	S	S	R	R	R	S	R	S	S	S	R	S
19	S	R	R	S	R	S	S	R	R	R	S	R	S	S	S	S	R	S	R	S
20	S	R	S	R	S	S	R	S	R	S	S	R	S	S	R	S	S	R	R	S

Abbildung 21.4 Zufallsfolgen für R und S

Man wählt irgendeine Stelle in der Tabelle und geht dann zeilen- oder spaltenweise weiter und registriert, welches der beiden Muster zuerst auftaucht. Beginnt man z. B. in der Zelle C1 der Abbildung und durchläuft die erste Zeile, dann findet man schon in den Zellen D1-E1-F1 das Muster des Teufels. Das Muster *RRR* des Mannes taucht erst später auf.

Wiederholt man dies von verschiedenen Stellen der Tabelle aus, wird einem fast immer das Muster *SRR* zuerst begegnen, obwohl die Häufigkeit des Auftretens der beiden Muster natürlich gleich ist.

Es fällt auf, dass *RRR* nur dann gewinnt, wenn die ersten 3 Elemente der Zufallsfolge alle gleich *R* sind. Das ist leicht zu verstehen. Wenn irgendwo *RRR* zu finden ist – außer bei dem Feld, von dem aus man startet –, dann muss ein *S* vorausgehen, *SRR* ist also zuvor aufgetreten. *RRR* gewinnt also nur dann, wenn in den ersten 3 Feldern, die man betrachtet, jeweils *R* steht. Das tritt offenbar in einem von acht Fällen ein, das heißt, die Wahrscheinlichkeit, dass *SRR* vor *RRR* auftritt, ist gleich $\frac{7}{8}$.

Es ist möglich, im teuflischen Roulette zu jeder Wahl des Mannes die passende Kombination des Teufels anzugeben:

Mann	RRR	RRS	RSR	RSS	SRR	SRS	SSR	SSS
Teufel	SRR	SRR	RRS	RRS	SSR	SSR	RSS	RSS

Tabelle 21.1 Wahl des Teufels auf die Kombination des Mannes

Dabei wird folgendes Bildungsgesetz deutlich: Die beiden ersten Zeichen des Mannes sind die beiden letzten des Teufels. Das erste Zeichen des Teufels ergibt sich aus dem zweiten Zeichen des Mannes. Ist dieses gleich *R*, dann wird *S* gewählt und umgekehrt.

21.3 Muster und Graphen

Auch wenn die Wahrscheinlichkeit dafür, dass *SRR* vor *RRR* kommt, schon bekannt ist, liefert der folgende Graph eine Übersicht über das Konkurrieren der beiden Muster. Man beginnt an dem Knoten »*Start*«. Mit der Wahrscheinlichkeit $\frac{1}{2}$ ergibt sich *R*, und man gelangt in den Knoten *R*. Im anderen Fall gelangt man nach *S*.

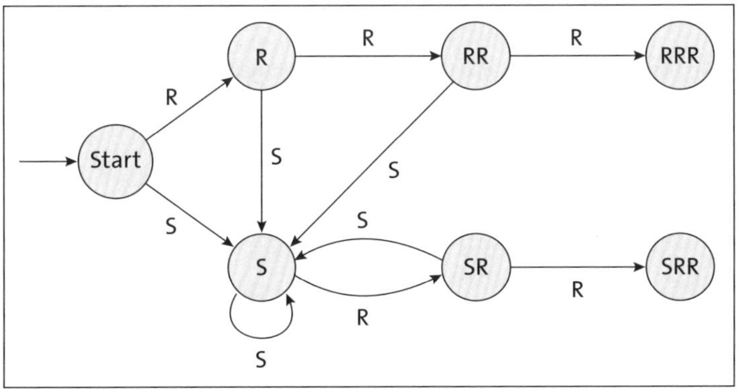

Abbildung 21.5 Wettstreit zwischen RRR und SRR

Da die Übergangswahrscheinlichkeiten an allen Kanten jeweils gleich $\frac{1}{2}$ sind, ist die Wahrscheinlichkeit für das Auftreten von *RRR* gleich $\frac{1}{8}$. Für den Sieg von *SRR* ist die Wahrscheinlichkeit dann $1 - \frac{1}{8} = \frac{7}{8}$.

Der Graph macht noch einmal deutlich, wieso *SRR* so überlegen gegenüber *RRR* ist. Nur für den Fall, dass die ersten 3 ausgespielten Symbole alle gleich *R* sind, gewinnt *RRR*. Alle anderen Situationen führen zum Gewinn von *SRR*. Wir stellen fest:

In einer langen Folge aus *R* und *S* tritt jedes dreigliedrige Muster mit der gleichen Wahrscheinlichkeit auf. Trotzdem gibt es Muster A und B für die gilt:

P(A tritt vor B auf) ≠ P(B tritt vor A auf)

Das ist eine überraschende und der Intuition widersprechende Tatsache.

21.4 Zum Mitmachen: Welches Muster erscheint zuerst?

Erstellen Sie ein Tabellenblatt, mit dem man feststellen kann, ob in einer Zufallsfolge aus *S* und *R* das Muster A vor Muster B erscheint oder umgekehrt.

In den 40 Zellen H2 bis AU2 in Abbildung 21.4 (abgebildet sind nur die ersten 20 davon) wird je nach Wert der Funktion `ZUFALLSZAHL(0;1)` ein *R* oder ein *S* erzeugt.

In den sich darunter befindlichen Zellen wird A, B oder das Leerzeichen eingetragen, je nachdem ob ein Muster gefunden wird oder nicht. Dazu werden die Inhalte von 3 darüberliegenden Zellen verkettet und geprüft, ob sich Muster A oder Muster B ergibt.

Mit der Funktion `VERGLEICH("A";H3:AU3;0)` kann man die erste Position von A im Zellbereich H3:AU3 finden. Die in `VERGLEICH` auftretende 0 gibt an, dass das erste Vorkommen gesucht wird. Natürlich kann es vorkommen, dass im angegebenen Zellbereich kein A vorkommt. Dann liefert die Funktion `VERGLEICH` einen Fehler, den man mittels der Funktion `WENNFEHLER` kontrollieren kann. `WENNFEHLER` gibt bei einem auftretenden Fehler den Wert 41 zurück, als Zeichen dafür, dass in den 40 betrachteten Zellen das Muster nicht auftritt.

Entsprechend wird in Zelle E3 das erste Vorkommen des Musters B registriert. Dies geschieht mit `=WENNFEHLER(VERGLEICH("B";H3:AU3;0);41)`.

Zuletzt wird in Zelle F3 festgestellt, welches Muster zuerst auftritt.

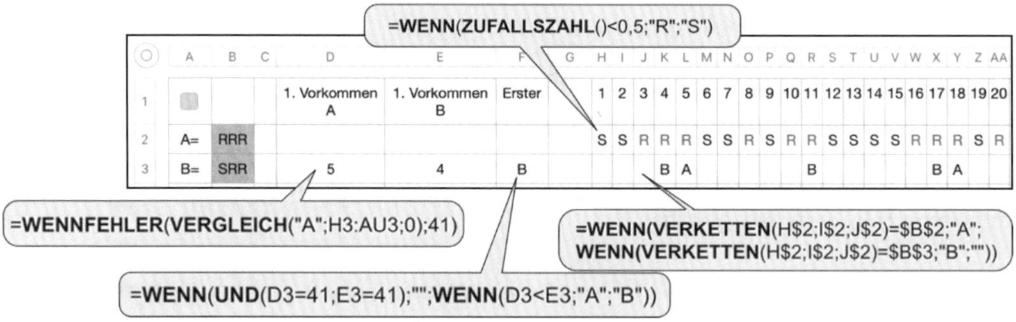

Abbildung 21.6 Tabellenblatt zur Musterkonkurrenz

Kapitel 22
Doppelte Lottoziehungen und Geburtstage

Sind Sie überrascht, wenn sich eine Lottoziehung wiederholt oder wenn Sie jemanden treffen, der am selben Tag wie Sie Geburtstag hat? Wie wahrscheinlich solche Begebenheiten sind, erfahren Sie in diesem Kapitel.

22.1 Lottosensationen

Am 21. Juni 1995 wurden die Lottozahlen 15, 25, 27, 30, 42 und 48 gezogen. Bei dieser Ziehung handelte es sich um die 3017. Ziehung im Lotto nach dem Krieg. Knapp 9 Jahre vor dem 21.6.1995, am 20.12.1986, waren genau dieselben Zahlen gezogen worden. Die Ziehung am 21. Juni 1995 war die 3017. Ziehung seit Beginn der Lottoziehungen am 9.10.1955. Wenn man bedenkt, dass die möglichen Ziehungsergebnisse verschiedene Möglichkeiten liefern, dann muss man doch an eine Sensation glauben, dass schon innerhalb von 3017 Ziehungen eine Wiederholung auftrat.

Inzwischen ist dieses Ereignis noch einmal aufgetreten. Die Ziehungsergebnisse vom 8.1.2020 stimmten mit den am 27.5.1962 gezogenen Zahlen überein.

Es mag überraschen, aber die Wahrscheinlichkeit, dass bei 3017 Ziehungen eine Übereinstimmung von Ziehungsergebnissen stattfindet, ist ca. 28 %. Die Ziehungen vom 21.6.1995 und vom 20.12.1986 stellen also keine Sensation dar. Genauere Informationen dazu finden Sie in Abschnitt 22.3, »Wahrscheinlichkeiten für das Lottoproblem«.

Das gerade betrachtete Problem ist eine Variante eines bekannten Problems, des Geburtstagsproblems, auch *Geburtstagsparadox* genannt. Von n Personen werden die Geburtstage registriert. Es wird festgestellt, ob mindestens zwei der n Personen am gleichen Tag Geburtstag haben. Die Frage ist, ab welcher Personenanzahl n es sich lohnt, auf das Eintreten dieses Ereignisses zu wetten. Die meisten Menschen glauben, dass es schon 50 Personen oder mehr sein müssen, damit mindestens zwei Personen aus dieser Gruppe am gleichen Tag Geburtstag haben. Erstaunlicherweise lohnt es sich aber, schon ab $n = 23$ Personen zu wetten, dass dieses Ereignis eintritt. Wie die Eintrittswahrscheinlichkeit von der Personenanzahl abhängt, sieht man in Tabelle 22.1. Dort erkennt man, dass ab 23 Personen die Wahrscheinlichkeit größer als 50 % ist.

Anzahl der Personen	Eintrittswahrscheinlichkeit
1	0,0000
2	0,0027
3	0,0082
4	0,0164
5	0,0271
6	0,0405
7	0,0562
8	0,0743
9	0,0946
10	0,1169
11	0,1411
12	0,1670
13	0,1944
14	0,2231
15	0,2529
16	0,2836
17	0,3150
18	0,3469
19	0,3791
20	0,4114
21	0,4437
22	0,4757
23	0,5073
24	0,5383
25	0,5687

Tabelle 22.1 Wahrscheinlichkeiten für das Geburtstagsproblem

22.2 Simulieren Sie das Geburtstagsproblem

Probieren Sie selbst aus, ob für $n = 25$ Personen die Wahrscheinlichkeit für das Eintreten des Geburtstagsparadoxes bei ca. 60 % liegt. Verwenden Sie dazu Abbildung 22.1. Diese enthält Zufallszahlen zwischen 1 und 365, also mögliche Geburtstage im Jahr. Die Abbildung besteht aus 25 Zeilen und 25 Spalten. Wählen Sie irgendeine Zeile oder Spalte aus, und schreiben Sie die dort enthaltenen Zahlen auf. Registrieren Sie dabei, ob Zahlen mehrfach auftreten. Falls dies der Fall ist, so ist das Ereignis eingetreten. Wiederholen Sie dies mehrmals.

226	215	307	239	58	247	145	92	254	181	242	19	286	262	298	308	80	31	184	256	41	240	262	80	137
94	351	21	229	115	11	160	248	362	165	332	21	39	127	287	257	163	293	108	85	34	217	363	310	115
339	178	204	237	35	338	106	36	48	352	73	208	321	282	306	69	244	153	339	245	245	337	8	166	230
150	57	251	26	61	9	127	201	144	262	293	184	133	265	341	296	220	223	140	213	290	10	132	99	357
111	114	14	192	52	148	294	293	35	344	323	113	256	91	183	284	242	133	333	13	308	287	188	303	112
93	344	65	76	21	76	214	314	42	236	335	176	184	354	202	91	281	87	92	143	250	363	9	120	345
348	107	246	107	307	80	234	240	270	137	24	267	301	207	248	202	245	167	211	230	6	214	56	272	260
164	103	329	144	238	61	309	140	202	124	242	260	262	281	143	326	222	238	286	265	111	141	284	152	148
330	362	174	328	103	99	55	154	284	358	360	118	203	22	137	15	250	325	124	103	127	229	60	265	273
247	309	54	116	283	242	274	35	278	270	251	243	99	153	334	43	23	6	183	158	179	230	279	84	151
18	29	211	128	188	344	161	232	28	81	193	35	231	160	280	171	361	336	318	254	193	128	37	315	139
67	285	169	186	344	287	219	285	114	316	233	325	363	68	209	235	341	82	347	124	307	361	77	323	335
337	202	194	57	12	135	54	353	84	115	32	50	140	232	229	109	322	275	245	310	363	276	46	248	162
266	291	32	72	305	338	224	109	51	232	4	133	234	267	104	54	74	268	79	123	10	48	282	320	69
255	178	338	269	66	288	275	176	61	181	35	32	132	137	196	4	262	328	85	135	337	179	261	57	121
235	151	266	116	152	300	135	180	282	71	48	305	145	47	336	104	128	188	163	211	139	236	134	95	124
54	320	113	254	52	126	137	144	325	89	216	338	56	235	84	154	288	272	144	308	7	74	260	74	293
62	217	285	203	255	188	329	128	121	257	100	31	354	27	100	159	253	122	341	46	198	94	71	83	16
54	119	162	174	76	223	180	323	287	36	285	328	300	136	102	339	109	129	351	28	358	149	259	134	293
256	71	363	301	149	79	256	52	14	185	103	316	228	54	49	282	317	46	135	273	17	288	6	272	262
285	335	21	341	144	274	195	207	158	18	163	23	29	171	192	143	260	193	228	161	312	143	153	106	37
44	103	294	120	41	225	240	55	180	6	108	306	31	88	47	348	246	63	333	114	338	222	126	208	112
148	55	316	202	311	60	115	42	56	254	230	112	148	319	51	110	361	57	14	314	66	106	48	1	171
264	64	273	151	86	126	358	315	86	27	82	232	101	328	331	156	6	317	325	255	211	133	231	194	155
192	23	162	200	365	303	59	362	113	113	212	353	317	200	317	126	63	80	120	53	285	125	151	80	243

Abbildung 22.1 Zufallszahlen zwischen 1 und 365

22.3 Wahrscheinlichkeiten für das Lottoproblem

Um die Wahrscheinlichkeit zu berechnen, dass bei 3017 Ziehungen eine Übereinstimmung der Ziehungsergebnisse stattfindet, stellt man sich einen riesigen Schubladenschrank mit 13 983 816 leeren Schubladen, jede für eine Lottoziehung, vor. Jede Schublade ist mit den Zahlen der Lottoziehung beschriftet, zu der sie gehört.

Jetzt wird das Ergebnis der ersten Lottoziehung vom 9.10.1955 in die zugehörige Schublade gelegt. Da alle Schubladen noch leer sind, ist die Wahrscheinlichkeit dafür, dass diese Schublade leer ist, gleich 1.

Die zweite Lottoziehung wird betrachtet. Die Wahrscheinlichkeit, dass sie in eine leere Schublade kommt, ist gleich $\frac{13983815}{13983816}$.

Die Wahrscheinlichkeit, dass das Ergebnis der dritten Ziehung eine leere Schublade antrifft, ist gleich $\frac{13983814}{13983816}$.

Dies wird so fortgesetzt, bis zur Ziehung mit der Nummer 3017. Die Wahrscheinlichkeit für eine leere Schublade ist hier gleich $\frac{13983816-3017+1}{13983816}$.

Die Wahrscheinlichkeit, dass alle 3017 Ziehungen in leeren Schubladen landen, ist dann gleich dem Produkt der zuvor ermittelten Wahrscheinlichkeiten:

$\frac{13983816}{13983816} \cdot \frac{13983815}{13983816} \cdot \ \dots \ \cdot \frac{13983816-3017+1}{13983816}$.

Ein Mathematiker würde dieses Produkt etwas kompakter schreiben, nämlich als $\frac{\prod_{k=1}^{3017}(13983816-k+1)}{13983816^{3017}}$, was allerdings die Berechnung nicht vereinfacht. Es sind immerhin 3017 Brüche miteinander zu multiplizieren. Für ein Computer-Algebrasystem oder auch eine Tabellenkalkulation ist das aber kein Problem. Es ergibt sich 0,7223.

Die Zahl 0,7223 gibt die Wahrscheinlichkeit an, dass keine Schublade mehrfach belegt ist. Die Wahrscheinlichkeit, dass mindestens eine Schublade mehrfach belegt ist, erhält man dann zu 1 – 0,7223 = 0,2777. Diese 28 % stellen natürlich nicht die Wahrscheinlichkeit dar, dass gerade am 21.6.1995 die Übereinstimmung stattfand, sondern dafür, dass in dem ganzen Zeitraum der 3017 Ziehungen mindestens eine Übereinstimmung stattfand. Mit einer Wahrscheinlichkeit von 28 % ist die beobachtete Ziehung vom 21. Juni 1995 also keineswegs eine Sensation.

22.4 Wahrscheinlichkeiten für das Geburtstagsproblem

Wie zuvor wird ein Schubladenschrank betrachtet. Dieses Mal allerdings nur mit 365 Schubladen, die von 1 bis 365 nummeriert sind. Sie stehen für die möglichen Geburtstage von *n* Personen. Jeder der *n* Personen legt man einen Zettel mit ihrem Geburtstag in die entsprechende Schublade. Für die Wahrscheinlichkeit, dass mindestens eine Schublade mehrfach belegt ist, erhält man entsprechend dem Lottoproblem den Ausdruck

$$1 - \frac{365}{365} \cdot \frac{364}{365} \cdot \ \dots \ \cdot \frac{365-n+1}{365}$$

22.5 Verwechslungsgefahr

Viele Menschen wundern sich über die niedrige Schwelle $n = 23$ beim Geburtstagsproblem. Dies hängt damit zusammen, dass sie das Geburtstagsproblem mit folgender Frage verwechseln: Wie groß ist die Wahrscheinlichkeit, dass von den n Personen mindestens eine Person an demselben Tag Geburtstag hat, an dem ich selbst Geburtstag habe? Diese Wahrscheinlichkeit ist gegeben durch $1 - \left(\frac{364}{365}\right)^n$. In Abbildung 22.2 sind die Wahrscheinlichkeiten für das Geburtstagsproblem und die gerade betrachteten Wahrscheinlichkeiten für Werte von $n = 1$ bis $n = 60$ eingezeichnet.

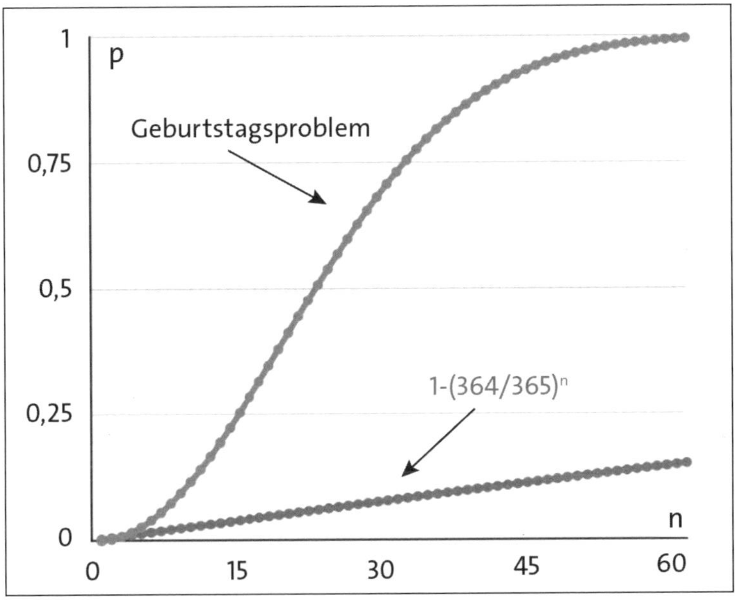

Abbildung 22.2 Vergleich der Wahrscheinlichkeiten

22

Wie man sieht, ist selbst für $n = 60$ Personen die Schwelle von 50 % noch nicht erreicht. Dies ist erst ab $n = 253$ Personen der Fall.

Warum die Wahrscheinlichkeiten beim Geburtstagsproblem so schnell zunehmen, kann man verstehen, wenn man sich die Anzahl der möglichen Paare für n Personen ansieht. Jedes Paar erhöht die Wahrscheinlichkeit für eine Übereinstimmung. Nun ist die Anzahl der Paare gleich

$$\binom{n}{2} = \frac{n \cdot (n-1)}{2} = \frac{n^2}{2} - \frac{n}{2}.$$

Wie man sieht, wächst die Zahl der Paare quadratisch mit der Anzahl der Personen. Dieser Umstand erklärt die schnelle Zunahme der Wahrscheinlichkeiten beim Geburtstagsproblem.

22.6 Weitere Anwendungsmöglichkeiten

Das Modell, Kugeln oder Zettel auf Schubladen zu verteilen, ist nicht auf das Lotto- und das Geburtstagsproblem beschränkt. Hier folgen einige Beispiele für dieselbe Situation wie beim Lotto- und Geburtstagsproblem:

- In einer Woche finden n Unfälle statt. Die sieben Wochentage sind hier die Schubladen, auf welche die Unfälle verteilt werden.
- In einer Gruppe von n Personen werden die Berufe erhoben. Die Berufe sind die Schubladen, auf welche die Personen verteilt werden.
- Ein Aufzug startet mit n Personen und stoppt auf verschiedenen Stockwerken. Die Stockwerke sind die Schubladen, auf welche die Personen verteilt werden.
- Es werden n Würfel geworfen und deren Augenzahlen registriert. Die Würfel werden auf 6 Schubladen verteilt.
- Ein Buch enthält n Druckfehler. Die Seiten spielen hier die Rolle der Schubladen, auf welche die Druckfehler verteilt werden.

22.7 Zum Mitmachen: Berechnen Sie die Wahrscheinlichkeiten für das Geburtstagsproblem

In Abbildung 22.3 sind die ersten 10 Zeilen eines Tabellenblatts dargestellt, mit dem Sie die Eintrittswahrscheinlichkeiten für das Geburtstagsproblem berechnen können.

	A	B	C	D
1	Anzahl d. Personen	(365-k+1)/365	Produkte	Eintritts-wahrscheinlichkeit
2	1	1,0000	1,0000	0,0000
3	[illegible]	0,9973	0,9973	[illegible]
4	[illegible]	0,9945	0,9918	[illegible]
5	4	[illegible]	[illegible]	0,0164
6	5	0,9890	0,9729	0,0271
7	6	0,9863	0,9595	0,0405
8	7	0,9836	0,9438	0,0562
9	8	0,9808	0,9257	0,0743
10	9	0,9781	0,9054	0,0946
11	10	0,9753	0,8831	0,1169

=(365−$A2+1)÷365

=PRODUKT($B$2:B3)

=1−C2

Abbildung 22.3 Wahrscheinlichkeiten für das Geburtstagsproblem

Die Berechnung findet nach der Ihnen bekannten Formel statt:

$1-\frac{365}{365}\cdot\frac{364}{365}\cdot\ \ldots\ \cdot\frac{365-n+1}{365}.$

In Spalte A steht die Anzahl der Personen. Die einzelnen Faktoren des Produkts werden in Spalte B gebildet. In Spalte C werden die bisher gebildeten Faktoren miteinander multipliziert. Schließlich wird alles von 1 subtrahiert (Spalte D).

Haben Sie dies erreicht, können Sie den Sachverhalt auch graphisch darstellen:

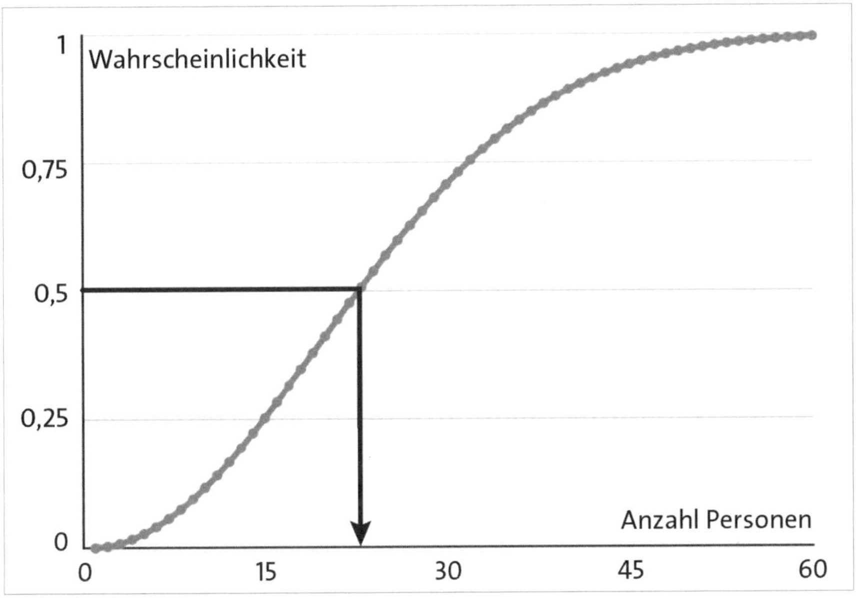

Abbildung 22.4 Graphische Darstellung der Wahrscheinlichkeiten

Kapitel 23
Warum Kanaldeckel rund sind

Haben Sie schon einmal versucht, den Deckel eines Kochtopfs in den Topf hineinzubringen? Das wird Ihnen nicht gelingen. Genauso wenig kann ein Kanaldeckel in den Schacht fallen, den er sonst bedeckt.

23.1 Das Gleichdick

Abbildung 23.1 Ein Kanaldeckel

In Bewerbungsgesprächen von Microsoft wurde unter anderem gefragt, warum Kanaldeckel rund sind. Man könnte sich durchaus auch einen quadratischen Kanaldeckel vorstellen. Für die Bevorzugung der runden Form gibt es dagegen eine Reihe von Gründen. So lassen sich runde Schachtdeckel leicht rollend transportieren, was bei einem Deckelgewicht von mehr als 50 kg wichtig ist. Entscheidend aber ist, dass ein runder abgenommener Deckel nicht in den Schacht fallen kann, was bei einem quadratischen Deckel durchaus möglich ist. Dieser müsste sich dazu nur diagonal über der Öffnung befinden, um in den Schacht stürzen zu können, was kein Vergnügen für die Person wäre, die gerade unten im Schacht arbeitet. In Abbildung 23.2 ist dies für einen quadratischen Deckel mit der Seitenlänge 1 illustriert. Die Diagonale des Schachts hat demnach die Länge 1,41 (genauer $\sqrt{2}$), so dass der Deckel nach dem Aufrichten und geeigneten Verschieben in den Schacht fallen kann.

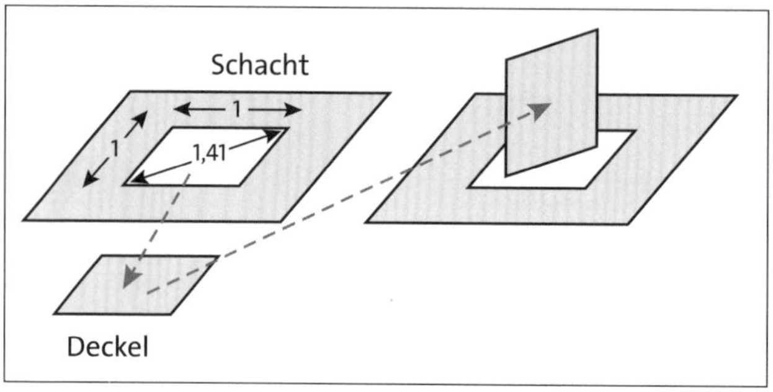

Abbildung 23.2 Ein quadratischer Deckel kann in den Schacht fallen.

Dass ein runder Deckel nicht abstürzen kann, ist leicht in der Küche nachzuvollziehen. Versucht man, einen Deckel in den dazugehörigen Topf zu bugsieren, wird man feststellen, dass dies nicht möglich ist. Das liegt daran, dass ein Kreis ein sogenanntes *Gleichdick* ist.

Abbildung 23.3 Topf mit Deckel

Dreht man die beiden in Abbildung 23.4 gezeichneten Parallelen um den Kreis, dann ist der Abstand der beiden Parallelen immer gleich dem Kreisdurchmesser. Also ist der Kreis ein Gleichdick.

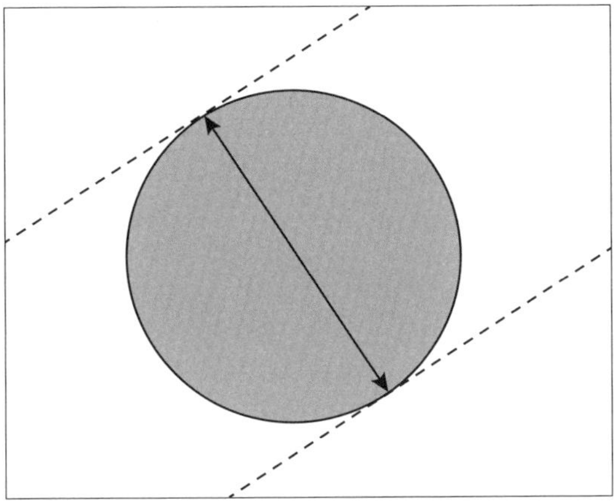

Abbildung 23.4 Erklärung des Begriffs »Gleichdick«

Uns als Mathematiker interessiert natürlich, ob der Kreis das einzige mögliche Gleichdick ist. Das ist nicht der Fall. Ein nicht kreisförmiges Gleichdick ist beispielsweise das *Reuleaux-Dreieck* (Franz Reuleaux, 1829–1905, Professor für Maschinenbau). Ausgehend von dem gleichseitigen Dreieck ABC der Abbildung 23.5 konstruiert man, mit dem Mittelpunkt A, einen Kreisbogen durch B und C. Dasselbe führt man mit den Mittelpunkten B und C durch. Löscht man dann das Dreieck ABC, bleibt das Reuleaux-Dreieck übrig.

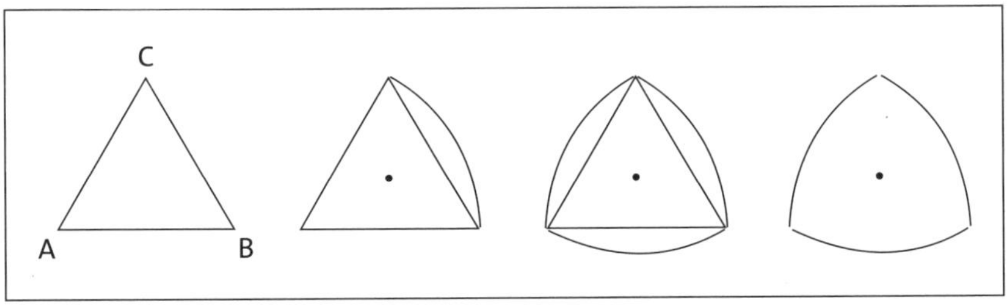

Abbildung 23.5 Konstruktion des Reuleaux-Dreiecks

Jetzt muss man sich nur noch klarmachen, dass das Reuleaux-Dreieck auch ein Gleichdick ist. Dazu zeichnet man ein paralleles Geradenpaar, wobei eine der Geraden durch eine Ecke des Reuleaux-Dreiecks geht, die andere eine Tangente an den gegenüberliegenden Kreisbogen ist.

Verschiebt man jetzt den Punkt X längs des Kreisbogens, dann ändert sich zwar die Ausrichtung des Parallelenpaars, nicht aber die Länge der Strecke XY, das heißt, die Dicke d ist immer gleich dem Radius des von Y aus konstruierten Kreisbogens.

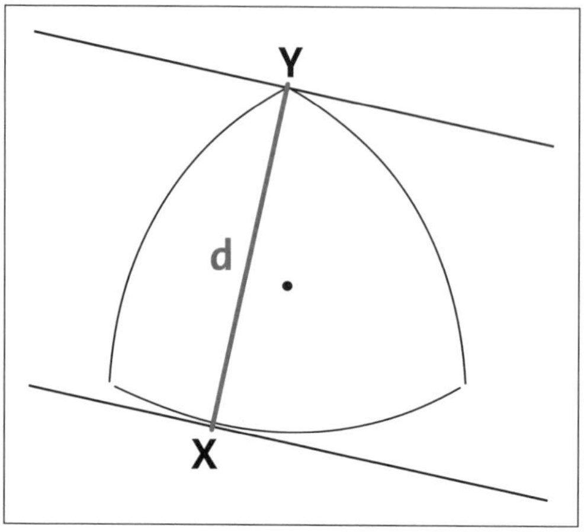

Abbildung 23.6 Reuleaux-Dreieck als Gleichdick

Weil das Reuleaux-Dreieck ein Gleichdick ist, könnte man es auch als Kanaldeckel verwenden, vorausgesetzt natürlich, dass der Schachtquerschnitt gleich dem Reuleaux-Dreieck ist. Vorteilhaft daran wäre der geringere Materialverbrauch gegenüber dem kreisrunden Deckel. Ein Nachteil wäre, dass man beim Aufsetzen des Deckels auf den Schacht diesen erst geeignet drehen muss.

Weil das Reuleaux-Dreieck überall die gleiche Dicke hat, ist es möglich, zwei Parallelenpaare so zu bilden, dass sie das Reuleaux-Dreieck als Quadrat umgeben. Dieses Quadrat kann man um das Reuleaux-Dreieck herumdrehen, bzw. kann man auch das Reuleaux-Dreieck drehen und das Quadrat dabei festhalten, das heißt, das Reuleaux-Dreieck kann innerhalb des Quadrats rotieren. Es ist allerdings nicht ganz so einfach, wie sich das gerade anhört. Für das Reuleaux-Dreieck gibt es nämlich kein fixes Rotationszentrum. Der Mittelpunkt des Dreiecks wandert bei der Rotation auf einem Pfad, der von 4 Ellipsenbögen gebildet wird.

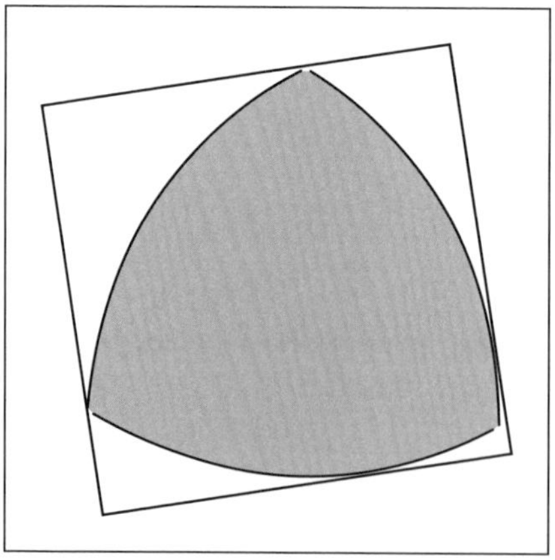

Abbildung 23.7 Reuleaux-Dreieck im Quadrat

Die Möglichkeit, das Reuleaux-Dreieck innerhalb eines Quadrates rotieren zu lassen, führt zu verschiedenen Anwendungen. Am bekanntesten ist der Wankelmotor, bei dem die Verbrennungsenergie ohne Umweg einer Hubbewegung in eine Drehbewegung umgesetzt wird.

Weil bei der Drehung des Reuleaux-Dreiecks in dem Quadrat fast 99 % der Quadratfläche überstrichen wird, kann man damit einen Bohrer konstruieren, der annähernd quadratische Löcher bohrt. Diesen Bohrer erfand Harry James Watt im Jahr 1914. Der wesentliche Teil der Erfindung war ein Mechanismus, der die Rotation des Mittelpunktes des Reuleaux-Dreiecks auf der exzentrischen Bahn bewirkte.

Man kann weitere Gleichdicke erzeugen, wenn man anstelle eines Dreiecks als Ausgangsfigur ein Fünfeck, Siebeneck usw. wählt und dieselbe Konstruktion wie zuvor durchführt. So sind zum Beispiel die 20- und die 50-Pence-Münzen in England Reuleaux-Siebenecke. Sehbehinderte können diese Münzen leicht ertasten. Wegen der Gleichdick-Eigenschaft passen die Münzen auch in alle Münzapparate. Außerdem ist der Materialverbrauch für eine solche Münze geringer als für eine kreisförmige Münze.

23.2 Flächeninhalte der Gleichdicke

Man kann zeigen, dass von allen Gleichdicken der Dicke d das Reuleaux-Dreieck den kleinsten Flächeninhalt und der Kreis den größten Flächeninhalt besitzen. Um diese Aussage etwas einzugrenzen, werden hier diese beiden Flächeninhalte berechnet.

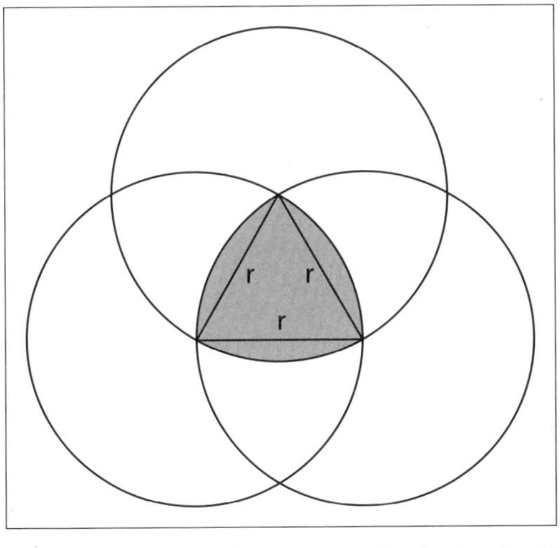

Abbildung 23.8 Reuleaux-Dreieck mit Konstruktionslinien

Die Winkel des Ausgangsdreiecks der Abbildung 23.8 betragen, weil das Dreieck gleichseitig ist, $\pi/3$ (das heißt 60°).

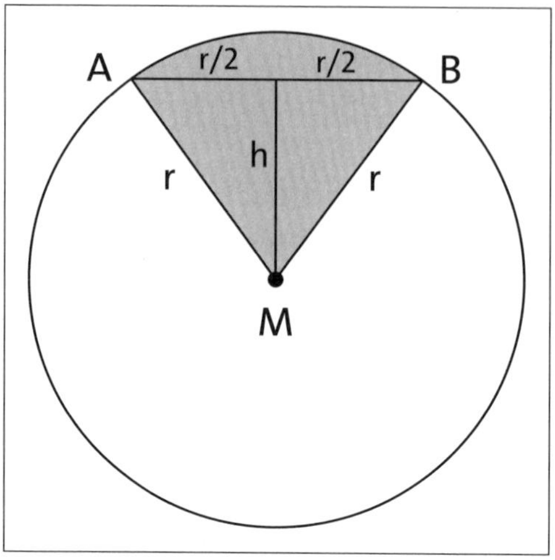

Abbildung 23.9 Ein Ausschnitt aus Abbildung 23.8

Der Flächeninhalt des Sektors der Abbildung 23.9 ergibt sich zu

$A_{Sektor} = \frac{\frac{\pi}{3}}{2\pi} \cdot r^2\pi = \frac{\pi}{6}r^2.$

Möchte man nur das Kreissegment haben, muss man von der eben berechneten Sektorfläche den Inhalt des Dreiecks *MAB* subtrahieren.

Für dieses Dreieck gilt: $r^2 = h^2 + \left(\frac{r}{2}\right)^2$

Daraus folgt: $h^2 = r^2 - \frac{r^2}{4}$ bzw. $h = \frac{\sqrt{3}}{2}r$

Für den Flächeninhalt des Dreiecks *MAB* ergibt sich also:

$$A_{Dreieck} = \frac{1}{2}r \cdot \frac{1}{2}r\sqrt{3} = \frac{\sqrt{3}}{4}r^2$$

Damit erhält man den Flächeninhalt des Segments zu

$$A_{Segment} = A_{Sektor} - A_{Dreieck} = \frac{\pi}{6}r^2 - \frac{\sqrt{3}}{4}r^2 = \left(\frac{\pi}{6} - \frac{\sqrt{3}}{4}\right)r^2$$

Das Reuleaux-Dreieck besteht aus drei solchen Segmenten und dem Dreieck MAB. Also ergibt sich der Flächeninhalt des Reuleaux-Dreiecks zu:

$$A_{Reuleaux} = 3 \cdot A_{Segment} + A_{Dreieck} =$$

$$= 3 \cdot \left(\frac{\pi}{6} - \frac{\sqrt{3}}{4}\right)r^2 + \frac{\sqrt{3}}{4}r^2 = \left(\frac{\pi}{2} - \frac{3\sqrt{3}}{4} + \frac{\sqrt{3}}{4}\right)r^2 = \frac{1}{2}(\pi - \sqrt{3})r^2$$

$$\approx 0{,}7048r^2$$

Der Kreis, der dieselbe Dicke $d = r$ wie das Reuleaux-Dreieck besitzt, hat den Radius $r/2$. Sein Flächeninhalt ist deshalb gleich $\left(\frac{r}{2}\right)^2 \pi \approx 0{,}7853r^2$.

Alle möglichen Gleichdicke der Dicke $d = r$ haben einen Flächeninhalt, der zwischen $0{,}7048\, r^2$ und $0{,}7853\, r^2$ liegt.

23.3 Der Umfang der Gleichdicke

Auch über den Umfang der Gleichdicke kann man eine Aussage machen. Diese liefert der *Satz von Barbier* (Joseph-Émile Barbier, 1839–1889), der hier nur zitiert werden kann:

Satz von Barbier

Der Umfang eines Gleichdicks mit der Dicke d ist gleich $U = d \cdot \pi$.

Man kann diesen Satz auch so formulieren: Der Umfang eines Gleichdicks der Dicke d ist gleich dem Umfang eines Kreises, dessen Durchmesser gleich der Dicke d des Gleichdicks ist.

Am Reuleaux-Dreieck soll dieser Satz überprüft werden.

Der Umfang des Reuleaux-Dreiecks besteht aus drei Kreisbögen, von denen jeder die Länge $r \cdot \frac{\pi}{3}$ besitzt. Also ist der Umfang gleich $r \cdot \pi$.

Der Kreis, der dieselbe Dicke $d = r$ wie das Reuleaux-Dreieck besitzt, hat den Radius $r/2$. Sein Umfang ist deshalb gleich $2\frac{r}{2}\pi = r\pi$.

Der Satz von Barbier ist also für diesen Spezialfall bestätigt worden.

23.4 Zum Mitmachen: Zeichnen Sie ein Reuleaux-Dreieck

Konstruieren Sie ein Reuleaux-Dreieck wie in Abbildung 23.10. Nicht eingezeichnet ist die x-Achse, die durch die Punkte A und B verläuft. Die y-Achse geht durch den Punkt C.

Ausgangspunkt ist das gleichseitige Dreieck ABC, dessen Seiten die Länge 2 besitzen. Die Koordinaten der Punkte A und B sind $(-1/0)$ und $(1/0)$. Die y-Koordinate von C muss noch bestimmt werden. Mit dem Satz des Pythagoras ergibt sich $2^2 = c^2 + 1^2$, woraus sich $c = \sqrt{3}$ ergibt.

Um die Kreisbögen berechnen zu können, müssen zunächst die Gleichungen der Kreise um A, B und C bestimmt werden. Bekanntlich hat ein Kreis mit dem Mittelpunkt $M(a/b)$ und dem Radius r die Gleichung $(x - a)^2 + (y - b)^2 = r^2$.

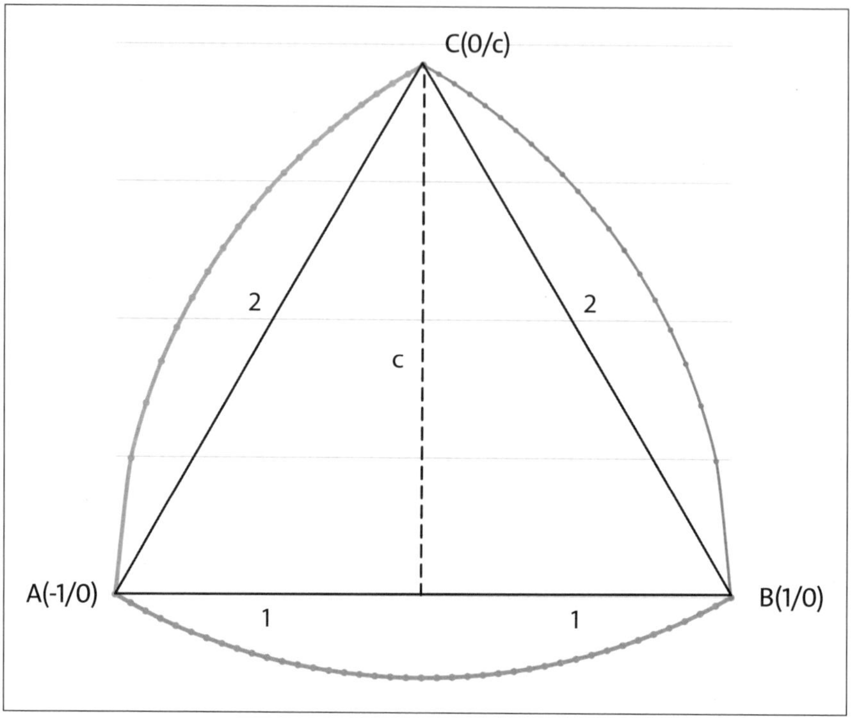

Abbildung 23.10 Reuleaux-Dreieck

Daraus ergeben sich folgende Kreisgleichungen:

Kreis um A: $\left(x-(-1)\right)^2+y^2=4$

Kreis um B: $(x-1)^2+y^2=4$

Kreis um C: $x^2+\left(y-\sqrt{3}\right)^2=4$

Für den Kreis um A gilt: $y^2=4-(x+1)^2$, woraus folgt:

$y_1=\sqrt{4-(x+1)^2}$; $y_2=-\sqrt{4-(x+1)^2}$.

Der Bogen zwischen B und C liegt oberhalb der x-Achse, so dass er durch y_1 beschrieben wird. Damit nur der Kreisbogen gezeichnet wird, muss x die Bedingung $0 \leq x \leq 1$ erfüllen.

Der Kreisbogen BC hat damit die Gleichung

$y=\sqrt{4-(x+1)^2}$, $0 \leqq x \leqq 1$.

Entsprechend ergeben sich die beiden anderen Kreisbögen:

$y=\sqrt{4-(x-1)^2}$, $-1 \leqq x \leqq 0$ und $y=\sqrt{3}-\sqrt{4-x^2}$, $-1 \leqq x \leqq 1$

Lassen Sie diese drei Kreisbögen zeichnen, um das Reuleaux-Dreieck zu erzeugen (zum Zeichnen in der Tabellenkalkulation können Sie sich in Abschnitt 27.4, »Ein Diagramm erstellen«, informieren).

Kapitel 24
Nach Adam Riese

Was ist 30 geteilt durch ½? Wenn Sie 60 als Lösung angeben, dann haben Sie recht. Für viele Leute ist es ein Problem, dass bei einer Divisionsaufgabe das Ergebnis größer ist als die Zahl, die geteilt wird.

24.1 Wer war Adam Riese?

»Das macht nach Adam Riese ...« ist ein häufig verwendeter Spruch, der die Richtigkeit eines Rechenergebnisses bestätigen soll. Adam Ries (1492–1559), so hieß er richtig, kann als Vater des modernen Rechnens bezeichnet werden. Er hat mehrere Rechenbücher geschrieben, die dem einfachen Volk die Mathematik des täglichen Lebens aufzeigen sollten. In einem dieser Bücher wendet er sich mit folgenden Worten an die Lesenden:

Pythagoras
Der sagt furwar
All ding/durch zal werd offenbar.
Drumb/seh mich an/verschmehe mich nit
Durch leß mich vor/das ich dich bit/
Vnd merck/zum anfanck/meine leer/
Zu Rechenskunst/dadurch dich ker.
Inn zal/yann Maß/vnd ynn Gewicht/
All ding von Gott sein zugericht.
Klerlichen Salomon das sagt/
On zal/on maß/Gott nicht behagt.
Beschreibt vns auch Sanct Augustin/
Vnd mandt vns vleissig, yann den syn.
Sich sol kein mensch nichts vnderstehen/
Kein Göttlich/weltlich kunst begehn.
On Rechens art durch ware zal/

Bewert ist das ynn manchem fal.
Ein mensch dem zal verborgen ist/
Leichtlich der verfurt wird mit list.
Dis nym zu herzen/bit ich seer/
Vnd yeder sein Kind Rechen leer.
Wie es gegen Gott vnd welt sich halt/
So werden wir mit Ehren alt.

Hier wird der Glaube von Adam Ries deutlich, dass Gott alles nach Maß, Gewicht und Zahl geordnet hat. Außerdem soll jeder sein Kind im Rechnen unterweisen, was zu der damaligen Zeit nicht üblich war. Erst durch die Bücher von Adam Ries, die er in Deutsch und nicht in der Gelehrtensprache Latein verfasste, konnte das »gemeine Volk« sich die Rechenkunst aneignen.

Heute wird in den Grundschulen versucht, jedem Kind die Rechenkunst zu vermitteln, durchaus mit unterschiedlichem Erfolg. So können z. B. viele Menschen nicht verstehen, dass es Divisionsaufgaben gibt, bei denen das Ergebnis größer ist als die Zahl, durch die dividiert wurde. Man glaubt, dass es beim Dividieren wie beim Aufteilen eines Kuchens zugehen muss. Dabei sind die einzelnen Stücke immer kleiner als der Kuchen selbst.

In der Fernsehquizsendung »Der Große Preis«, die in den Jahren 1974–1992 von Wim Thoelke moderiert wurde, bekam ein bis dato erfolgreicher Kandidat die Frage »Was ist 30 geteilt durch 1/2?« gestellt, die er nicht beantworten konnte. Der Moderator präsentierte anschließend 60 als Lösung, gab aber zu, dass auch er nicht verstehen würde, warum dem so ist.

Bleiben wir doch einmal bei der Zahl 30 und teilen diese der Reihe nach durch die Zahlen 30, 15, 10, 6, 5, 3, 2 und 1. Das ist einfach, denn die Division liefert in diesen Fällen immer eine ganze Zahl. Schreibt man diese 8 Rechenaufgaben auf, dann erhält man:

$30 : 30 = 1, 30 : 15 = 2, 30 : 10 = 3, 30 : 6 = 5, 30 : 5 = 6, 30 : 3 = 10, 30 : 2 = 15, 30 : 1 = 30.$

Dabei fällt auf, dass die Ergebnisse dieser Rechnungen bei 1 beginnen und dann immer größer werden. Je kleiner eine Zahl ist, durch die man teilt, desto größer wird das Ergebnis. Das sieht man auch an Abbildung 24.1. Teilt man durch 1, erhält man 30. Teilt man nun durch eine noch kleinere Zahl als 1, ist einsichtig, dass das Ergebnis größer als 30 wird.

Einsichtig heißt aber noch nicht, dass es auch verstanden wurde. Um das Wissen auch nachhaltig zu vermitteln, wird im folgenden Abschnitt ein Weg aufgezeigt, wie man sich mit Weingläsern weiterhelfen kann.

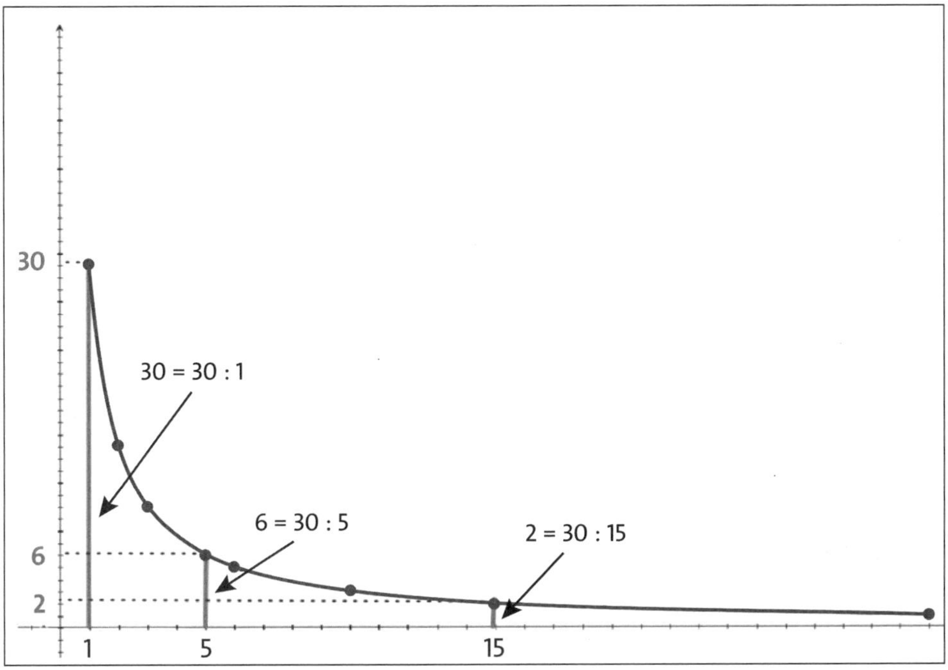

Abbildung 24.1 Je kleiner der Divisor, desto größer das Ergebnis der Division

24.2 Große und kleine Weingläser

In der Pfalz gibt es kleine Gläser, in die 1/10 Liter passt, man sagt auch, dass es ein »Deziliterglas« ist. Die Abkürzung für einen Deziliter ist 1 dl. Die Einheit Deziliter ist entsprechend dem Dezimeter benannt, der 1/10 Meter darstellt.

Dann gibt es auch das »Pfälzer Schoppenglas«, in das 1/2 Liter hineingeht.

Wie viele Deziliter ergeben einen Liter, und wie viele Deziliter passen in dieses Schoppenglas?

Wenn ein Deziliter ein Zehntel Liter ist, dann besteht ein Liter aus 10 Dezilitern, so wie ein Meter auch aus 10 Dezimetern besteht. Ein halber Liter ist dann die Hälfte davon, nämlich 5 Deziliter.

Man kann jetzt 30 Liter durch 1/2 Liter auf folgende Weise teilen: Man ersetzt die 30 l durch 300 cl und den halben Liter durch 5 cl:

30 l / 1/2 l = 300 cl / 5 cl = 60.

Abbildung 24.2 Große und kleine Weingläser

Die Veranschaulichung der Division durch das Teilen eines Kuchens hilft bei 30 / (1/10) nicht weiter. Hier ist es sinnvoller, die Frage zu stellen, wie oft die Zahl, durch die man teilt, in die Zahl hineingeht, die geteilt wird. 60 Gläser der Größe 5 dl füllen ein 30-l-Gefäß, das heißt, 1/2 passt genau 60-mal in 30, bzw. 30 geteilt durch 1/2 ist 60.

Die hier angestellten Überlegungen stimmen natürlich mit den Regeln der Bruchrechnung überein: Man dividiert durch einen Bruch, indem man mit dem Kehrbruch multipliziert. Damit erhält man:

$$30 : \frac{1}{2} = 30 \cdot \frac{2}{1} = \frac{30 \cdot 2}{1} = 60$$

24.3 Zum Mitmachen: Die Funktion 30 / *x*

Erstellen Sie für die im vorigen Abschnitt betrachtete Funktion 30 / *x*, in der 30 durch verschiedene Werte geteilt wird, eine Wertetabelle und zeichnen Sie den Graph.

=30/A2

=A2+1

	A	B
1	**x**	**30 / x**
2	1	30,00
3	2	15,00
4	3	10,00
5	4	7,50
6	5	6,00
7	6	5,00
8	7	4,29
9	8	3,75
10	9	3,33
11	10	3,00
12	11	2,73
13	12	2,50
14	13	2,31
15	14	2,14
16	15	2,00
17	16	1,88
18	17	1,76
19	18	1,67
20	19	1,58
21	20	1,50

Abbildung 24.3 Wertetafel für 30 / x

In der folgenden Abbildung 24.4 sehen Sie die Werte als Graph umgesetzt.

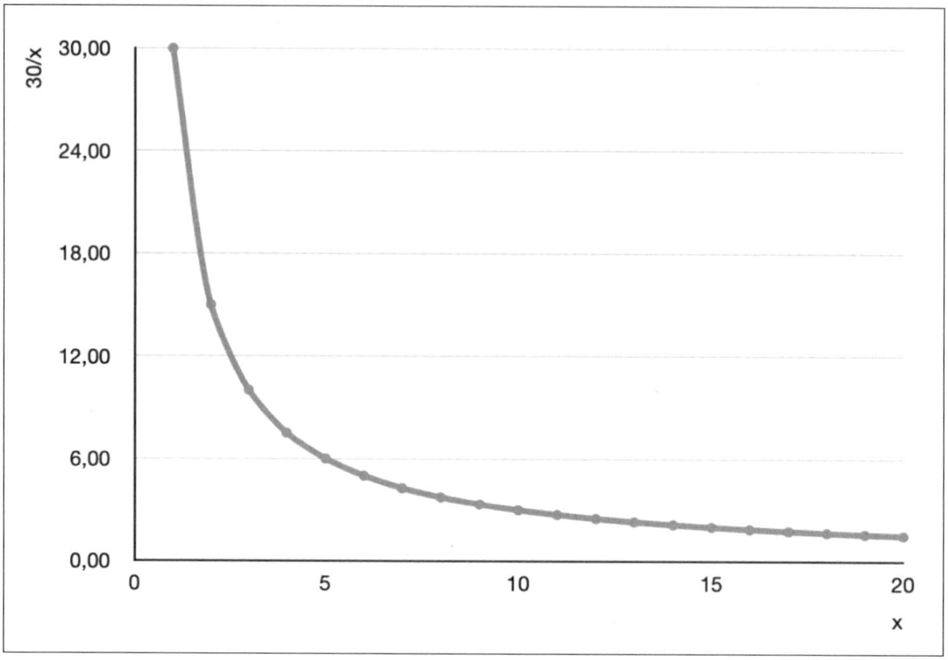

Abbildung 24.4 Graph der Funktion 30 / x

Kapitel 25
Erkenne dich selbst

Selbstbezug ist ein Phänomen, das Ihnen in den unterschiedlichsten Bereichen begegnen kann. Es gibt Sätze und Bilder, die über sich selbst Aussagen machen. Mathematische Probleme hingegen lassen sich oft elegant lösen, wenn man in deren Fragestellung einen Selbstbezug finden kann.

25.1 Selbstbezügliche Sätze

Versuchen Sie sich einmal an folgender faszinierender und herausfordernder Aufgabe. Diese besteht darin, in die Leerstellen des folgenden Satzes Zahlen so einzusetzen, dass der Satz eine richtige Aussage liefert:

> *In diesem Satz kommt die 0 ___ mal vor, die 1 ___ mal, die 2 ___ mal, die 3 ___ mal, die 4 ___ mal, die 5 ___ mal, die 6 ___ mal, die 7 ___ mal, die 8 ___ mal und die 9 ___ mal.*

Eine mögliche Lösung finden Sie am Ende des Kapitels. Aufregend ist, dass dieser Satz eine Aussage über sich selbst macht. Das gilt auch für den Satz »*Dieser Satz kein Verb*«.

Sätze wie »*Dieser Satz hat fünf Wörter*« nennt man auch *selbstreferentielle Sätze*, denn sie machen Aussagen über sich selbst. Das sorgt bisweilen für Überraschungen, wie zum Beispiel bei der Epimenides-Paradoxie (Epimenides von Kreta, ca. 6. Jh. v. Chr.), die wie folgt lautet: »*Epimenides, der Kreter, sagte: Alle Kreter sind Lügner.*« In der heutigen verschärften Variante heißt diese Paradoxie: »*Dieser Satz ist falsch.*«

Beschäftigt man sich mit diesem Satz, gerät man in einen seltsamen Gedankenstrudel: Nimmt man an, dass der Satz wahr ist, dann gelangt man, was der Satz ja aussagt, zu dem Schluss, dass er falsch sein muss. Geht man aber davon aus, dass der Satz falsch ist – also dass die Aussage »Dieser Satz ist falsch« falsch ist –, dann folgt, dass der Satz wahr ist. Die Aufarbeitung dieser Paradoxie hatte im letzten Jahrhundert zu bedeutenden Einsichten in der Mathematik geführt, die auf Kurt Gödel (1906–1978) zurückgehen und die Fundamente der Mathematik erschütterten.

25.2 Selbstbezügliche Zahlen

Es gibt auch Zahlen, die auf sich selbst verweisen. Ein Beispiel dafür ist eine 10-stellige Zahl, deren erste Stelle angibt, wie viele Nullen in der Zahl vorkommen. Die zweite Stelle gibt an, wie viele Einsen auftreten usw., und die 10. Stelle gibt an, wie oft die Ziffer 9 in der Zahl auftritt. Diese Zahl ist 6210001000. Es ist die einzige Zahl mit dieser Eigenschaft.

Tabelle 25.1 von Éric Angelini findet sich in der Sammlung FUTILITY CLOSET [FUT]. Diese Abbildung beschreibt sich selbst. Die erste Zeile beschreibt ihren eigenen Inhalt. Sie enthält eine 0, siebenmal 1, dreimal 2, usw.

Die zweite Zeile listet den Inhalt der ersten und der zweiten Zeile auf. Zweimal kommt die 0 in den ersten beiden Zeilen vor, achtmal die 1 usw.

Das geht so weiter bis zur fünften Zeile, welche die ganze Tabelle beschreibt. Die gesamte Tabelle enthält achtmal 0, zwanzigmal die 1 usw.

10	71	32	23	14	15	16	27	18	19
20	81	72	53	44	35	26	47	38	29
40	101	82	73	64	65	56	77	58	39
60	131	92	93	74	75	86	107	88	69
80	201	122	113	84	85	96	117	138	89

Tabelle 25.1 Eine sich selbst beschreibende Tabelle

25.3 Selbstbezügliche Bilder

Selbstbezüge finden sich auch in der Kunst. Ein Standardbeispiel ist das Bild »La trahison des images« (Der Verrat der Bilder) von René Magritte aus dem Jahr 1928. Dieses Bild zeigt eine realistisch gemalte Pfeife mit dem darunter stehenden, ebenfalls gemalten Text »Ceci n'est pas une pipe« (Das ist keine Pfeife). Das Bild nimmt hier auf sich selbst Bezug. Magritte meinte selbst dazu: »Ein Bild ist nicht zu verwechseln mit einer Sache, die man berühren kann. Können Sie meine Pfeife stopfen? Natürlich nicht! Sie ist nur eine Darstellung.«

Es gibt auch Bilder, die sich selbst als Kopie enthalten und auf diese Weise einen Selbstbezug herstellen. Mit einem Handy kann ein solches Bild schnell erzeugt werden. Dazu stellt man das Handy so ein, als wolle man ein Selfie erstellen, und lässt das Handy dann in einen Spiegel blicken. Betrachtet man das entstandene Foto, dann sieht man das Bild des Handys, in dem das Bild des Handys und in dem wieder das Bild des Handys usw. abgebildet ist. Eigentlich handelt es sich um eine unendliche

Folge ineinandergeschachtelter identischer Bilder, wegen der Auflösung des Bildes sind aber nur etwa 4 bis 5 geschachtelte Kopien erkennbar.

25.4 Selbstbezügliche Objekte

Auch Objekte können sich selbst als Kopie enthalten. Bekannt sind zum Beispiel die Matroschkas, also Puppen, die ineinandergeschachtelt sind und sich somit selbst enthalten.

Abbildung 25.1 Puppen in der Puppe

Auf dem Gemüsemarkt ist Ihnen sicherlich schon der Romanesco begegnet, eine grüne Variante des Blumenkohls.

Abbildung 25.2 Romanesco

Zupft man ein Röschen ab, dann hält man eine verkleinerte Kopie des ganzen Kopfs in der Hand. Auch wenn man das abgezupfte Röschen entsprechend teilt, findet man wieder eine Kopie des gesamten Objekts. Diesen Vorgang kann man allerdings nur ein paarmal wiederholen, denn die natürliche Struktur des Romanescos setzt hier eine Grenze. Statt von Selbstbezüglichkeit des Romanescos zu sprechen, verwendet man hier den Begriff der Selbstähnlichkeit. Während die Selbstähnlichkeit des Romanescos auf einige wenige Stufen beschränkt ist, schafft es der mathematische Verstand, Objekte zu konstruieren, für die es keine Auflösungsgrenze bezüglich der Selbstähnlichkeit gibt. Jeder beliebige Teil eines solchen Objekts enthält eine Kopie des ganzen Objekts. Es ist die sogenannte *Fraktale Geometrie*, welche die Eigenschaften solcher Objekte untersucht. [FREU]

25.5 Selbstreflexion

Selbstbezüge gibt es nicht nur in der Sprache, bei Zahlen, in der Kunst oder in der Mathematik. Die Fähigkeit zur Selbstreflexion ist eine wesentliche Eigenschaft des Menschen. »Erkenne dich selbst« – diese Inschrift stand angeblich am Eingang des Tempels von Delphi, in dem die Pythia ihre Orakelsprüche formulierte. Die Erkenntnis der eigenen Innenwelt sollte dem Hilfesuchenden Möglichkeiten zur Lösung seiner Probleme liefern. Jahrhunderte später wandte Sigmund Freud diese Selbstbeobachtung als Behandlungsmethode in der Psychoanalyse an:

> *»Wir legen es dem Kranken auf, sich in einen Zustand von ruhiger Selbstbeobachtung ohne Nachdenken zu versetzen und alles mitzuteilen, was er dabei an inneren Wahrnehmungen machen kann: Gefühle, Gedanken, Erinnerungen, in der Reihenfolge, in der sie in ihm auftauchen.« [FREU]*

Die Fähigkeit zur Selbstbeobachtung bzw. Selbstreflexion wird heute als wichtige Kompetenz für den zwischenmenschlichen Umgang gesehen. Es gibt Einstellungstests, die ermitteln, in welchem Ausmaß die Bewerber zur Selbstreflexion fähig sind. Und es gibt Seminare für Führungskräfte, in denen der Erfolgsfaktor Selbstreflexion vermittelt wird.

Nach heutigem Stand der Wissenschaft ist der Mensch das einzige Tier, das zur Selbstreflexion fähig ist. Von anderen Tieren ist nicht bekannt, dass sie sich über sich selbst Gedanken machen können, auch wenn sie sich im Spiegel erkennen können, wie dies z. B. bei Elefanten, Delfinen oder Elstern der Fall ist.

Selbstbezug ist ein Konzept, mit dem sich die griechischen Philosophen befassten und dem man im Laufe der Menschheitsgeschichte in den unterschiedlichsten Varianten begegnet. Letztlich ist es die Mathematik, die mit klarer Begrifflichkeit dieses Konzept exakt beschreiben kann.

25.6 Selbstbezug in der Mathematik: Rekursion

Wird Selbstbezüglichkeit in eine mathematische Definition oder ein Verfahren übernommen, dann spricht man von *Rekursion*. Mithilfe von Rekursion lassen sich Probleme oft sehr effizient lösen. Dafür betrachten wir zwei Beispiele:

Beispiel 1

Stellen Sie sich vor, Sie befinden sich auf einer Feier. Alle 10 anwesenden Personen stoßen gegenseitig mit ihren Gläsern an. Wie oft haben dann die Gläser geklungen? Wir bezeichnen diese unbekannte Anzahl mit *kling*(10).

Die 1. Person stößt jetzt mit 10 – 1 = 9 Gästen (natürlich nicht mit sich selbst) an. Danach ist das Kontingent der 1. Person ausgeschöpft. Das restliche Gläserklingen rührt von den verbliebenen 9 Personen her. Also lässt sich feststellen: *kling*(10) = 9 + *kling*(9).

Schon ist der Selbstbezug hergestellt. Das Problem mit 10 Personen ist auf dasselbe Problem, aber mit einer geringeren Anzahl von Personen zurückgeführt. Dieses jetzt einfachere Problem wird ebenso behandelt:

kling(9) = 8 + *kling*(8). Setzt man dies so fort, dann ergibt sich:

kling(10) = 9 + 8 + 7 + 6 + 5 + 4 + 3 + 2 + 1 + *kling*(1). Da das Gläserklingen von einer Person den Wert 0 hat, ergibt sich schließlich:

kling(10) = 9 + 8 + 7 + 6 + 5 + 4 + 3 + 2 + 1 = 45.

Fasst man diese Überlegungen zusammen, dann ergibt sich für die Funktion *kling*(*n*) die folgende Rekursionsformel:

$$kling(n) = \begin{cases} 0 & \text{falls } n = 1 \\ (n-1) + kling(n-1) & sonst \end{cases}$$

Der Teil dieser Formel, der den Fall *n* = 1 beschreibt, ist wesentlich. Ohne ihn würde die Kette, in der *kling*(*n*) berechnet wird, nicht abbrechen. Diese erste Zeile der Rekursionsformel nennt man deshalb auch die *Abbruchbedingung*.

Beispiel 2

Versetzen Sie sich einmal in Ihre Kindheit zurück. Sie sind bei Ihrer Großmutter zu Besuch. Ihre Oma hat vor Ihnen 8 unterschiedlich farbige Bonbons ausgebreitet.

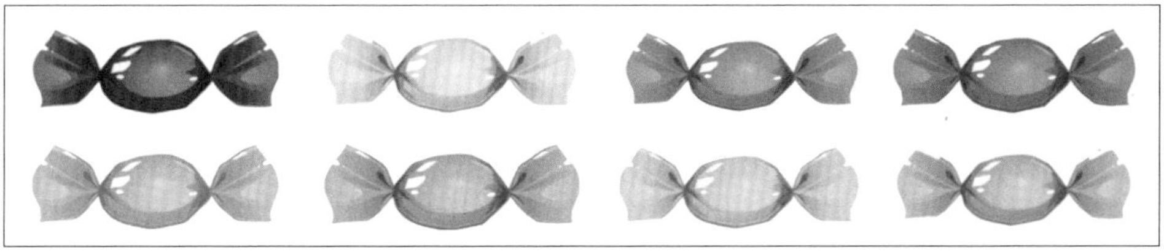

Abbildung 25.3 Unterschiedliche Bonbons

25

Sie dürfen 3 Bonbons aussuchen, zwei für Sie selbst und eines für Ihre Oma. Da stehen Sie nun und haben die Qual der Wahl, weil es so viele unterschiedlich Möglichkeiten gibt. Wie viele Möglichkeiten gibt es überhaupt?

Nennen wir einmal die unbekannte Zahl der Möglichkeiten, wie man aus 8 verschiedenen Bonbons 3 aussuchen kann, $b(8,3)$. Nachdem Sie sich für eine dieser Möglichkeiten entschieden haben, liegen 3 Bonbons vor Ihnen. Sie haben nun 3 Möglichkeiten, eines dieser Bonbons Ihrer Oma zu geben. Insgesamt gibt es für Ihre gesamte Wahl deshalb $b(8,3) \cdot 3$ Möglichkeiten.

Natürlich hätten Sie auch anders vorgehen können. Sie suchen zuerst das Bonbon für Ihre Oma aus. Dafür haben sie 8 Möglichkeiten. Von den verbleibenden 7 Bonbons wählen Sie nun 2 aus. Dafür gibt es $b(7,2)$ Möglichkeiten. Also haben Sie für diesen Weg der Verteilung $8 \cdot b(7,2)$ Möglichkeiten zur Verfügung.

Weil beide Verfahren dieselbe Anzahl liefern müssen, gilt:

$b(8,3) \cdot 3 = 8 \cdot b(7,2)$ bzw. $b(8,3) = \frac{8}{3} \cdot b(7,2)$,

und dies ist wieder eine Rekursionsformel. Für andere Bonbonzahlen n und auszuwählende Bonbons k heißt dies:

$b(n,k) = \frac{n}{k} \cdot b(n-1, k-1)$ für $0 \leq k \leq n$.

Wir versuchen, damit $b(8,3)$ zu berechnen:

$$b(8,3) = \frac{8}{3} \cdot b(7,2) = \frac{8}{3} \cdot \frac{7}{2} \cdot b(6,1)$$

Um aus 6 Bonbons eines auszuwählen, gibt es offenbar 6 Möglichkeiten, das heißt $b(6,1) = 6$.

Andererseits ist $b(6,1) = \frac{6}{1} \cdot b(5,0)$.

Damit sich hier als Ergebnis 6 ergibt, muss $b(5,0) = 1$ gelten.

Damit ist unsere Rekursionsformel um die Abbruchbedingung ergänzt worden:

$$b(n,k) = \begin{cases} 1 & k = 0 \\ \frac{n}{k} b(n-1, k-1) & 0 \leq k \leq n \end{cases}$$

Der Wert von $b(8,3)$ ist dann gleich $\frac{8}{3} \cdot \frac{7}{2} \cdot 6 = 56$.

Während im Beispiel des Gläserklingens die Rekursion in einer Variablen ablief, haben wir es hier mit der Rekursion in zwei Variablen zu tun. Die Rekursion betrifft sowohl n als auch k.

Die letzte Rekursionsformel kann man auch verwenden, um eine explizite Formel für die $b(n,k)$ herzustellen. Dazu wendet man die Rekursionsformel wiederholt an, so lange, bis k den Wert 0 hat:

$$b(n,k) = \frac{n}{k} \cdot b(n-1,k-1) = \frac{n}{k} \cdot \frac{n-1}{k-1} \cdot b(n-2,k-2) = \cdots$$
$$= \frac{n(n-1)(n-2)\dots(n-k+1)}{k(k-1)(k-2)\dots 1}$$

Wahrscheinlich ist Ihnen spätestens jetzt aufgefallen, dass die $b(n,k)$ nichts anderes als die Binomialkoeffizienten sind: $b(n,k) = \binom{n}{k}$.

In dieser Schreibweise nimmt unsere Rekursionsformel folgende Gestalt an:

$$\binom{n}{k} = \begin{cases} 1 & k = 0 \\ \frac{n}{k} \cdot \binom{n-1}{k-1} & 0 \leq k \leq n \end{cases}$$

An dem Beispiel mit den Bonbons haben Sie auch gesehen, dass $\binom{n}{k}$ die Anzahl der Möglichkeiten angibt, wie man aus n unterschiedlichen Elementen k Elemente auswählen kann. So gibt $\binom{49}{6}$ die Anzahl der möglichen Lottoziehungen ohne die Superzahl an. Der Kohlenwasserstoff in Abbildung 25.4 besteht aus einer Kette von 8 C-Atomen. In der Kohlenstoffkette sollen 3 Doppelbindungen und 4 Einfachbindungen auftreten. Die Anzahl der Isomere – bei denen die C-Atome in einer Reihe liegen – ist $\binom{7}{3}$ bzw. $\binom{7}{4}$, was in beiden Fällen dieselbe Zahl ergibt.

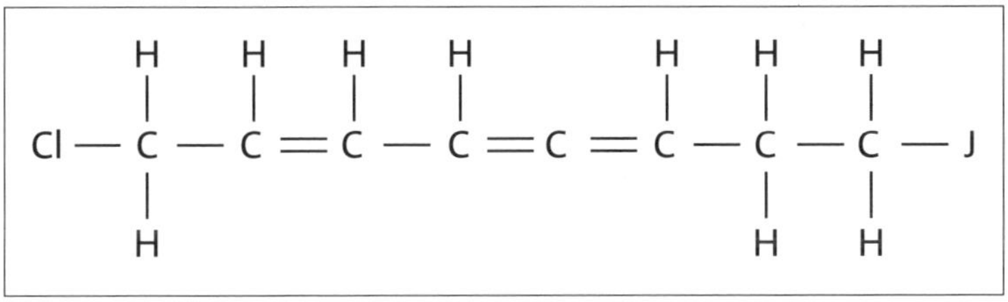

Abbildung 25.4 Kohlenwasserstoffmolekül

25.7 Zum Mitmachen: Wenden Sie die Rekursionsformel zum Berechnen der Binomialkoeffizienten an

Erstellen Sie das Tabellenblatt aus Abbildung 25.5:

In Spalte A stehen die Werte 0 bis 10 für n.

In Zeile 1 stehen die Werte 0 bis 10 für k.

Füllen Sie Spalte B mit Einsen aus. Das sind die Werte von $\binom{n}{0}$.

Zelle C3 füllen Sie wie in der Abbildung angegeben aus. Machen Sie sich klar, dass dies die Rekursionsgleichung ist.

Füllen Sie jetzt das Blatt nach rechts und nach unten aus. Danach sollte alles wie in Abbildung 25.6 aussehen.

Sie haben damit das sogenannte *Pascalsche Dreieck* erstellt, allerdings sind die Spalten etwas verschoben. Natürlich sind die Binomialkoeffizienten auch im Funktionsumfang der Tabellenkalkulation vorhanden. Mit `KOMBINATIONEN(n;k)` können Sie $\binom{n}{k}$ berechnen lassen.

n / k	0	1	2	3	4	5	6	7	8	9	10
0	1										
1	1										
2	1										
3	1										
4	1										
5	1										
6	1										
7	1										
8	1										
9	1										
10	1										

=$A3/C$1·B2

Abbildung 25.5 Rekursive Berechnung von Binomialkoeffizienten

n / k	0	1	2	3	4	5	6	7	8	9	10
0	1										
1	1	1	0	0	0	0	0	0	0	0	0
2	1	2	1	0	0	0	0	0	0	0	0
3	1	3	3	1	0	0	0	0	0	0	0
4	1	4	6	4	1	0	0	0	0	0	0
5	1	5	10	10	5	1	0	0	0	0	0
6	1	6	15	20	15	6	1	0	0	0	0
7	1	7	21	35	35	21	7	1	0	0	0
8	1	8	28	56	70	56	28	8	1	0	0
9	1	9	36	84	126	126	84	36	9	1	0
10	1	10	45	120	210	252	210	120	45	10	1

Abbildung 25.6 Pascalsches Dreieck

Mit ein wenig Mühe können Sie auch ein »schönes« Pascalsches Dreieck erstellen. Dazu muss man Zellen verbinden. In Abschnitt 27.5 zu den Grundbegriffen der Tabellenkalkulation erhalten Sie dazu eine Hilfestellung. Tragen Sie dann in den verbundenen Zellen `=KOMBINATIONEN(n;k)` mit den jeweiligen Werten für n und k ein. Dann erhalten Sie das Pascalsche Dreieck aus Abbildung 25.7.

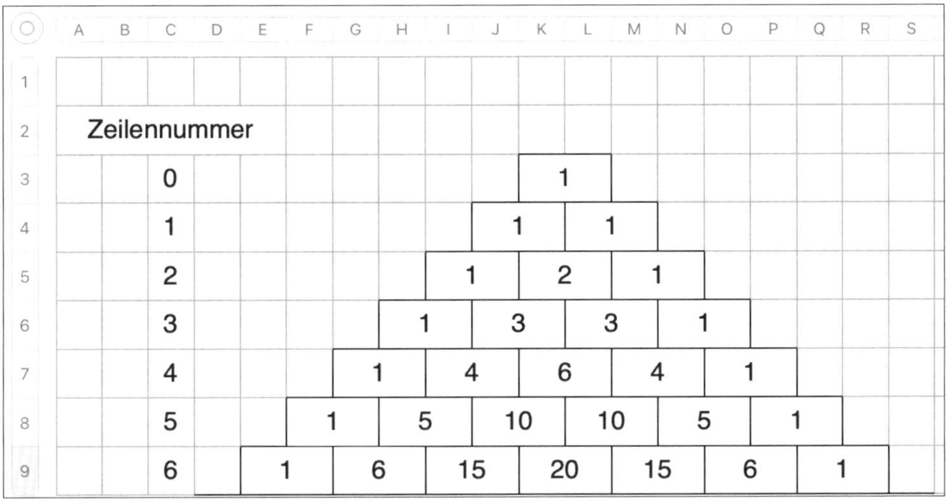

Abbildung 25.7 Pascalsches Dreieck durch verbundene Zellen

An diesem Dreieck können Sie auch die für Binomialkoeffizienten bekannte Beziehung $\binom{n}{k} = \binom{n-1}{k-1} + \binom{n-1}{k}$ überprüfen.

25.8 Die Lösung des Einsetzrätsels

In diesem Satz kommt die 0 _1_ mal vor, die 1 _11_ mal, die 2 _2_ mal, die 3 _1_ mal, die 4 _1_ mal, die 5 _1_ mal, die 6 _1_ mal, die 7 _1_ mal, die 8 _1_ mal und die 9 _1_ mal.

Die Richtigkeit kann man durch direktes Nachzählen bestätigen. Es gibt noch eine weitere Lösung:

In diesem Satz kommt die 0 _1_ mal vor, die 1 _7_ mal, die 2 _3_ mal, die 3 _2_ mal, die 4 _1_ mal, die 5 _1_ mal, die 6 _1_ mal, die 7 _2_ mal, die 8 _1_ mal und die 9 _1_ mal.

25

Kapitel 26
Große und kleine Zahlen

Können Sie auf Anhieb sagen, wie viele Nullen eine Milliarde oder eine Billion besitzt? Falls nicht, machen Sie sich keine Sorgen, es gibt prominente Vorbilder, die dies auch nicht können. In diesem Kapitel erfahren Sie etwas über große und kleine Zahlen und wie man diese geeignet darstellen kann.

26.1 Der Schuldenstand in Deutschland

Am 10. Juli 2024 veröffentlichte die Tageszeitung »Die Rheinpfalz« die Meldung »Schuldenstand so hoch wie noch nie«. Darin konnte man lesen, dass »Deutschland mit 2500 Milliarden Euro verschuldet ist« (aktuelle Informationen zum Schuldenstand findet man beim Bund der Steuerzahler: *https://www.steuerzahler.de*). Offenbar wurden die Schulden in der Einheit *Milliarden* angegeben, weil bei Haushaltsverhandlungen mittlerweile nur noch mit »Milliarden« hantiert wird und weil jeder glaubt, dass er sich eine Milliarde Euro vorstellen kann. Aber hat man wirklich eine Vorstellung davon, wie viel eine Milliarde ist und was 2500 Milliarden = 2,5 Billionen bedeuten?

Nach der Bundestagswahl 2025 wurde im Koalitionsvertrag der neu gewählten Regierung angekündigt, Schulden im Umfang von 500 Milliarden für die dahinsiechende Infrastruktur machen zu wollen. Damit wäre der Schuldenstand bei 3 Billionen. Hinzu kommen noch unbekannte Ausgaben für die Ertüchtigung der Bundeswehr.

Viele Menschen scheitern schon an der Frage, wie viele Nullen die Zahlen Milliarde bzw. Billion haben. Ein prominentes Beispiel dafür ist der ehemalige deutsche Wirtschaftsminister Martin Bangemann (Wirtschaftsminister von 1984 bis 1988), der in einem Interview die Anzahl der Nullen einer Milliarde erst auf sieben, dann auf acht geschätzt hatte.

Können Sie auf Anhieb die Anzahl der Nullen einer Billion nennen? Ich selbst beginne bei der Zahl Tausend und hangele mich dann in Dreierschritten nach oben bis zu den Millionen, Milliarden und Billionen:

Tausend: $1\,000 = 10^3$

Million: $1\,000\,000 = 10^6$

Milliarde: $1\,000\,000\,000 = 10^9$

Billion: $1\,000\,000\,000\,000 = 10^{12}$

Selbst wenn man die Anzahl der Nullen großer Zahlen kennt, ist noch nicht gewährleistet, dass man eine Vorstellung von der Größe solcher Zahlen hat.

26.2 Wie kann man die Größe von Zahlen verstehen?

Im Folgenden gebe ich Ihnen einige Beispiele, um die Größe von Zahlenwerten besser nachvollziehen zu können. Für kleine Zahlen ist dies relativ einfach.

- Die Zahl 10 kann man mit der Anzahl der Finger beider Hände verstehen.
- Die Anzahl der Bekannten eines Menschen beträgt etwa 150 Personen, 50 davon gehören zum engeren Freundeskreis. Damit kann man sich die Zahl 100 veranschaulichen.
- Wenn sich alle Schüler eines deutschen Gymnasiums von durchschnittlicher Größe auf dem Schulhof versammeln, blickt man auf etwa 1000 Personen.
- Lässt man beim Besuch einer Buchhandlung den Blick über die Regale schweifen, wird man ca. 10 000 Bücher erblicken.
- Das Olympiastadion in Berlin war ursprünglich für 100 000 Zuschauer angelegt. Seit 2004 gibt es dort 74 475 Sitzplätze, aber man gewinnt trotzdem einen Eindruck von der Zahl 100 000.
- Für ein Haus in gehobener Lage werden mittlerweile schon Preise von einer Million Euro genannt.

Eine Milliarde sind gleich 1000 Millionen, in Zahlen dargestellt also $1\,000\,000\,000 = 1000 \cdot 1\,000\,000$. Lassen sich diese Größenordnungen veranschaulichen? Bekannt ist, dass die Erdbevölkerung zurzeit etwa 8,2 Milliarden Menschen zählt. Aber man kann diese Menschen schlecht auf einem großen Platz aufstellen, um einen Überblick zu bekommen. Noch weniger kann man sich eine Billion vorstellen. Eine Billion sind 1000 Milliarden oder auch eine Million Millionen, denn es ist $10^6 \cdot 10^6 = 10^{12}$.

Aus diesen Gründen wird hier ein anderer Weg zur Veranschaulichung von Milliarden und Billionen beschritten. Wer jemals Micky-Maus-Hefte gelesen hat, dem ist der unermesslich reiche Dagobert Duck bekannt.

Um sein Geld zu bewahren, hatte sich Dagobert Duck einen riesigen Geldspeicher gebaut. Des Öfteren sprang er kopfüber in diesem Geldspeicher in sein Geld, um darin zu »baden«. Da die Maße des Duck'schen Geldspeichers nicht bekannt sind, aber die Idee des Badens verfolgt werden soll, werden hier zur Veranschaulichung Olympia-Schwimmbecken verwendet. Ein Schwimmbecken der Olympischen Spiele muss besondere Kriterien erfüllen, für seine Dimensionen gilt:

Länge: 50 m

Breite: 25 m

Tiefe: mind. 2,5 m

Abbildung 26.1 Dagobert Duck

Als geometrische Form stellt ein solches Becken einen Quader mit diesen Abmessungen dar, wie in Abbildung 26.2 zu sehen ist.

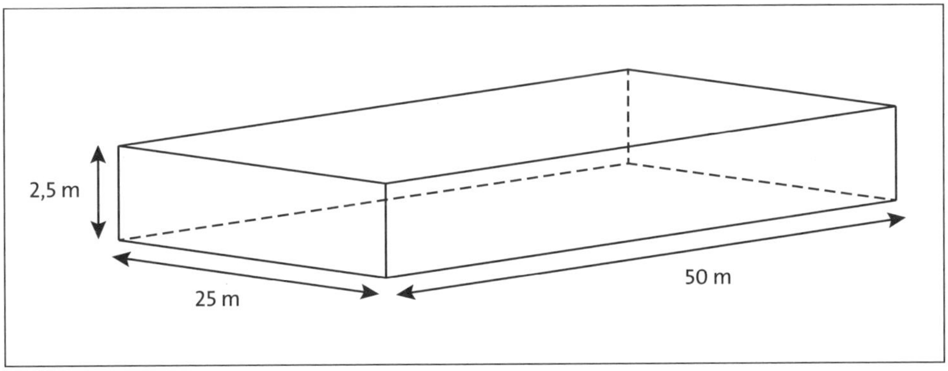

Abbildung 26.2 Olympisches Schwimmbecken

Das Volumen eines solchen Schwimmbeckens erhält man durch die bekannte Beziehung »Länge mal Breite mal Höhe«. In diesem Fall bedeutet dies:

$50\ \text{m} \cdot 25\ \text{m} \cdot 2{,}5\ \text{m} = 3125\ \text{m}^3$

Abbildung 26.3 Stadionbad Neustadt/Weinstraße mit olympischen Abmessungen

26.3 Deutschlands Schulden in olympischen Schwimmbecken

Die Frage ist nun, ob eine Milliarde oder gar eine Billion Euro ein solch riesiges Schwimmbecken füllen können. Natürlich muss man sich zunächst einigen, in welchen Scheinen diese Geldbeträge im Becken gestapelt werden sollen. Wir verwenden hier 100-Euro-Scheine.

Abbildung 26.4 100-Euro-Schein

Für einen 100-Euro-Schein gilt:

Dicke: 0,1 mm = 0,0001 m

Länge: 147 mm = 14,7 cm = 0,147 m

Breite: 82 mm = 8,2 cm = 0,082 m

Das Volumen eines 100-Euro-Scheins ist damit gleich

$0{,}0001\ \text{m} \cdot 0{,}147\ \text{m} \cdot 0{,}082\ \text{m} = 0{,}0000012054\ \text{m}^3$.

3 Billionen Euro bestehen aus $3 \cdot 10^{10}$ Scheinen zu je 100 Euro. Das Volumen all dieser Scheine ist damit gleich

$3 \cdot 10^{10} \cdot 0{,}0000012054\ \text{m}^3 = 36162\ \text{m}^3$.

Schon jetzt sieht man, dass ein einziges Olympia-Schwimmbecken vom Volumen 3125 m^3 bei Weitem nicht ausreicht, um drei Billion in 100-€-Scheinen aufzunehmen. Es stellt sich daher die Frage: Wie viele Olympia-Schwimmbecken werden benötigt, um diese Menge unterzubringen?

Weil jedes der Schwimmbecken das Volumen 3125 m^3 besitzt, erhält man deren gesuchte Anzahl zu: $36162\ \text{m}^3 : 3125\ \text{m}^3 \approx 11{,}57$.

Man benötigt demnach 12 Olympia-Schwimmbecken, um 3 Billion Euro in 100-€-Scheinen aufzunehmen (dabei ist das letzte Becken nicht vollständig gefüllt).

26.4 Der Schuldenberg als Würfel

Kehrt man zu Dagobert Duck zurück, dessen Geldspeicher immer in Würfelform dargestellt wird, so stellt sich die Frage, wie groß die Kantenlänge eines Würfels sein muss, damit Dagobert Duck darin 3 Billionen Euro in 100-€-Scheinen aufbewahren kann. Weil das Volumen eines Würfels gleich a^3 ist, wobei a die Kantenlänge des Würfels ist, ergibt sich folgende Gleichung:

$a^3 = 36162\ \text{m}^3$

Daraus folgt $a = \sqrt[3]{36162m^3} \approx 33{,}07m$.

Haben Sie schon einmal auf dem 10-m-Sprungturm eines Schwimmbades gestanden und sind dann ob der Höhe schaudernd die Treppe wieder hinuntergestiegen? Dann können Sie sich vorstellen, was 33 Meter bedeuten. 33 Meter hoch, 33 Meter breit, 33 Meter lang, diese gigantischen Ausmaße sind erforderlich, um die Staatsschulden von Deutschland in 100-€-Scheinen in einem Würfel unterzubringen. Abbildung 26.5 zeigt Ihnen einen solchen Würfel, daneben ein Einfamilienhaus mit der Firsthöhe 7 m. Und wenn Sie genau hinschauen, können Sie auch einen Menschen ausfindig machen.

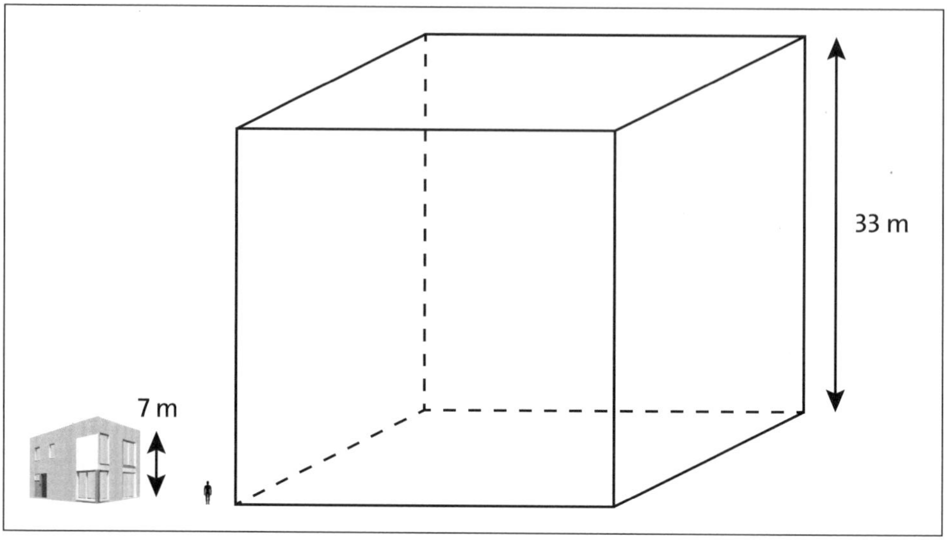

Abbildung 26.5 Vergleich Einfamilienhaus mit »Schuldenwürfel«

26.5 Logarithmische Skalen

Große Zahlen tauchen nicht nur bei Schulden auf. Die Bahn des Mondes um die Erde hat den Durchmesser von 10^9 Metern. Der Durchmesser unseres Sonnensystems ist ungefähr 10^{13} Meter. Dagegen gibt es auch sehr kleine Zahlen. Die Facetten im Fliegenauge haben eine Größe von 0,0001 m = 10^{-4} m. Ein Kohlenstoffatom besitzt die Größe von etwa 10^{-12} m. Die Bausteine unserer Materie, die Quarks, befinden sich in der Größe von 10^{-15} m.

Quarks: 0,000 000 000 000 001 Meter = 10^{-15} Meter

Größe Kohlenstoffatom: 0,000 000 000 001 Meter = 10^{-12} Meter

Facetten im Fliegenauge: 0,000 1 Meter = 10^{-4} Meter

Bahn des Mondes um die Erde: 1 000 000 000 Meter = 10^9 Meter

Durchmesser Sonnensystem: 10 000 000 000 000 Meter = 10^{13} Meter

Sie sollen nun eine Skala anfertigen, auf der Sie diese Größen darstellen können. Wenn Sie darüber etwas nachdenken, werden Sie feststellen, dass Sie für diese Aufgabe keine übliche lineare Skala konstruieren können. Dies ist wegen des riesigen Zahlenbereichs von 10^{-15} bis 10^{13} nicht möglich. Es liegt aber nahe, dass man einfach die Hochzahlen der Zehnerpotenzen, also der Zahlen von –15 bis 13, zur Darstellung verwendet.

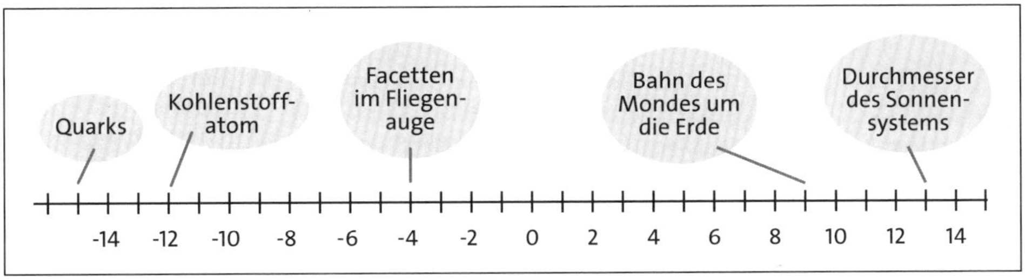

Abbildung 26.6 Dimensionen des Lebens

Um einen Bezug zu den ursprünglich darzustellenden Zahlen zu haben, schreibt man statt der Hochzahlen die Zehnerpotenzen an die Skala:

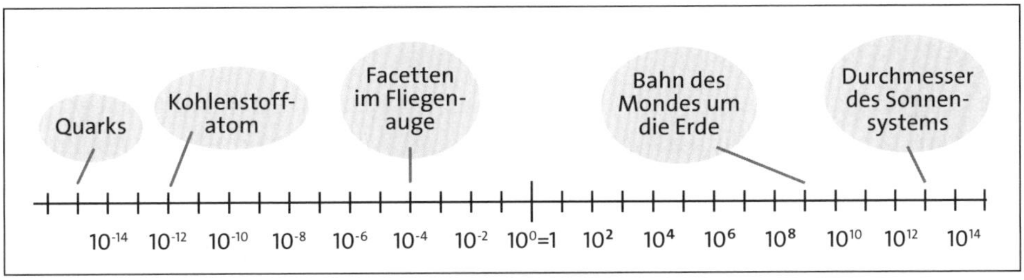

Abbildung 26.7 Abbildung 27.6 mit Zehnerpotenzen

Bei der Verwendung der Skala muss man beachten, dass die optisch gleich langen Teilintervalle der Skala jeweils einen Faktor 10 vom Ausgangs- zum Endwert eines Intervalls bedeuten (Abbildung 26.8).

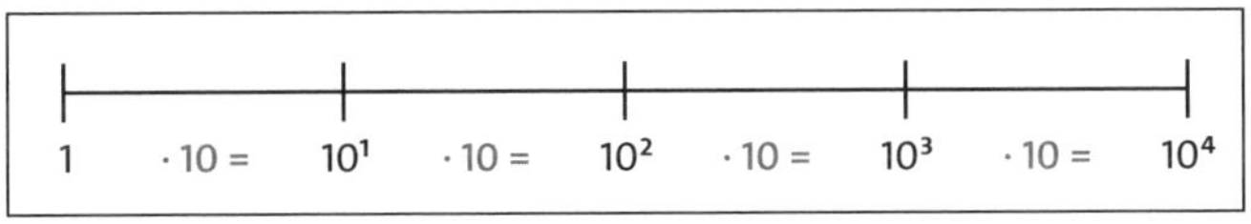

Abbildung 26.8 Logarithmische Skala

Diese Eigenschaft ist ungewohnt, denn meistens kennt man nur die *lineare Skala*, bei der jedes Teilintervall die gleiche Länge darstellt (Abbildung 26.9).

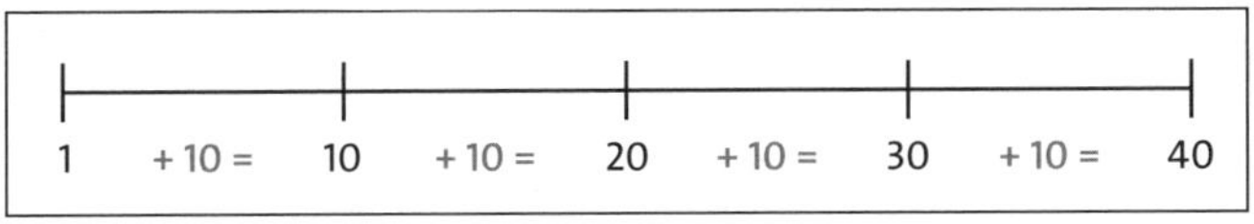

Abbildung 26.9 Lineare Skala

Anwendungen für logarithmische Skalen gibt es viele. Am bekanntesten dürfte die Richter-Skala sein, mit deren Hilfe man die Stärke von Erdbeben angibt.

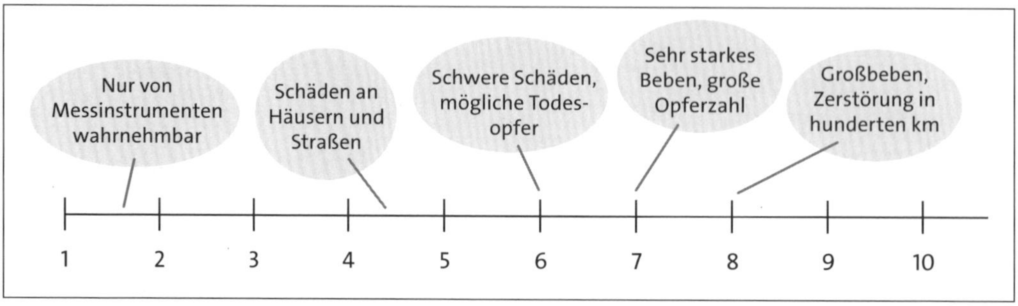

Abbildung 26.10 Richter-Skala

Die Stufen der Skala sind die Hochzahlen der Zehnerpotenzen, welche die Intensität des Erdbebens angeben. So ist ein Erdbeben der Stärke 5 zehnmal stärker als eines der Stärke 4 und 100-mal stärker als eines der Stärke 3.

Die Erstellung der Abbildung 26.7 war nur deshalb so einfach, weil alle vorliegenden Daten in Form von Zehnerpotenzen gegeben waren. Was aber, wenn in die Abbildung die Höhe der Kalmit, des höchsten Gipfels im Pfälzer Wald, eingetragen werden soll? Die Kalmithöhe beträgt 673 m, und das ist keine Zehnerpotenz.

Abbildung 26.11 Hambacher Schloss und Kalmit-Gipfel, Foto: H. Fischer [FIS]

Damit man diese Zahl in die Skala eintragen kann, muss man sie als Potenz von 10 schreiben, das heißt, man muss fragen, mit welcher Zahl x man 10 potenzieren muss, um 673 zu erhalten. Als Gleichung geschrieben heißt dies: $10^x = 673$. Diese Gleichung ist nach x aufzulösen. Die Zahl x nennt man in der Mathematik den *Zehnerlogarithmus* von 673.

Das Wort Logarithmus ruft bei vielen Menschen unangenehme Erinnerungen an nicht verstandenen Mathematikstoff hervor. Dabei ist es in der heutigen Zeit ganz einfach geworden, solche Probleme zu lösen. Man tippt in einem Taschenrechner die Zahl 673 ein und drückt dann die Taste *log10* (manchmal auch *lg* oder einfach *log* genannt). In der Anzeige steht daraufhin (je nach Anzahl der angezeigten Stellen) das gerundete Ergebnis 2,828015. Die Mathematiker schreiben: $log_{10}(673) \approx 2{,}83$.

Zur Probe kann man jetzt 2,828015 und 10^x tippen und erhält 672,999900, also gerundet 673. Also gilt $10^{2{,}828015} \approx 673$.

Jetzt ist auch klar, an welcher Stelle der Skala man die Höhe der Kalmit markieren muss. Die Zahl 2,82 liegt zwischen 2 und 3 auf der Skala aus Abbildung 26.6 bzw. zwischen 10^2 und 10^3 auf der Skala in Abbildung 26.7.

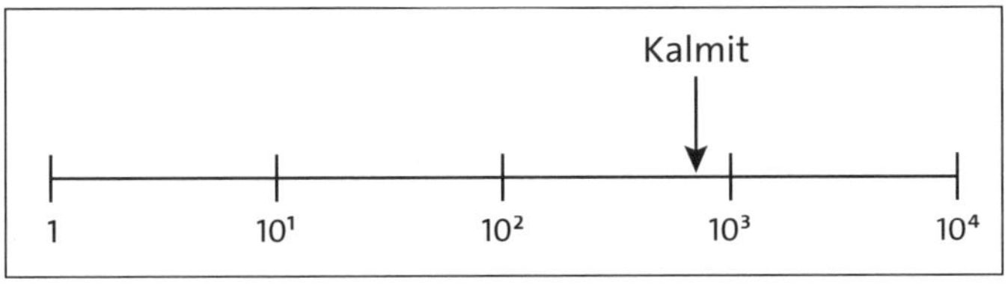

Abbildung 26.12 Höhe der Kalmit in logarithmischer Skala

26.6 Das Leben ist logarithmisch

Das mathematische Denken hat sich den Logarithmus zunutze gemacht, um große Zahlenbereiche auf Skalen darstellen zu können. Überraschenderweise verfährt die Natur ebenso. Sie verwendet im Prinzip denselben Zusammenhang, um die erstaunlichen Leistungen unserer Sinnesorgane zu ermöglichen.

Dabei muss man zwei unterschiedliche Größen betrachten, einmal den äußeren Reiz R und zum anderen die dadurch ausgelöste innere Empfindung E. Man könnte dies auch so beschreiben: Es existieren zwei unterschiedliche Welten. Die eine Welt ist die der äußeren *physikalischen Reize*, die andere die der *inneren Empfindungen*. Unsere Sinnesorgane vermittteln zwischen diesen beiden Welten.

Als Beispiel betrachten wir hier die Lautstärke, mit der unser Ohr Töne wahrnimmt.

Die Größe der Trommelfellschwingungen führt dabei zur Empfindung der Lautstärke. Diese Größe hängt mit der Intensität der ankommenden Schallwellen zusammen. Für das menschliche Ohr schwanken diese Intensitäten zwischen zwei Empfindungsgrenzen. Die untere Grenze stellt die Hörschwelle dar, welche die gerade hörbare Intensität repräsentiert. Die obere Hörgrenze ist durch den vom Schall hervorgerufenen beginnenden physiologischen Schmerz gegeben. Beide Grenzen hängen von der Tonhöhe ab. Für einen 1000-Hz-Ton (Tonhöhe zwischen h'' und c''') liegen diese Grenzen bei 10^{-12} Watt / m^2 und 1 Watt / m^2. Dies entspricht einem unglaublichen Intervall von 12 Zehnerpotenzen. Wie kann das unser Hörorgan bewältigen?

26.7 Das Weber-Fechnersche Gesetz

Der Leipziger Anatom und Physiologe Ernst Heinrich Weber (1795–1878) hat das menschliche Empfinden auf äußere Reize untersucht. Gustav Theodor Fechner (1801–1887) hat diese experimentell gewonnenen Daten untersucht und festgestellt, dass die Empfindung, die von einem Reiz ausgelöst wird, nicht proportional zur Reizstärke ist, sondern dass die Empfindung proportional zum Logarithmus der Stärke des auslösenden Reizes ist.

Genauer gilt:

$E(R) = k \cdot \log(R/R_0)$, wobei $E(R)$ die Empfindung ist, die der Reiz R auslöst. R_0 ist die Reizschwelle, ab der eine Empfindung entsteht, k ist eine Konstante.

Die Empfindung $E(R_0)$ ist gleich null, was auch durch die Rechnung bestätigt wird: $E(R_0) = k \cdot \log(R_0/R_0) = k \cdot \log(1) = 0$

Wir betrachten jetzt einen Reiz, der 1000-mal stärker als die Reizschwelle R_0 ist, und verwenden das *Weber-Fechnersche Gesetz*, um die wahrgenommene Empfindung zu bestimmen:

$E(1000 \cdot R_0) = k \cdot \log(1000 \cdot R_0/R_0) = k \cdot \log(1000) = k \cdot \log(10^3) = 3 \cdot k.$

Für $R = 10\,000 \cdot R_0$ gilt entsprechend $E(10\,000 \cdot R_0) = 4 \cdot k.$

Für $R = 10^n \cdot R_0$ ergibt sich die Empfindung $n \cdot k.$

Diese Beispiele verdeutlichen, dass die Stärke der Empfindung mit der Hochzahl des als Zehnerpotenz geschriebenen Reizes wächst, das heißt: logarithmisch.

Der riesige Bereich der Reizstärken wird also auf ein kleineres Intervall abgebildet, das vom Hörorgan leichter bearbeitet werden kann. Dasselbe Prinzip gilt auch für den Sehsinn, den Tastsinn, die Temperaturempfindung, den Geruchs- und Geschmackssinn, d. h. für alle unsere Sinne. Das Leben ist also logarithmisch.

26.8 Zum Mitmachen: Erstellen Sie eine logarithmische Skala

Stellen Sie die natürlichen Zahlen von 1 bis 10 auf einer logarithmischen Skala dar. Das können Sie mit einem Taschenrechner, einem Lineal und einem Blatt Papier machen oder auch mit der Tabellenkalkulation.

Lassen Sie für die Zahlen von 1 bis 10 den Logarithmus zur Basis 10 berechnen (Abbildung 26.13, Spalten A und B). Fügen Sie die Spalte C mit lauter Nullen hinzu.

Markieren Sie die Spalten B und C und lassen Sie diese zeichnen. Die erhaltene Abbildung sollten Sie mit den Zahlen von 1 bis 10 beschriften (Abbildung 26.14).

=log(A2;10)

	A	B	C
1	**n**	**log(n;10)**	**0**
2	1	0,0000	0
3	2	0,3010	0
4	3	0,4771	0
5	4	0,6021	0
6	5	0,6990	0
7	6	0,7782	0
8	7	0,8451	0
9	8	0,9031	0
10	9	0,9542	0
11	10	1,0000	0

Abbildung 26.13 Tabellenblatt zur logarithmischen Skala

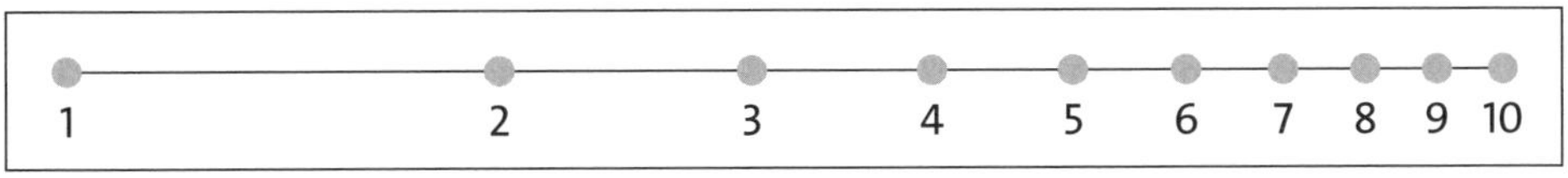

Abbildung 26.14 Logarithmische Skala für die Zahlen von 1 bis 10

Kapitel 27
Grundbegriffe der Tabellenkalkulation

Wenn Sie bestimmte Fragen zur Tabellenkalkulation haben, können Sie sich immer Unterstützung im Hilfesystem holen. Werden Sie dort nicht fündig, finden Sie zahlreiche Webseiten im Internet, die Ihre Fragen behandeln. Damit Sie aber ohne große Sucherei die in diesem Buch behandelten Probleme selbst bearbeiten können, finden Sie hier die notwendigsten Grundlagen. Der Download-Bereich enthält zusätzlich kleine Filme, die das hier Geschriebene ergänzen.

27.1 Erstellen und Aktualisieren eines Tabellenblatts

Erstellen Sie zuerst ein neues Arbeitsblatt. Wie Sie sehen, sind die Spalten mit Buchstaben, die Zeilen mit Zahlen bezeichnet. Eine Zelle ist deshalb durch einen Buchstaben und eine Zahl eindeutig gekennzeichnet. Die Zelle in der linken oberen Ecke trägt die Bezeichnung A1.

Klicken Sie nun die Zelle A1 an, tippen Sie `=ZUFALLSBEREICH(1;6)` ein und drücken Sie die Taste [↵].

`ZUFALLSBEREICH(unten;oben)` ist eine Funktion der Tabellenkalkulation, die eine ganzzahlige Zufallszahl zwischen *unten* und *oben* erzeugt. Wie bei allen Funktionen der Tabellenkalkulation müssen Sie ein Gleichheitszeichen vor dem Funktionsnamen eingeben.

In Abbildung 27.1 sehen Sie, dass in Zelle A1 eine 3 steht. Bei Ihnen ist wahrscheinlich eine andere Zahl zu sehen, denn der Inhalt der Zelle wird per Zufall zwischen 1 und 6 angegeben.

Wenn Sie Excel als Tabellenkalkulation verwenden, können Sie jetzt mehrmals auf die Funktionstaste [F9] tippen und dabei die Zelle A1 beobachten. Jedes Mal wird das Tabellenblatt aktualisiert, das heißt, die eingegebenen Funktionen werden neu berechnet. Sie können das so interpretieren, als würden Sie mit einem Würfel mehrmals würfeln.

Benutzen Sie Numbers als Tabellenkalkulation, gehen Sie wie folgt zum Aktualisieren Ihres Blattes vor:

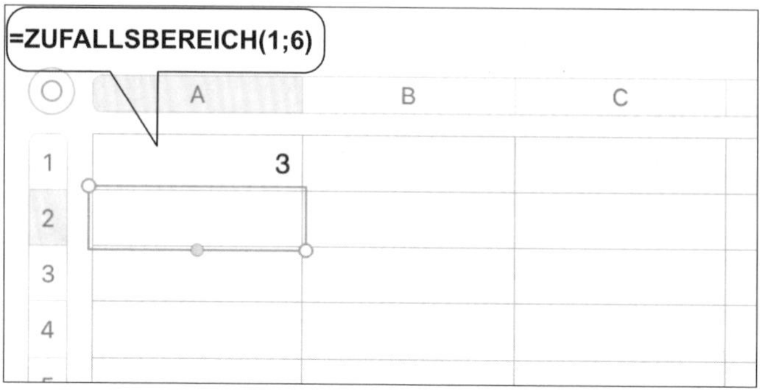

Abbildung 27.1 Eintrag von »=Zufallsbereich(1;6)« in A1

Klicken Sie in eine beliebige andere Zelle, z. B. in die Zelle B1. Wählen Sie dann den Menüpunkt ZELLE aus und stellen Sie unter DATENFORMAT die Auswahl MARKIERUNGSFELD her (Abbildung 27.2).

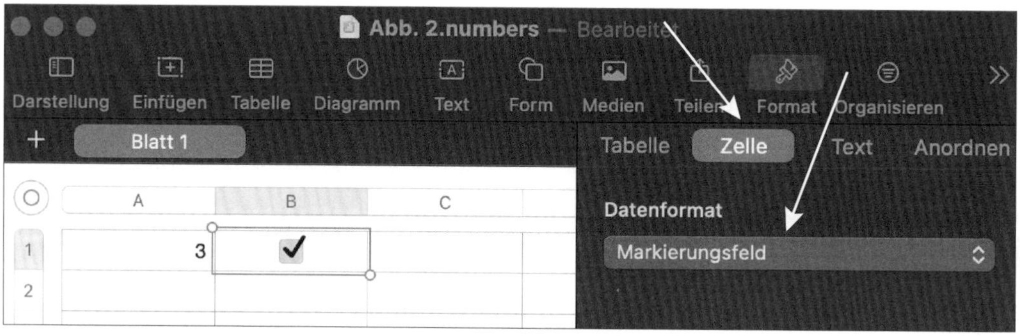

Abbildung 27.2 Erstellen eines Markierungsfeldes in Numbers

In Ihrer ausgewählten Zelle erscheint jetzt ein Kästchen, das Markierungsfeld. Jedes Mal, wenn Sie dieses anklicken, wird Ihr Blatt aktualisiert.

27.2 Automatisches Ausfüllen eines Zellbereichs

Sie verwenden das im vorigen Abschnitt erstellte Tabellenblatt weiter.

Angenommen, Sie wollen gleichzeitig mit 10 Würfeln würfeln. Dazu können Sie natürlich mühsam in 10 verschiedene Zellen `=ZUFALLSBEREICH(1;6)` schreiben. Einfacher geht es, wenn Sie die Zellen automatisch ausfüllen lassen. Klicken Sie dazu in Zelle A1.

Wenn Sie mit Excel arbeiten, sehen Sie am rechten unteren Rand der ausgewählten Zelle einen Punkt.

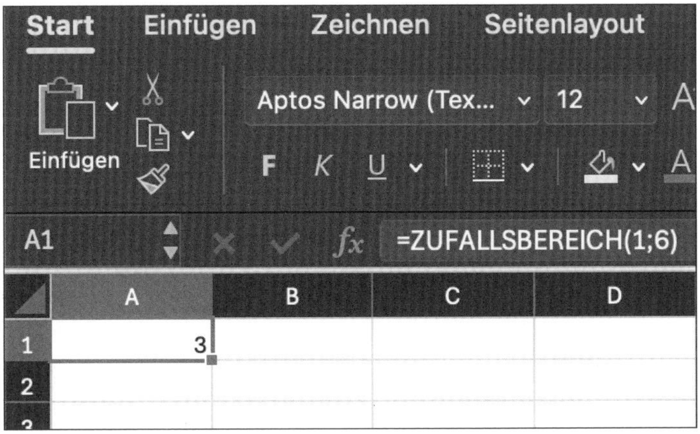

Abbildung 27.3 Markieren der Zelle A1 in Excel

Greifen Sie diesen Punkt mit der Maus und ziehen Sie die Maus über 10 Zellen nach unten. Danach sollte Ihr Blatt wie in Abbildung 27.4 aussehen.

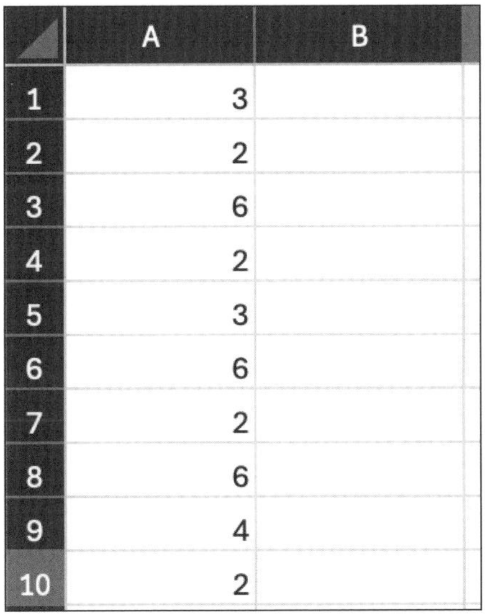

Abbildung 27.4 Nach unten ausfüllen in Excel

Arbeiten Sie mit Numbers, geht das fast genauso. Der einzige Unterschied ist der Punkt, den Sie anklicken müssen. In Abbildung 27.5 sehen Sie diesen Punkt in der Mitte der unteren Begrenzung der Zelle.

Gerade haben Sie gelernt, wie man »nach unten« automatisch ausfüllt. Dasselbe funktioniert auch, wenn Sie »nach rechts« ausfüllen. Probieren Sie es selbst.

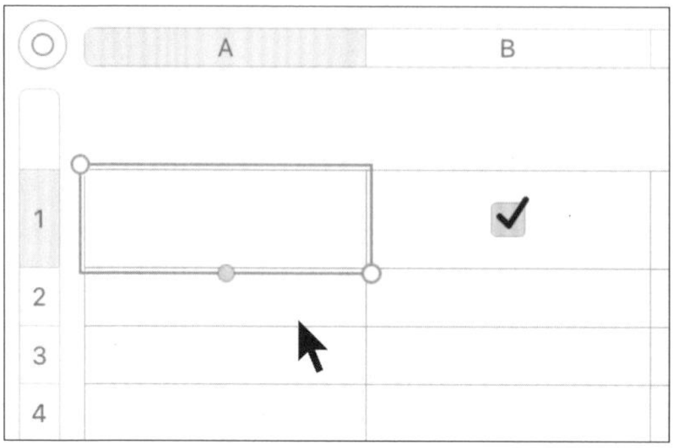

Abbildung 27.5 Auswählen einer Zelle in Numbers

27.3 Absolute und relative Zellbezüge

Erstellen Sie ein neues Tabellenblatt, bei dem die Zahlen 1 bis 10 in Spalte A stehen. Schreiben Sie dazu »1« in Zelle A1 und »= A1 + 1« in Zelle A2. Danach erscheint in Zelle A2 folgerichtig die Zahl 2.

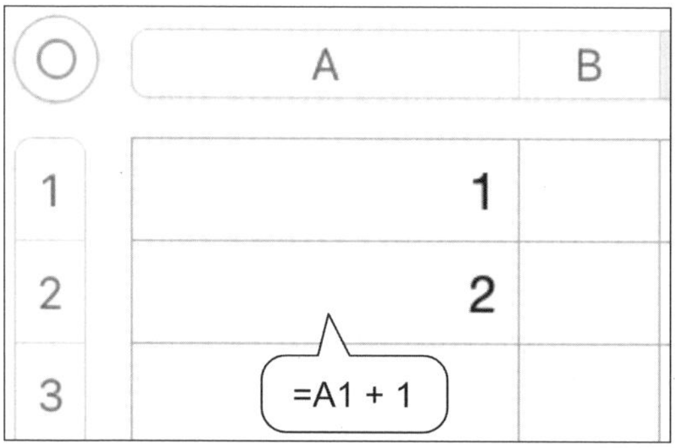

Abbildung 27.6 Tabellenblatt nach unten ausfüllen

Markieren Sie Zelle A2 und füllen Sie automatisch nach unten bis zur Zelle A10 aus. In Spalte A stehen danach die Zahlen 1 bis 10.

Klicken Sie einmal eine Zelle – z. B. A5 – an, um deren Inhalt zu sehen. In Zelle A5 lesen Sie dann =A4 + 1.

Klicken Sie jetzt wieder die Zelle A2 an, und ändern Sie deren Inhalt in »=$A$1+1«. Füllen Sie dann nach unten aus. Jetzt sehen Sie in allen Zellen unterhalb der Zelle A1 die Zahl 2. Den Grund sehen Sie, wenn Sie wieder die Zelle A5 betrachten. Dort steht jetzt =$A$1 + 1, denn beim Ausfüllen nach unten findet immer ein Bezug auf die Zelle A1 statt. Dies nennt man einen *absoluten Zellbezug*, im Unterschied zu der ersten Variante. Dort handelte es sich um einen *relativen Zellbezug*.

27.4 Ein Diagramm erstellen

Eine zur Veranschaulichung von Daten wichtige Darstellung ist ein Diagramm. In diesem Abschnitt erfahren Sie, wie Sie Diagramme erstellen können.

27.4.1 Ein Diagramm in Excel erstellen

In den Kapiteln dieses Buchs wird häufig mit Diagrammen gearbeitet. Hier erhalten Sie eine kurze Einführung zum Thema Diagramme. Benötigen Sie weitergehende Informationen, verwenden Sie das Hilfesystem von Excel bzw. die vielfältigen Webseiten zu diesem Thema. Für die Diagramme, die in diesem Buch erstellt werden, ist diese Einführung aber ausreichend.

Zunächst brauchen Sie Datenreihen, die Sie dann graphisch darstellen können.

Als Beispiel wählen wir hier in Spalte A die Zahlen von 0 bis 2 in Abständen von 0,1. Schreiben Sie die »0« in Zelle A1 und füllen Sie A2 wie angegeben aus. Füllen Sie dann nach unten automatisch aus (wie in Abschnitt 27.2, »Automatisches Ausfüllen eines Zellbereichs«, beschrieben).

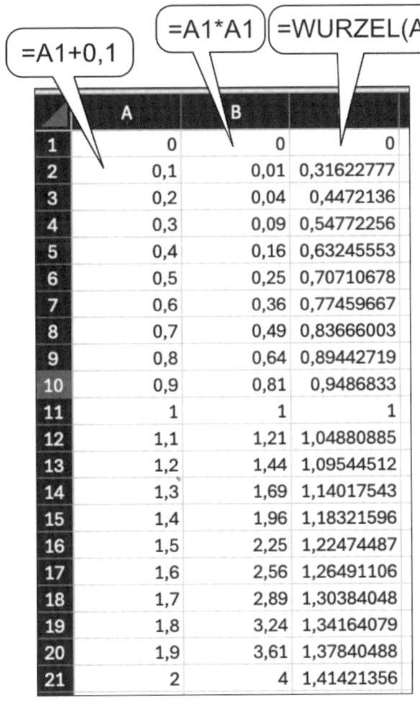

	A	B	
1	0	0	0
2	0,1	0,01	0,31622777
3	0,2	0,04	0,4472136
4	0,3	0,09	0,54772256
5	0,4	0,16	0,63245553
6	0,5	0,25	0,70710678
7	0,6	0,36	0,77459667
8	0,7	0,49	0,83666003
9	0,8	0,64	0,89442719
10	0,9	0,81	0,9486833
11	1	1	1
12	1,1	1,21	1,04880885
13	1,2	1,44	1,09544512
14	1,3	1,69	1,14017543
15	1,4	1,96	1,18321596
16	1,5	2,25	1,22474487
17	1,6	2,56	1,26491106
18	1,7	2,89	1,30384048
19	1,8	3,24	1,34164079
20	1,9	3,61	1,37840488
21	2	4	1,41421356

Abbildung 27.7 Datenreihen erstellen

Spalte B wird mit den Quadraten der Zahlen aus Spalte A ausgefüllt. Spalte C wird mit den Quadratwurzeln der Zahlen aus Spalte A ausgefüllt. Die Quadratwurzeln erhalten Sie mit der Funktion `WURZEL(zahl)`.

Haben Sie dies erreicht, markieren Sie den Datenbereich von A1 bis C21.

	A	B	C
1	0	0	0
2	0,1	0,01	0,31622777
3	0,2	0,04	0,4472136
4	0,3	0,09	0,54772256
5	0,4	0,16	0,63245553
6	0,5	0,25	0,70710678
7	0,6	0,36	0,77459667
8	0,7	0,49	0,83666003
9	0,8	0,64	0,89442719
10	0,9	0,81	0,9486833
11	1	1	1
12	1,1	1,21	1,04880885
13	1,2	1,44	1,09544512
14	1,3	1,69	1,14017543
15	1,4	1,96	1,18321596
16	1,5	2,25	1,22474487
17	1,6	2,56	1,26491106
18	1,7	2,89	1,30384048
19	1,8	3,24	1,34164079
20	1,9	3,61	1,37840488
21	2	4	1,41421356

Abbildung 27.8 Markierter Datenbereich

Wählen Sie nun in der Menüzeile von Excel EINFÜGEN aus. In dem sich öffnenden Fenster klicken Sie auf DIAGRAMM. Jetzt können Sie den Diagrammtyp bestimmen. Für unsere Zwecke ist PUNKT(X Y) die richtige Wahl. Danach sollten Sie ein Diagramm wie in Abbildung 27.9 erhalten.

	A	B	C
1	0	0	0
2	0,1	0,01	0,31622777
3	0,2	0,04	0,4472136
4	0,3	0,09	0,54772256
5	0,4	0,16	0,63245553
6	0,5	0,25	0,70710678
7	0,6	0,36	0,77459667
8	0,7	0,49	0,83666003
9	0,8	0,64	0,89442719
10	0,9	0,81	0,9486833
11	1	1	1
12	1,1	1,21	1,04880885
13	1,2	1,44	1,09544512
14	1,3	1,69	1,14017543
15	1,4	1,96	1,18321596
16	1,5	2,25	1,22474487
17	1,6	2,56	1,26491106
18	1,7	2,89	1,30384048
19	1,8	3,24	1,34164079
20	1,9	3,61	1,37840488
21	2	4	1,41421356

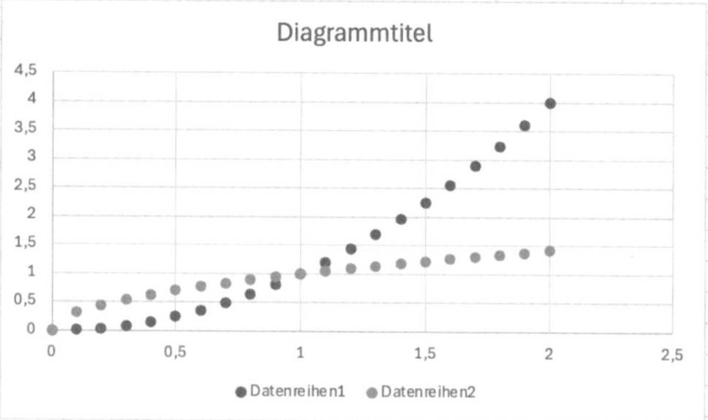

Abbildung 27.9 Datenreihen und deren graphische Darstellung

27.4.2 Ein Diagramm in Numbers erstellen

Gehen Sie zunächst wie in Abschnitt 27.4.1, »Ein Diagramm in Excel erstellen«, vor und erstellen Sie die Datenreihen. Markieren Sie den Bereich der Datenreihen. Wählen Sie dann im Numbers-Menü den Punkt EINFÜGEN aus. In dem sich öffnenden Fenster klicken Sie auf DIAGRAMM. Als Diagrammtyp wählen Sie dann 2D-STREUDIAGRAMM aus. Zur Belohnung erhalten Sie ein Diagramm wie in Abbildung 27.10.

0	0	0
0,1	0,01	0,31622776
0,2	0,04	0,44721359
0,3	0,09	0,54772255
0,4	0,16	0,63245553
0,5	0,25	0,70710678
0,6	0,36	0,77459666
0,7	0,49	0,83666002
0,8	0,64	0,89442719
0,9	0,81	0,94868329
1	1	1
1,1	1,21	1,04880884
1,2	1,44	1,09544511
1,3	1,69	1,14017542
1,4	1,96	1,18321595
1,5	2,25	1,22474487
1,6	2,56	1,26491106
1,7	2,89	1,30384048
1,8	3,24	1,34164078
1,9	3,61	1,37840487
2	4	1,41421356

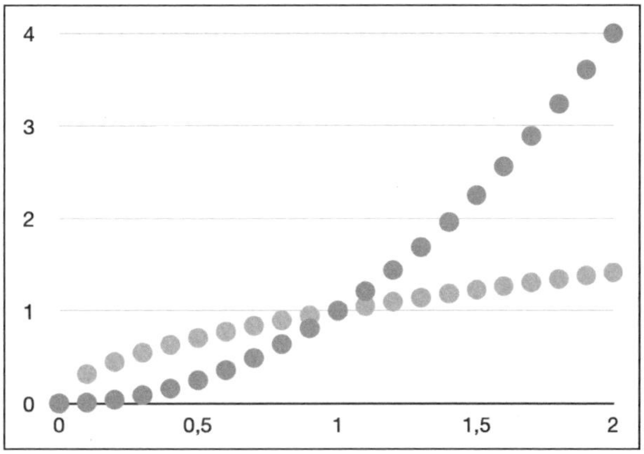

Abbildung 27.10 2D-Streudiagramm in Numbers

27.5 Zellen verbinden

Beim Verbinden von Zellen werden mindestens zwei Zellen genutzt, um eine größere Zelle zu erstellen. In Abbildung 27.11 wurden die Zellen B1 und C1 verbunden, um darin die Überschrift »Wertetabelle« schreiben zu können.

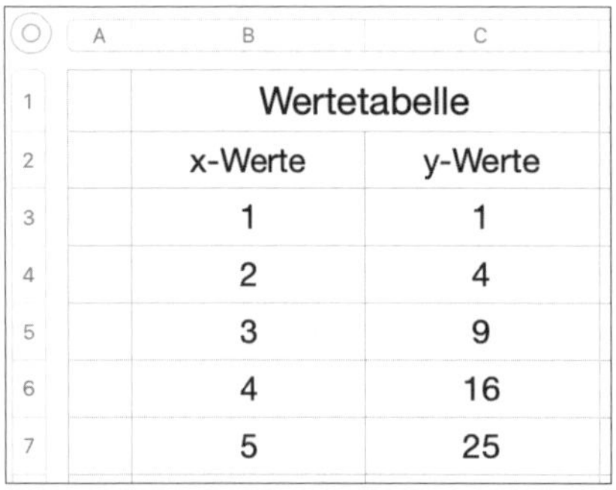

	A	B	C
1		Wertetabelle	
2		x-Werte	y-Werte
3		1	1
4		2	4
5		3	9
6		4	16
7		5	25

Abbildung 27.11 Ein Beispiel für zwei verbundene Zellen

27.5.1 Zellen in Excel verbinden

Um z. B. zwei Zellen in Excel zu verbinden, markieren Sie beide Zellen. In Abbildung 27.12 sind dies die Zellen B1 und C1. Wählen Sie dann die Registerkarte START aus und anschließend die Option VERBINDEN UND ZENTRIEREN. Danach sind die beiden Zellen verbunden.

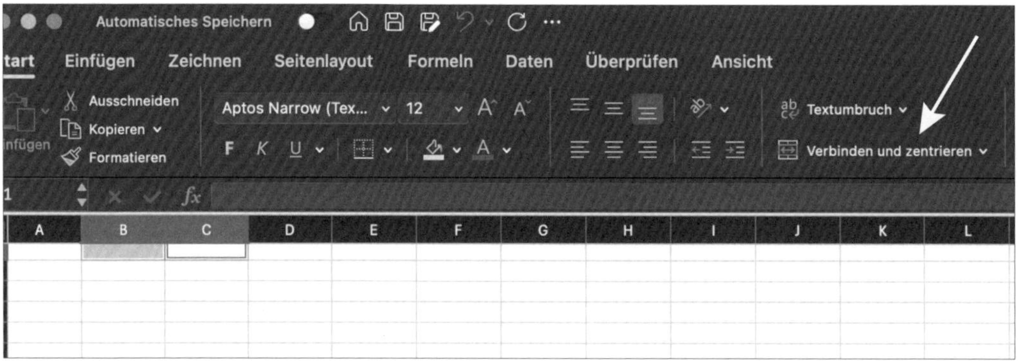

Abbildung 27.12 »Verbinden und zentrieren«

27.5.2 Zellen in Numbers verbinden

Um in Numbers zwei Zellen oder mehrere benachbarte Zellen zu verbinden, wählen Sie diese Zellen aus. Klicken Sie dann bei gedrückter `Ctrl`-Taste auf die Zellen und wählen Sie ZELLEN VERBINDEN aus.

Literaturverzeichnis

- [BEN] Jacoby Benson, New recreations with magic squares, Dover Publications 1976
- [BER] Jakob Bernoulli, Wahrscheinlichkeitsrechnung / Ars conjectandi, Nachdruck der Ausgabe von 1713, Frankfurt am Main, 1999
- [BOS] *www.bar-boss.de* (Stand März 2025)
- [BÖH] Wolf Böhm: Vom Glück der Zahlen, Mannheimer Morgen, 19./20. März 1988
- [CHE] *https://web.archive.org/web/20070402110500/http://www.playchess960.com/images/AllPositionsChess960.gif*
- [DOS] Dostojewski: »Der Spieler«, Kapitel 14
- [ECK] Kunstunterricht – Peter Eckardt *http://www.unterricht.kunstbrowser.de/theorie/interpretation/03c19899200b03c07/duerermelencolia.html*
- [FEL] W. Feller, An Introduction to Probability Theory and Its Applications, Volume 1, New York, London, Sydney, 1968
- [FIS] H. Fischer, Eigenes Werk, CC BY-SA 4.0, *https://commons.wikimedia.org/w/index.php?curid=63235602*
- [FRE] Hans Freudenthal, Mathematik als pädagogische Aufgabe, Band 2, Klett Studienbücher, Stuttgart, 1. Auflage 1973, S. 528f.
- [FREU] Sigmund Freud, Vorlesungen zur Einführung in die Psychoanalyse – Kapitel 19.
- [FUT] *https://www.futilitycloset.com/?s=Angelini*
- [GAR] Martin Gardner, Denkspiele aus der Zukunft, Berlin 1981
- [GOE] J.W. Goethe, Faust, Der Tragödie erster Teil, 1808
- [HAB] Die Überfahrt, Ein Spiel von der Habermaaß GmbH, 8634 Bad Rodach
- [HAS] Jan Hasper, Tennis, Eine kultursemiotische und bewegungswissenschaftliche Analyse mit unterrichtspraktischen Konsequenzen, Dissertation, Erziehungswissenschaften der Philipps-Universität Marburg/Lahn
- [HEI] Heinrich von dem Türlin, Diu Crône, herausgegeben von Gottlob Heinrich Friedrich Scholl, Stuttgart 1852
- [KAH] Daniel Kahnemann, Schnelles Danken, Langsames Denken, Siedler Verlag, München 2011
- [KIR] Athanasius Kircher, Arithmologia sive de abditis numerorum mysterijs, Rom 1665
- [KLE] M. Kleiber, Der Energiehaushalt von Mensch und Haustier, Paray, Hamburg 1967

- [LAU] Christoph Lau und Ludwig Kramer: Die Relativitätstheorie des Glücks. Über das Leben von Lottomillionären, Vortrag, gehalten auf der 18. Jahrestagung des Fachverbandes Glücksspielsucht e.V., 7./8.12.2006 in Berlin
- [LUU] *https://luukbroosevents.com/record/* (Februar 2025)
- [MAU] Francois Maurer-Kuhn, Galluspforte, Gesellschaft für Schweizerische Kunstgeschichte, Bern 1990
- [NOL] Johannes Nollé, Kleinasiatische Losorakel, München 2007
- [PAU] John Allen Paulos: Zahlenblind, München 1990
- [PEA] D. Pearson, A polynomial-time algorithm for the change-making problem. Technical Report TR 94–1433, Department of Computer Science, Cornell University, June 1994
- [PFE] Herbert Pfeifer, OH CELLO VOLL ECHO, Insel Verlag 1993
- [PIN] Pinkham, Roger, A historical puzzle: de Mere's paradox revisited, Chance, Heft 2, 2008, S. 28–30
- [QUO] *https://www.quotes.net/quote/35858*
- [RIE] Rupert Riedl, Biologie der Erkenntnis, Berlin, Hamburg 1980
- [SHA] J. Shallit, What this country needs is an 18-cent piece. Math. Intelligencer, 25(2): 20–23, 2003
- [STO] Stoerfix, Eigenes Werk, *https://de.wikipedia.org/wiki/Datei:Tunnel-Müß-Südportal-2017.jpg*
- [SWI] Jonathan Swift, Gullivers Reisen, Erich Reiss Verlag, Berlin 1910
- [SZE] Gabor J. Szekely, Paradoxa, Frankfurt 1990
- [TVE] Amos Tversky, Daniel Kahneman, Judgment under Uncertainty: Heuristics and Biases, Science, New Series, Vol. 185, No. 4157 (Sep. 27, 1974), pp. 1124–1131
- [VOL] *www.didaktik.mathematik.uni-wuerzburg.de/history/vollrath/papers/087.pdf*
- [WIR] Wigalois Wirnt von Grafenberg, Der Ritter mit dem Rade, Vers 1036, herausgegeben von Georg Friederich Benecke, Berlin 1819
- [WIRT] Helmuth Wirths, Die Geburt der Stochastik, Stochastik in der Schule, 1999, Heft 3
- [WIT] Richard Witte: Die Lösung des Hexeneinmaleins, *www.trixonline.ch*

Glossar

In der folgenden Tabelle finden Sie eine Übersicht über alle wichtigen Begriffe und Funktionen für die Arbeit mit Tabellenkalkulationen. Sollten Sie Ihre in Kapitel 27, »Grundbegriffe der Tabellenkalkulation«, erworbenen Kenntnisse noch erweitern wollen, sind Sie hier an der richtigen Stelle.

Aktualisieren	Durch das Aktualisieren wird das Tabellenblatt neu berechnet. In Excel erfolgt die Aktualisierung mit der Funktionstaste [F9]. In Numbers verwendet man ein Markierungsfeld (siehe weiter unten in diesem Glossar).
`COS(x)`	Berechnet den Cosinus des im Bogenmaß angegebenen Winkels *x*.
[F9]	Mit dieser Funktionstaste wird in Excel das Tabellenblatt aktualisiert.
`GANZZAHL(x)`	Berechnet die nächste Ganzzahl, die kleiner oder gleich *x* ist.
`GROSS(Text)`	Liefert die Zeichenfolge »Text« in Großbuchstaben.
`INDEX(Bereich; Zeilenindex; Spaltenindex)`	Liefert den Eintrag, der im angegebenen Zellbereich in der Zeile ZEILENINDEX und der Spalte SPALTENINDEX steht.
`KOMBINATIONEN(n,k)`	Liefert den Binomialkoeffizienten *n* über *k*.
`LOG(a;b)`	Liefert den Logarithmus von *a* zur Basis *b*.
Markierungsfeld	Um in Numbers ein Markierungsfeld zu erstellen, wählt man zunächst die Zelle aus, die zum Markierungsfeld werden soll. In der Seitenleiste wählt man FORMAT, dann ZELLE, DATENFORMAT und schließlich MARKIERUNGSFELD.
`MITTELWERT(Wert1;Wert2;...;Wertn))`	Berechnet das arithmetische Mittel von Wert1 bis Wert*n*.
`ODER(Ausdruck1;Ausdruck2;...)`	Liefert »wahr«, wenn eines der Argumente wahr ist.
`PI()`	Gibt einen Näherungswert für die Zahl π zurück.
`POTENZ(Zahl;Exponent)`	Liefert »Zahl hoch Exponent«.

`RANG(Wert;Bereich;Wertung)`	Ermittelt den Rang von »Wert« im »Bereich«. Ist »Wertung« gleich 0, erhält der größte Wert der Zahlen Rang 1, bei 1 erhält der kleinste Wert der Zahlen Rang 1.
`SIN(x)`	Berechnet den Sinus des im Bogenmaß angegebenen Winkels *x*.
`TEXTKETTE(Folge1;Folge2;...)`	Liefert die verknüpften Werte der Folgen.
`TEIL(Text;Start;Länge)`	Liefert eine Folge von Zeichen aus »Text«, die beim Zeichen mit der Nummer »Start« beginnt und aus »Länge« Zeichen besteht.
`UND(Ausdruck1;Ausdruck2;...)`	Liefert »wahr«, wenn alle Argumente »wahr« sind.
`VERGLEICH(Suchen_nach;Bereich;Methode)`	»Suchen_nach« ist der Wert, der in »Bereich« gesucht wird. Hat »Methode« den Wert 0, wird die erste Zelle gesucht, die genau mit dem Wert des Arguments »Suchen_nach« übereinstimmt.
`WENN(Ausdruck;wenn_wahr;wenn_falsch)`	»Ausdruck« ist ein logischer Ausdruck. Hat dieser den Wert »wahr«, wird das Argument »`wenn_wahr`« zurückgegeben, ansonsten das Argument »`wenn_falsch`«.
`WENNFEHLER(Ausdruck;wenn_fehler)`	Der Wert von »`wenn_fehler`« wird zurückgegeben, falls »Ausdruck« einen Fehler liefert.
`WERT(Text)`	Diese Funktion liefert einen numerischen Wert. Dabei muss »Text« in Anführungszeichen gesetzt sein.
`WURZEL(x)`	Liefert die Quadratwurzel von *x*.
Zellen verbinden	Beim Verbinden von Zellen werden mindestens zwei Zellen benutzt, um eine größere Zelle zu erstellen.
`ZÄHLENWENN(Bereich;Bedingung)`	Ermittelt die Anzahl der Zellen in »Bereich«, die »Bedingung« erfüllen.
`ZUFALLSBEREICH(a;b)`	Liefert eine ganzzahlige Zufallszahl zwischen *a* und *b* (einschließlich).

Index

R

S

T

W

Z